國家社科基金重大委托項目"《子海》整理與研究"成果

山東省社科規劃重大委托項目成果

子海精華編

主編 王承略 聶濟冬

尸子疏證

（清）汪繼培 輯　魏代富 疏證

鳳凰出版社

國家社科基金重大委托項目"《子海》整理與研究"成果之一

《子海精華編》

工作委員會

主　　任：郭新立　樊麗明　關志鷗
副 主 任：王琪瓏　邢占軍　梁　勇　周　斌
委　　員（按姓氏筆畫排列）：
　　　　　王　飛　王　偉　王君松　王學典　方　輝　杜　福
　　　　　杜澤遜　李平生　吳　臻　姜小青　桑曉旻　倪培翔
　　　　　孫鳳收　趙興勝　劉丕平　劉洪渭　劉森林

編纂委員會

學術顧問：安平秋　周勛初
總 編 纂：鄭傑文（首席專家）　王培源
副總編纂：王承略　劉心明
委　　員（按姓氏筆畫排列）：
　　　　　于年湖　王　寧　王興芬　任增強　辛智慧　林日波
　　　　　武潤婷　黃懷信　張朝富　項永琴　黑　琨　楊錦先
　　　　　趙　偉　潘　超　鞏寶平　劉淑麗　魏代富
審稿專家（按姓氏筆畫排列）：
　　　　　丁建軍　王洲明　吳慶峰　林開甲　周立昇　晁岳佩
　　　　　唐子恒　徐有富　孫劍藝　張崇琛　鄭慶篤
執行主編：王承略　聶濟冬

《子海精華編》出版説明

"子海",即"子書淵海"的簡稱。"《子海》整理與研究"課題係國家社科基金重大委託項目、山東省社科規劃重大委託項目。該課題分《珍本編》、《精華編》、《研究編》、《翻譯編》四個版塊,力圖把子部珍稀文獻、精華文獻進行深層次的整理、研究和譯介,挖掘子部文獻的價值,促進子學研究的發展。

山東大學向來以文史見長。古籍整理與子學研究,是其中的傳統研究方向。"《子海》整理與研究",是在山東大學前輩學者高亨先生積 30 年之力陸續做成的《先秦諸子研究文獻目錄》的基礎上,由已故著名古籍整理與研究專家董治安先生參與策劃、設計的大型綜合研究課題。課題立項後,得到了中宣部、教育部、財政部、山東省政府和山東大學的大力支持,學界同仁踴躍參與。《精華編》的整理研究團隊近 200 人,來自海内外 48 所高校和研究機構。在組織管理上,《精華編》努力探索傳統文化研究協同創新的新體制、新機制,現已呈現出活力和實效。

華夏文明是由多元文化構築而成的。中國古代子部典籍,以歷代士人個性化作品的形式,系統性地展示了華夏民族的世界觀和方法論,立體性地反映了中華民族對世界文明發展的貢獻。其中,無論是宏篇大論,還是叢殘小語,都激蕩著歷史的聲音,閃爍著智慧的光芒,構成中國古代思想、藝術、科技和生活方式的主體內容。《精華編》通過對子部最優秀的典籍的整理,一方面擷英取粹,爲華夏文明的傳播提供可靠的資源和文本;另一方面以古鑒今,爲當下社會的發展提供智力支持和精神支撑。并希望進而梳理中華傳統文化的多元結構,繼承中華優秀傳統文化的一貫文脈。

根據漢代以後子學發展和子部典籍的實際情況,參照官私目錄的分類與著錄,《精華編》選取先秦諸子、儒學、兵家、法家、農家、醫家、曆算、術數、藝術、雜家、小説家、譜録、釋道、類書等十四個類目的要籍幾百種,編爲目録,作爲整理的依據,而在成果展現上則不出現具體的類目。爲統一體例,便於工作,《精華編》編有詳細的《整理細則》,并有簡明的《整理要則》,供整理者遵循使用。

《精華編》整理原則是,對每種子書的整理,突出學術性、資料性和創新性,力求吸納已有的整理成果,推出更具參考價值、更方便閱讀的整理文本。所採用的整理方式,大體有三種:一、部頭較大且前人未曾整理者,採用標點、校勘的方式整理;二、前人曾經標點、校勘者,或採用抽換更好或別具學術特色底本的方式整理,或採用集校、集注的方式整理,或採用校箋、疏證的方式整理,或綜合使用以上方式;三、前人已有較好的注本者,則採用集注、彙評、補正等方式整理。

《精華編》採用五次校審、遞進推動的管理程式,即:一、初校全稿。子海編纂中心組織碩、博研究生,修改文稿錯別字,規範異體字,調整格式,發現并標明校點中的不妥之處。二、初審文稿。子海編纂中心的編纂人員根據情況,解決初校時發現的問題,并判斷書稿的整體質量。三、匿名評審。

聘請資深教授通審全稿，全面進行學術把關，消滅硬傷，寫出審稿意見。四、修改文稿。子海編纂中心及時把專家審稿意見反饋給整理者。整理者根據審稿意見修改，做出新文稿。五、終審文稿。待新文稿返回子海編纂中心後，總編纂作最後的學術質量把關。五步程序完成後，將文稿交付出版社。

五次校審的目的是爲了保證學術質量，提高整理水平，減少錯訛硬傷。但校書如掃塵埃落葉，隨掃隨有，《精華編》雖經多道程序嚴加把關，仍難免有錯，懇請方家不吝指教。子海編纂中心將及時總結經驗，吸取教訓，把工作做得更好，以實現課題設計的初衷。

目　錄

整理説明 …………………………………………… 1
凡例 ………………………………………………… 1

序 …………………………………………………… 1
卷上 ………………………………………………… 3
　勸學 ……………………………………………… 3
　貴言 ……………………………………………… 18
　四儀 ……………………………………………… 27
　明堂 ……………………………………………… 28
　分 ………………………………………………… 34
　發蒙 ……………………………………………… 41
　恕 ………………………………………………… 50
　治天下 …………………………………………… 52
　仁意 ……………………………………………… 57
　廣澤 ……………………………………………… 62
　綽子 ……………………………………………… 67
　處道 ……………………………………………… 70
　神明 ……………………………………………… 75

卷下 …………………………………………… 78
存疑 …………………………………………… 185

佚文補說 ……………………………………… 198
附錄 …………………………………………… 211
　　諸家論證 ………………………………… 211

整理説明

尸子這個人，在先秦典籍中並没有記録。最早見於《史記·孟荀列傳》："楚有尸子、長盧。"司馬遷又説："世多有其書，故不論。"可見《尸子》一書在漢初廣爲流傳，是當時的人很常見的。《漢書·藝文志》著録有《尸子》二十篇，應該和司馬遷所見的《尸子》没有多大差異。孫次舟在《再評〈古史辨〉第四册·論〈尸子〉的真僞》亦云："《尸子》之書，亦必喧赫於當時。"又説："今《尸子》之書，既在司馬遷'不論'之列，則彼《漢書·藝文志》雜家所著録之《尸子》二十篇，即爲司馬遷所不論之書。"但這裏要説明的是，即使是司馬遷所見到的《尸子》，也不全是尸子所自撰，有後人摻入的文字。例如《廣澤》篇説："田子貴均。"田子即田駢，晚於尸子，尸子本人必不能用到他的學説。又如卷下第七三條載的秦醫逌爲張子治病之事，張子若是張儀，其人晚於尸子，尸子也不可能知道此事。所以，司馬遷所見的《尸子》，應該和《墨子》、《莊子》一樣，都有其後學的文章摻雜在内。

《史記集解》載劉向《别録》云："楚有尸子，疑謂其在蜀。今案《尸子》書，晋人也，名佼，秦相衛鞅客也。衛鞅商君謀事畫計，立法理民，未嘗不與佼規也。商君被刑，佼恐並誅，乃亡逃入蜀。自爲造此二十篇書，凡六萬餘言，卒因葬蜀。"班固在《漢書・藝文志》中説:"(尸子)名佼,魯人。秦相商君師之,鞅死,佼逃入蜀。"《漢書・藝文志》很大程度上是録自劉向的《別録》,但一個説尸子是晉人,一個説是魯人,大概有兩個原因。其一,吕思勉《經子題解》云:"裴駰、司馬貞及見《別録》及《尸子》全書,所知較詳,説當不誤。'晉'、'魯'形近,今《漢志》作魯人,蓋訛字也。"其二,《穀梁傳・隱公五年》載:"尸子曰:'舞夏,自天子至諸侯,皆用八佾。初獻六羽,始厲樂矣。'"《桓公九年》:"尸子曰:'夫已,多乎道?'"由此推論,在當時還有一個尸子,是治《春秋》的。張西堂《尸子考證》(見《古史辨》第4册)、孫次舟《論尸子的真僞》(見《古史辨》第6册)、徐文武《〈尸子〉辨》(見《孔子研究》2005年第4期)都以爲有兩個尸子,錢穆於《先秦諸子繫年》中以爲尸子只有一個,兼治《春秋》,似乎不可信。這個尸子可能是魯人,班固將這兩個人誤當成一個人,所以説成了魯人。

《隋書・經籍志》云:"《尸子》二十卷,目一卷。梁十九卷。秦相衛鞅上客尸佼撰。其九篇亡,魏黄初中續。"經過了漢末兵燹,原本世所習見的《尸子》已經殘缺不全,亡失了九篇,魏黄初中有人進行了續補。這次續補後的版本,内容已經和原本相差甚大。除了尚存的十一篇《尸子》直接録入外,其餘九篇的文字來源就值得商討了。這九篇續文的確有一部分爲續者搜集《尸子》佚文補入,但還有一些文字可能不屬於《尸子》,續者也給收入進去。卷下第一九條:"赤縣州者,實爲昆侖之墟。其東則瀰水島山,左右蓬萊。玉紅之草生焉,食其一實而醉,卧三百歲而後寤。"赤縣神州屬於鄒衍大九州學説的一部分,尸子是不可能知道的。第二〇條:"泰山之中有神房、阿閣、帝王録。"這至遲是漢代道家的虚構,後來演變成三十六天之説，尸子也不可能用到。大概因爲《尸子》一書有一部分內容是説"九州險阻，水泉所起"的，續者便因此補入。第一五三條："繞梁之鳴，許史鼓之。非不樂也，墨子以爲傷義，故不聽也。"但第一五一條説："鐘鼓之聲，怒而擊之則武，憂而擊之則悲，喜而擊之則樂，其意變，其聲亦變。意誠感之，達於金石，而況於人乎？"第一五二條："夫瑟二十五弦，其僕人鼓之，則爲笑，賢者以其義鼓之，欲樂則樂，欲悲則悲。雖有暴君，爲之立變。"兩條都説音樂是感人至深的，這裏轉而説"傷義"；第一五四條也説到墨子雖然非樂，但還是善於吹笙的。此處卻連聽都不聽了，意思完全相反，也很有可能是續者因爲《尸子》有"墨子吹笙"事而補入的。還有存疑第四條："黄帝時，公玉帶造合宫、明堂。"大概因爲第五六條有"黄帝曰合宫，有虞氏曰總章，殷人曰陽館，周人曰明堂"句，續者覺得意思相近，也便補入。除了以上幾條，續者還可能把另一個治《春秋》的尸子的文章也收入了進去，卷下第八六條："娶同姓，以妾爲妻，變太子，專罪大夫，擅立國，絶鄰好，則幽。改衣服，易禮刑，則放。"這完全是釋《春秋》的文字。又如存疑第五條："穀梁淑，字元始，魯人，傳《春秋》十五卷。"也和《春秋》有關。這些都不可能是《尸子》之文。《新》、《舊唐書》著錄的二十卷本的《尸子》，就是原本內容和黄初中續寫的部分內容的雜糅本。

王應麟《漢藝文志考證》云："李淑《書目》存四卷。《館閣書目》止存二篇，合爲一卷。"到了唐末，雜糅本的《尸子》也已經只存四卷了。再到宋交，則又佚失了兩卷。據朝鮮鄭麟趾所撰《高麗史》，北宋哲宗曾經命朝鮮抄錄當地見存典籍，其中有《尸子》二十卷，則其時朝鮮尚有完本的《尸子》，但當時抄録到宋朝的以醫書爲主，惜乎這部完本的《尸子》只有目錄而没有全本再流傳回來。

《館閣書目》所説的一卷本，陳振孫《直齋書錄解題》、陳元靚《新編纂圖增類群書類要事林廣記後集》卷七《文籍類》都没有著録，蓋當時一卷本也很難見到了。《宋史·藝文志》:"《尸子》一卷，尸佼撰。"宋濂《諸子辯》已經不及《尸子》，《文淵閣書目》亦未著録，大概經歷了元明戰火，這一卷也亡佚了。

《尸子》一書因爲亡佚太多，在元代已經出現了爲之輯佚之人。吴淞任仁發曾輯有三篇，名爲《仁意》、《君治》、《廣釋》，都是從《爾雅》注中搜出的《尸子》篇名，其内容也是根據大體的意思隨意放置，不足取信。任仁發輯的這個本子在當時没有流傳，到了清代，始由其後裔任兆麟雕版，才爲世人所知。明代輯佚的人，目前所見有陶宗儀、徐元太、歸有光、李元珍。陶宗儀《説郛》卷六録《尸子》兩條。《千頃堂書目》云:"徐元太《尸子彙逸》二卷。《尸子》久亡，元太彙輯散見諸書者。"(《澹生堂藏書目》亦云)。歸有光《諸子彙函》卷九節録《止楚師》、《君治》兩篇。其後李雲翔《尸子拔萃》襲其文而爲之注，收入《新鐫諸子拔萃》。李元珍輯本見《諸子綱目類編》，以義相近者編排文字。這四人的輯佚，除了徐元太的本子没能見到外，其他三個本子尚存。從其輯本的内容來看，也都是汪繼培所説的"攟摭佚文，傅會舊目"。另外，我們懷疑在明代出現了《尸子》的僞本，孫鑛《居業次編》卷三云:"《尸子》，聞世有其書而未之見。"又云:"《尸子》者，向余文敏公曾買得其全書。問其門下客，言已割裂入類書中，似可惜。然以此知今世尚有之，尚可購也。"存疑一四至一八這五條，都出自楊慎的《升庵集》,歸有光《諸子彙函》屢引楊慎解《尸子》語,則楊慎當甚熟於《尸子》,所以不太可能是楊氏誤引。從這五條都是出現在其他書中,再根據孫鑛説的"言已割裂入類書中"來看,楊慎很可能曾見到雜取諸書拼湊而成的僞本《尸子》。

到了清代,《尸子》的輯本便多了起來,今所見者,有馬驌、惠棟、任兆麟、孫志祖、章宗源、孫星衍、任大椿、汪繼培、蔣德鈞諸家。馬驌《繹史》第一一五雜陳數條,未云出處。惠棟本、任兆麟輯本見《心齋十種》,並任仁發輯本刊録。孫志祖輯本,見《讀書脞録》卷四。孫氏先得章宗源本爲之補葺,後又得惠棟本及《群書治要》,編爲十六篇,汪本《廣澤》篇,孫氏拆作《廣》、《廣澤》兩篇,又增歸有光《止楚師》、《君治》。蔣德鈞本十六篇,與孫本同,收入《求實齋叢書》。任大椿輯本未見,《續修四庫提要》云之。以上諸家輯本以孫星衍本最爲流行,見於《問經堂叢書》、《平津館叢書》、《百子全書》、《四庫備要》。汪繼培本分爲上、下兩卷,別爲存疑一卷。上卷録《群書治要》所載十三篇,並據他書補《勸學》篇三條,《仁意》篇兩條,《廣澤》篇兩條,《綽子》篇一條。下卷糾聚散見群書者,或以時編排,或以類編排。録諸書中所引文字最爲完備者,表識出處,糾正文字,凡所見他書文有相類者,一並録之。存疑一卷,録他書或他家云出於《尸子》而未必爲《尸子》文者。汪氏博徵群書,條分縷析,探賾索隱,辨流溯源,故其書最爲稱善。汪本見於《湖海樓叢書》、《二十二子》、《二十五子彙函》、《子書二十八種》、《子書四十八種》、《續修四庫全書》。今世云《尸子》者,皆用汪本。現在的整理本有顏玉科本(山東畫報出版社 2004 年版)、黄曙輝本(華東師範大學出版社

2009年版),譯注本有李守奎本(黑龍江人民出版社2003年版)、朱海雷本(上海古籍出版社2006年版)。我們此次疏證,就是以汪本《湖海樓叢書》本爲底本。

《尸子》一書的思想内容,劉向序《荀子》稱其"非先王之法,不循孔氏之術",如《廣澤》篇説"孔子貴公"而"拿於私",又如卷下第五四條説:"昔周公反政,孔子非之曰:'周公其不聖乎?以天下讓,不爲兆人也。'"均合於劉向説的"非先王之法,不循孔氏之術"。但李賢注《後漢書》云《尸子》"十九篇陳道德仁義之紀,一篇言九州險阻,水泉所起",完全和劉向唱反調。這大概有兩個原因,一是兩人根據《尸子》書中的部分内容所下定論;二是兩人所見的本子不同,内容差別很大。前面説過,《尸子》一書在漢末亡了九篇,魏黄初中乃爲之續補。這裏所補的内容,可能多中正雍雅之語,已經失去了《尸子》的本來面目。班固《藝文志》列於雜家,劉勰《文心雕龍》稱其"兼總雜術",兩人所見的本子不同,但都稱其爲"雜"。以此論之,劉向和李賢之所以見解不同,應該是據部分内容下定論的可能性比較大。

我們現在看到的《尸子》一書,李賢説的"道德仁義之紀"相對比較多,大概在後來的流傳中,那些峭蓋詭激之語已逐漸被剔除掉了。但《尸子》既然歸於雜家,那麼於諸家之説,必既有所同,又有所異,我們從現在的《尸子》中仍可窺知一二。卷下第三四條:"人之言君天下者,瑶臺九累,而堯白屋;黼衣九種,而堯大布;宫中三市,而堯鶉居;珍羞百種,而堯糲飯菜粥;騏驎青龍,而堯素車玄駒。"第六六條:"昔者桀紂縱欲長樂,以苦百姓。珍怪遠味,必南海之蓽,北海之鹽,西海之菁,東海之鯨。此其禍天下亦厚矣。"斥奢尚儉,是墨家的思想。第一五一條説:"鐘鼓之聲,怒而擊之則武,憂而擊之則悲,喜而擊之則樂,其意變,其聲亦變。意誠感之,達於金石,而況於人乎?"第一五二條:"夫瑟二十五弦,其僕人鼓之,則爲笑,賢者以其義鼓之,欲樂則樂,欲悲則悲。雖有暴君,爲之立變。"則是崇尚音樂,又和墨家非樂不同。《恕》篇:"恕者,以身爲度者也。己所不欲,毋加諸人。惡諸人,則去諸己;欲諸人,則求諸己。此恕也。"《治天下》篇云:"父母之所畜子者,非賢强也,非聰明也,非俊智也,愛之憂之,欲其賢己也,人利之與我利之無擇也,此父母所以畜子也。然則愛天下,欲其賢己也,人利之與我利之無擇也,則天下之畜亦然矣。此堯之所以畜天下也。"尚恕愛民,這是儒家的思想。《明堂》篇云:"夫高顯尊貴,利天下之徑也,非仁者之所以輕也。"卷下第一一四條:"人謂孟賁曰:'生乎?勇乎?'曰:'勇。''貴乎?勇乎?'曰:'勇。''富乎?勇乎?'曰:'勇。'三者人之所難,而皆不足以易勇,此其所以能攝三軍、服猛獸故也。"重勢尚勇,則又是非儒的思想。卷下第五八條:"有虞氏身有南畝,妻有桑田,神農並耕而王,所以勸耕也。"認爲君主應該親自耕織以作爲萬民之則,這是農家的思想。又云爲君者當"使天下丈夫耕而食,婦人織而衣",不必親耕而食,親織而衣,這又是非農的思想。《分》篇説:"君人者,苟能正名,愚智盡情,執一以靜,令名自正,令事自定,賞罰隨名,民莫不敬。"和韓非的"聖人執一以靜,使名自定,令事自定"一個道理,這是法家的思想。《分》篇又説:"身無變而治,國無變而王,湯武復生,弗能更也。"卻又和韓非"世異則事異"的思想相悖了。

汪氏的輯本,去其存疑一卷,大概有萬餘言,較之原本的六萬餘言,十得一二。所以縱不能全得原本《尸子》之内容,亦足以窺見其大略。除了我們上面論及的墨、儒、農、法四家外,道、名二家的思想也很突出。《貴言》篇説:"天地之道,莫見其所以長物而物長,莫見其所以亡物而物亡。聖人之道亦然,其興福也,人莫之見而福興矣;其除禍也,人莫之知而禍除矣,故曰神人。"尸子云天地之道,化物於無形而不自居其德,聖人治天下,除禍難於未形,使民不知而化。這是老子爲無爲、任自然的思想。張輯注《列子》,稱其多引《尸子》,則必多沖虚恬淡之語,可惜現在已經不能看到了。尸子數言正名,《發蒙》篇:"治天下之要在於正名,正名去僞,事成若化。"又説:"正名以御之,則堯舜之智必盡矣;明分以示之,則桀紂之暴必止矣。"《分》篇説:"正名覆(覈)實,不罰而威。"正名則分成,分成則萬物各得其理,百官各得其職,百工各得其事,爲君者則"身逸而國治"。綜上,尸子很多言論是近於道、名的。明君既垂拱而治,使臣下盡其力、效其功,則臣當爲賢臣,若奸佞無能者籌理之,國將不國矣。尸子於尚賢一節,尤爲重視,君則任賢,臣則舉賢,反復申説。而何者爲賢?所謂仁義忠信者也。故尸子崇仁、尊義、重信,其言又多歸於儒也。要之,尸子以名爲本,以儒爲基,輔之以法,成之於道。

除了這種雜家的思想外,李賢還説《尸子》有一篇是言"九州險阻,水泉所起"的,像八極、朔方、赤縣、泰山,蚩尤亡於中冀、傅巖處於北海、接輿耕於方城,大概都屬於這篇。但李賢亦約言之,從現有的輯本來看,這一篇應該和《爾雅》、《小爾雅》一樣,内容是分爲很多部分的。如燧人造火、伏羲八卦、倕爲規矩、蚩尤造冶、奚仲造車、昆吾作陶是釋作,舜之重瞳、文王四乳、徐偃無骨是釋名,距虚、豹、貘、獰、貳、狐、猶是釋獸,合宮、總章、陽館、明堂乃釋宮，應該都是這篇的内容。其他若舜之游得六人、古有五王之相及"天神曰靈"條、"卵生曰琢"條、"木之精氣"條，都像是解釋性的文字，也應屬於此篇。

　　以上是《尸子》一書流傳和思想内容的大體情況，現在來說說其價值。孔子嘆夏殷之禮不足徵，文獻不足故也。現在的研究者也經常感到由於先秦典籍的匱乏，在研究時每每有無所措其手足的感覺。《尸子》雖然是殘帙，但就其内容來說，仍是很有價值的。例如下卷第五一條論武王伐紂："親射惡來之口，親斫殷紂之頸，手污於血，不温而食。當此之時，猶猛獸者也。"這和《逸周書》、《荀子》、《戰國策》所載類似，足證孟子説的周武王的仁義之師是儒家改造的結果。又如《吕氏春秋・首時》："王季歷困而死，文王苦之，有不忘羑里之醜，時未可也。武王事之，夙夜不懈，亦不忘玉門之辱。"高誘注以武王不忘文王之恥解之，大概在漢代武王"不忘玉門之辱"事已不爲人知了。但從第一一九條"湯復於湯丘，文王幽於羑里，武王羈於玉門，越王役於會稽，秦穆公敗於殽塞，齊桓公遇賊，晉文公出走。故三王資於辱，而五伯得於困也"來看，《吕氏春秋》中的"不忘玉門之辱"實就武王自己説的。

　　《四庫全書總目》云慎子乃黄老至申韓之轉捩，《尸子》就公而去私，擇賢而守要，論勢而不及於法，論刑而以教爲之輔，是亦爲黄老至申韓之階墀也。胡應麟云："宋世書千卷，不能當唐世百；唐世書千卷，不能當六朝十；六朝書千卷，不能當三代一：難易之辨也。"(《經籍會通》卷四)張之洞云："讀書宜多讀古書，除史傳外，唐以前書宜多讀，爲其少空言耳。大約秦以前書，一字千金。"(《輶軒語・語學》)因此《尸子》作爲先秦古書，是很有整理研究的必要的。

凡　例

一、本書以《湖海樓叢書》本爲底本。汪氏輯本首刊於《湖海樓叢書》，其後《二十二子》、《二十五子彙函》、《子書二十八種》、《子書四十八種》、《續修四庫全書》皆以此本爲底本翻印。

二、汪氏輯本首列見於他書者，次則引他書文字相類者，次則校正文字。今姑從其例，他書亦見而汪氏未引者補之，汪氏校正未確者則爲之改正，汪氏有未校者亦爲之申説。他人有校勘文字、疏解句義者並録之，其説不確者正之，闕者補之。

三、汪氏録文取其最全者，復據他書補其脱漏，故多綴合群書成一段。今所見本凡文字與汪氏所列之某本相合者，不出校。

四、凡文字簡易明瞭者不爲之注解，今所見李守奎、朱海雷譯注本有誤者，雖簡亦爲之申説；其注本有歧義者，則説明其何者近於是，俾讀者不承其誤。

五、所作疏證，已見於前者，爲避繁瑣，概不復疏。

六、卷上諸篇之章旨，爲之簡略解説。卷下列散見群書者，爲之説明汪氏排列原因。

七、卷下，存疑原本無條目，爲便於疏説，皆加之。

八、所補佚文，有確爲《尸子》書者，有後人誤以爲《尸子》者，合爲一篇。

序

《漢書·藝文志》雜家《尸子》二十篇,《隋》、《唐志》並同,宋時全書已亡。王應麟《漢志考證》云:"李淑《書目》存四卷,《館閣書目》止存二篇,合爲一卷。"其本皆不傳。近所傳者有震澤任氏本、元和惠氏本、陽湖孫氏本。任本凡三篇,曰《仁意》,曰《君治》,曰《廣釋》,實皆攈摭佚文,傅會舊目。《廣釋》即《爾雅疏》所引《廣澤》;《仁意》亦見《爾雅疏》;《君治》無考,《諸子彙函》有此篇,乃聯綴群書虛造名目,不足據也。繼培初讀其書,就所攬掇,表識出處,糾拾遺謬,是正文字。後得惠、孫之書以相比校,頗復有所疑異。乃集平昔疏記稍加釐訂,以《群書治要》所載爲上卷,諸書稱引與之同者分注於下。其不載《治要》而散見諸書者爲下卷,引用違錯及各本誤收者別爲存疑,附於後。謹按,劉向《別録》《史記·孟荀列傳》集解引。稱《尸子》書凡六萬餘言,今兹撰録,蓋十失八,可爲嘆息。然繇所概見,推竟端委,尚有可意會者。張湛注《列子》,其序云:"莊子、慎到、韓非、尸子、淮南玄示旨歸,多稱其言。"今按"歸人"之説見《天瑞》篇,"言行響影"之説見《説符》篇,其所誦述定非數言。《淮南子·墜形訓》云:"水圓折者有珠,方折者有玉。清水有黄金,龍淵有玉英。"又云:"北極有不釋之冰。"其説皆本《尸子》。章懷太子注《後漢書》,《宦者吕强傳》。謂《尸子》書

"二十篇,十九篇陳道德仁義之紀,一篇言九州險阻,水泉所起",《墬形》之文,當在此篇。準是以求,則《墬形訓》"九山"、"九塞"、"九藪"及"水泉"諸說,必皆仍用《尸子》可知。又因引"贖人"而知爲子貢事,引"悦尼來遠"而知爲葉公問政,引"湯德及禽獸"而知爲解網。觸類引伸,課虛以責有,是在好學者之深思矣。劉向序《荀子》,謂尸子著書"非先王之法,不循孔氏之術",劉勰又謂其"兼總雜術,術通而文鈍"。今原書散佚,未究大恉,諸家徵説,率皆采擷精華,剪落枝葉,單詞剩誼,轉可寶愛。其書原本,先民時有竊取,後出諸子又或餐挹其中,傳相蹈襲。今輒刺取各書,略明歸出,欲以證釋同異。《史記·孟荀列傳》言"楚有尸子",《集解》引劉向《别録》云:"楚有尸子,疑謂其在蜀。今按《尸子》書,晉人也,名佼,秦相衛鞅客也。衛鞅商君謀事畫計,立法理民,未嘗不與佼規也。商君被刑,佼恐并誅,乃亡逃入蜀。"《漢志》班固自注又以佼爲魯人。"晉"、"魯"字形相近,未能定其然否云。

　　嘉慶十有六年歲在重光協洽陽月月既望,蕭山汪繼培識。

卷　上

勸　學

　　學不倦，所以治己也；教不厭，所以治人也。四句亦見《太平御覽》六百十三。《說苑·說叢》云：" 學問不倦，所以治己也；教誨不厭，所以治人也。"《文子·上仁》：" 老子曰：'學而不厭，所以治身也；教而不倦，所以治民也。'"《孟子·公孫丑》篇："孔子曰：'我學不厭而教不倦也。'子貢曰：'學不厭，智也；教不倦，仁也。'"亦見《呂氏春秋·尊師》篇。① 夫繭，舍而不治則腐蠹而棄。② 使女工繅之，③ 以爲美錦，大君服而朝之。④ 一作"人君朝而服之"。按，《鹽鐵論·殊路》篇云："干越之鋌不厲，匹夫賤之。工人施巧，人主服而朝也。"語意本此。"大君"，見《易·師》卦。身者，繭也，舍而不治則知行腐蠹。使賢者教之，原作"子"。以爲世士，⑤ 則天下諸侯莫敢不敬。"夫繭"以下據《御覽》六百十三、八百十五、八百廿五補。《韓詩外傳》五："繭之性爲絲，弗得女工，燔以沸湯，抽其統理，不成爲絲。"《淮南子·泰族訓》同。劉子《新論·崇學》篇云："夫繭纑以爲絲，織爲縑紈，繢以黼黻，則王侯服之。人學爲禮儀，雕以文藻，而世人榮之。繭之不繅，則素絲蠹於筐籠；人之不學，則才智腐於心胸。"本此。⑥ 是故，子路，卞之野人；⑦ 見《史記·仲尼弟子列傳》集解。《文選·辨命論》注作"東鄙之野人"。子貢，衛之賈人；⑧ 見《御覽》八百廿九，句末有"也"字。顔涿聚，盜也；⑨ 顓孫師，駔也，⑩ 孔子教之，皆爲顯士。二句見《文選·辨命論》

注,⑪"顯"作"賢"。《韓詩外傳》八:"子路,卞之野人也;子貢,衛之賈人也,皆學問於孔子,遂爲天下顯士。"《荀子·大略》篇云:"子贛、季路,故鄙人也,被文學,服禮義,爲天下列士。"《呂氏春秋·尊師》篇云:"子張,魯之鄙家也;顔涿聚,梁父之大盜也,學於孔子,爲天下名士顯人。"**夫學,譬之猶礪也。昆吾之金,**⑫四字見《山海經》十八注、《史記·司馬相如傳》集解、《前漢書·相如傳》注、《文選·子虛賦》注,又《玉篇》一"昆吾"字從玉。**而銖父之錫,**⑬使干越之工,《新序·雜事一》:"船人固桑曰:'劍産干越。'"《莊子·刻意》篇"干越之劍"釋文:"司馬云:'干,吳也。吳越出善劍也。'"《荀子·勸學》篇"干越夷貉之子"楊倞注云:"干越,猶言吳越。"劉台拱《荀子補注》云:"'干'與'吳城邗溝通江淮'之'邗'同。"《淮南·原道訓》"干越生葛絺"高誘注亦云:"干,吳也。"**鑄之以爲劍,而弗加砥礪,則以刺不入,以擊不斷。磨之以礱礪,加之以黃砥,則其刺也無前,其擊也無下。**⑭**自是觀之,礪之與弗礪,其相去遠矣。今人皆知礪其劍,而弗知礪其身。夫學,身之礪砥也。**⑮"使干越之工"以下見《御覽》七百六十七,"礪砥"作"砥礪"。又六百七引"今人"以下,"礪其劍"、"礪其身"上並有"砥"字。《北堂書鈔》八十三同。《山海經》三注引加"玄黄砥","玄"乃"昌"之訛。古者通以錫雜銅爲兵器,⑯《吴越春秋》言:"赤堇之山,破而出錫;若耶之溪,涸而出銅,區冶子因以造純鈎之劍。""銖父之錫"亦赤堇類也。《御覽》誤"錫"爲"鐵",孫氏據之以改正文,非也。《淮南子·修務訓》云:"夫純鈎、魚腸之始下型,擊則不能斷,刺則不能入。及加之砥礪,摩其鋒鍔,則水斷龍舟,陸剸犀甲。夫學,亦人之砥也。"本此。

【疏證】

① 此句論教、學之作用,而下文只言學,不言教,蓋"學不倦,教不厭"乃習語,多連用,故順帶言之。除汪氏所引,《論語·述而》:"子曰:'默而識之;學而不厭,誨人不倦,何有於我哉?'"《法言·五百篇》:"事不厭,教不倦。"(《法言》語多效《論語》,此即本於"學而不厭,誨人不倦"。)《太平御覽》卷六一三:"任子曰:'學所以治己,教所以治人。不勤學則無以爲智,不勤教則無以爲仁。'"(《意林》引《任子》只有上句,《困學紀聞》

卷八,《拾遺録》引下句無兩"則"字。)《藝文類聚》卷五七引劉梁《七舉》:"英人底材,不賞而勸,學而不厭,教而不倦。"

"學不倦,所以治己也",《鹽鐵論·毁學》:"學以輔德。"《殊路》:"非學無以治身。"《韓詩外傳》三:"材雖美,不學不高。"君子學以修身廣德,從而"致其道"(《論語·子張》子夏語)。"教不厭,所以治人也",謂君子非徒治己,亦教以治人,使天下之民皆有道德仁義之心,故《禮記·學記》曰:"君子如欲化民成俗,其必由學乎?玉不琢,不成器;人不學,不知道,是故古之王者建國,以教民爲先。"

又反對"學以治人,教以治己",《韓詩外傳》一載原憲語:"若夫希世而行,比周而友,學以爲人,教以爲己,仁義之匿,車馬之飾,衣裘之麗,憲不忍爲之也。"(又載《莊子·讓王》、《新序·節士》)石光瑛注:"學本爲己,而干禄之心中之,則反爲人矣;教本爲人,而鄙吝之心中之,則反爲己矣。此君子之所疾也。成玄英疏《莊子》云:'學以爲人,自求名譽也;教以爲己,多求束脩。'"

② 腐謂朽爛,蠧爲蟲齧。《齊民要術·雜説》:"四月,繭既入簇,趨繅。"《王氏農書》卷二〇:"生繭即繅,爲上。"繭之性易壞,故需儘快繅之,以防變壞。

③ 繅謂抽繭成絲,先將繭置煮繭器中,以熱水煮之,然後以繅車抽絲。

④ "大君"即"人君",《易·師》卦:"大君有命,開國承家,小人勿用。"《正義》:"大君謂天子也。"《春秋繁露·郊祭》:"天者,百神之大君也。"《孔叢子·論書》:"湯及太甲、武丁、祖乙,天下之大君。"又稱"大君子",《荀子·王霸》篇:"官人使吏之事也,不足數於大君子之前。"楊倞注:"大君子,謂人君也。"

⑤ "世士"猶下文"顯士",謂顯達之士,非世俗之士。

⑥ 《春秋繁露·深察名號》篇云:"中民之性,如繭如卵,卵待覆而爲雛,繭待繅而爲絲,性待教而爲善。"(又見《實性》篇)《潛夫論·讚學》篇云:"夫瑚簋之器、朝祭之服,其始也,乃山野之木、蠶繭之絲耳。使巧倕加繩墨而制之以斤斧,女工加五色而制之以機杼,則皆成宗廟之器、黼黻

之章。而況君子敦貞之質，察敏之才，攝之以良朋，教之以明師，文之以禮樂，導之以《詩》、《書》，贊之以《周易》，明之以《春秋》，其不有濟乎？"《中論・論學》："器不飾則無以爲美觀，人不學則無以有懿德。有懿德，故可以經人倫；爲美觀，故可以供神明。"義亦同。

又《鹽鐵論・殊路》篇云："於越之鋌不礪，匹夫賤之；工人施巧，人主服而朝也。"上句用下文礪劍之喻，下句又用此處之義。

⑦《史記・仲尼弟子列傳》："仲由字子路，卞人也。少孔子九歲。子路性鄙，好勇力，志伉直，冠雄雞，佩豭豚，陵暴孔子。孔子設禮稍誘子路，子路後儒服委質，因門人請爲弟子。"卞，地名，在今山東泗水以東。野人，粗鄙之人。《説苑・修文》："觸情從欲謂之禽獸，苟可而行謂之野人。""苟可而行"謂自以爲正確之事則奮然爲之，不顧是否合於禮儀道德。

⑧《史記・仲尼弟子列傳》："端沐賜，衛人，字子貢。少孔子三十一歲。"賈人，商人。子貢良於治財，《論語・先進》篇孔子贊子貢："賜不受命，而貨殖焉，億則屢中。"《仲尼弟子列傳》："子貢好廢舉，與時轉貨貲。喜揚人之美，不能匿人之過。常相魯衛，家累千金，卒終於齊。"

⑨ 顔涿聚，《淮南子・氾論訓》作"顔喙聚"，《史記・孔子世家》作"顔濁鄒"，《韓詩外傳》卷九作"顔斫聚"，《説苑・正諫》作"顔燭趨"、"燭雛"。顔涿聚非孔子弟子，《孔子世家》："孔子以《詩》、《書》、《禮》、《樂》教弟子，蓋三千焉，身通六藝者七十有二人。如顔濁鄒之徒頗受業者甚衆。"《正義》："顔濁鄒非七十二人數也。"《左傳・哀公二十三年》："六月，晋荀瑶伐齊。……戰於犁丘，齊師敗績。知伯親禽顔庚。"杜預注："顔庚，齊大夫顔涿聚。"又據《哀公二十七年》顔涿聚子顔晋稱"隰之役而父死焉"，隰之役即犁丘之役，則顔涿聚卒於哀公二十三年（前472）。《易林・咸之大壯》有"涿聚衣裳，晋人無殃"，亦言此事。《太平御覽》卷六一四引魏應璩《答韓文憲書》云："昔公孫弘皓首入學，顔涿聚十五始涉師門，朝聞道夕殞，聖人所貴。"此言老而受學，"十五"當是"五十"之訛，則顔涿聚當生於周景王二十二年（前523）之前。顔涿聚爲盗之説，除本文及汪氏引《吕氏春秋》外，《後漢書・左原傳》亦云："顔涿聚，梁甫之

巨盜。"

⑩《史記·仲尼弟子列傳》："顓孫師，陳人，字子張，少孔子四十八歲。"駔有二釋，朱海雷《尸子譯注》、《群書治要譯注》皆釋作馬匹經紀人，然顓孫師爲駔之説除《尸子》外無載者。《吕氏春秋·尊師》篇："段干木，晋國之大駔也，學於子夏。"在"子張，魯之鄙家也；顔涿聚，梁父之大盗也，學於孔子"下。《後漢書·左原傳》："昔顔涿聚，梁甫之巨盗；段干木，晋國之大駔，卒爲齊之忠臣、魏之名賢。蘧瑗、顔回尚不能無過，況其餘乎？"皆云段干木爲駔，或著者以段干木乃子夏弟子，乃以顓孫師易之，而仍襲"駔"之名。又李守奎《尸子譯注》釋"駔"爲"粗鄙"，蓋以顓孫師爲駔無他説，乃本《吕氏春秋》之"鄙家"而釋之。《爾雅·釋言》："奘，駔也。"郭璞注："今江東呼大爲駔，駔猶粗也。"則釋"粗鄙"亦通。

⑪《文選·辨命論》"季路學於仲尼，厲風霜之節"注："尸子曰：'子路，東鄙之野人。孔子教之，皆爲賢士。'"因《辨命論》單注"子路"，故節引之。

⑫昆吾出良銅，故多産名劍。《山海經·中山經》："昆吾之山，其上多銅。"郭璞注："此山出名銅，色赤如火，以之作刀，切玉如割泥也。"《列子·湯問》："周穆王大征西戎，西戎獻昆吾之劍。其劍長尺有咫，煉鋼赤刃，用之切玉，如切泥焉。"《拾遺記》卷十："昆吾山，其下多赤金，色如火。"又云："越王句踐使工人以白馬白牛祠昆吾之神，采金鑄之，以成八劍。"梁吴筠《檄江神責周穆王璧》文："把昆吾之銅、純鉤之鐵。"

⑬銖父，地名，其地未聞。

⑭《荀子·彊國》篇云："刑範正，金錫美，工冶巧，火齊得，剖刑而莫耶已，然而不剝脱、不砥礪則不可以斷繩；剝脱之、砥礪之則鑿盤盂、刎牛馬忽然耳。"《性惡》篇："桓公之葱、太公之闕、文王之録、莊君之吻、闔閭之干將、莫邪、鉅闕、辟閭，此皆古之良劍也，然而不加砥礪則不能利，不得人力則不能斷。"《淮南子》："璧瑗成器，礛諸之功；鏌邪斷割，砥礪之力。"義皆同此。

⑮古人常以劍之礪、人之學對言成文。《韓詩外傳》三："劍雖利不厲不斷，材雖美不學不高。"《鹽鐵論·殊路》："砥所以致於刃，學所以盡

其才。"《劉子·崇學》:"吳榦質勁,非笴羽而不美;越劍性利,非淬礪而不銛;人性讓惠,非積學而不成。"

⑯古者良劍以合鑄形式爲之,最常見者爲銅錫合鑄,《藝文類聚》卷六〇引《山海經注》云:"汲冢郡中得銅劍一枚,長三尺五寸,今所名干將劍,明古者通以錫銅爲兵器。"《太平御覽》卷三四三引《吳越春秋》云:"夫寶劍,金錫和同,氣如雲烟。"《周禮·秋官司寇》:"攻金之工,築氏執下齊,冶氏執上齊。……金有六齊。"鄭注:"金之品數,六分其金而錫居一謂之鐘鼎之齊,五分其金而錫居一謂之斧斤之齊,四分其金而錫居一謂之戈戟之齊,參分其金而錫居一謂之大刃之齊,五分其金而錫居二謂之削殺矢之齊,金錫半謂之鑒燧之齊。""六分其金而錫居一"謂銅、錫比例爲六比一,餘下類推。又《考工記》:"凡鑄金之狀,金與錫,黑濁之氣竭黄白次之,黄白之氣竭青白次之,青白之氣竭青氣次之,然後可鑄也。"《劉子·和性》:"夫歐冶鑄劍,太剛則折,太柔則卷。欲劍無折,必加其錫;欲劍無卷,必加其金。何者?金性剛而錫質柔。剛柔均平,則爲善矣。"

夫子曰:"車,唯恐地之不堅也;舟,唯恐水之不深也。"①有其器,則以人之難爲易。夫道,以人之難爲易也。"是故曾子曰:"父母愛之,喜而不忘;父母惡之,懼而無怨。"然則愛與惡,其於成孝無擇也。"曾子"以下見《文選·弔魏武帝文》注,"懼"作"禮",下有"今人雖未得愛,不得惡矣"二句。按,所引曾子見《大孝》篇,"懼而無怨",《曾子》作"懼而無怨"。②史鰌曰:"君親而近之,至敬以遜;貌而疏之,敬無怨。"③然則親與疏,其於成忠無擇也。孔子曰:"自娛於檃括之中,直己而不直人,④以善廢而不邑邑,蘧伯玉之行也。"⑤《韓詩外傳》二云:"外寬而内直,自設於隱括之中,直己不直人,善廢而不悒悒,蘧伯玉之行也。"《大戴禮·衛將軍文子》篇"善廢"句作"以善存亡汲汲",《家語·弟子行》作"汲汲於仁,以善自終","設"作"極"。然則興與廢,其於成善無擇也。屈侯附曰:

"賢者易知也。觀其富之所分,達之所進,窮之所不取。"《韓詩外傳》三:"魏文侯欲置相,召李克問曰:'寡人欲置相,非翟黄則魏成子,願卜之於先生。'李克曰:'夫觀士也,居則視其所親,富則視其所與,達則視其所舉,窮則視其所不爲,貧則視其所不取,此五者足以觀矣。'"《史記·魏世家》、《説苑·臣術》篇並同。此以爲屈侯附語,疑誤。附即翟黄所進者,《魏世家》作"鮒",《説苑》作"附"。⑥然則窮與達,其於成賢無擇也。是故愛惡、親疏、廢興、窮達,皆可以成義,有其器也。⑦

【疏證】

① 《樂府詩集》卷九六載傳爲伏羲之《網罟》詩:"吾人苦兮水深深,網罟設兮水不深。吾人苦兮山幽幽,網罟設兮山不幽。"喻同此。

② 曾子語又見《禮記·祭義》,"不"作"弗","咎"作"怨",注云:"無怨,無怨於父母之心。"《孟子·萬章上》:"萬章曰:'父母愛之,喜而不忘;父母惡之,勞而不怨。'然則舜怨乎?"

③ 史鰌,又稱子魚、史魚,春秋時衛國大夫。《説苑·臣術》篇云:"公叔文子問於史叟曰:'武子勝事趙簡子久矣,其寵不解,奚也?'史叟曰:'武子勝博聞多能而位賤,君親而近之,致敏以愻;藐而疏之,則恭而無怨色。入與謀國家,出不見其寵,君賜之禄,知足而辭。故能久也。'"向宗魯改"叟"爲"叀",云:"'叀'舊作'叟',盧改。劉曰:'"叟"乃"叀"誤,下同。'"按,作"叟"不誤,《周禮·輈人》"必緧其牛後"鄭玄注:"故書'緧'作'鰌',鄭司農云:'鰌,讀爲緧。'"是"叟"、"酉"古通,則史叟即史鰌也。據《説苑》,則此乃史鰌贊武子勝之語,然史鰌能力行之,《論語·衛靈公》篇載:"子曰:'直哉史魚!邦有道如矢,邦無道如矢。'"有道、無道類於君親、君疏也,其能秉直如一,不改其性。又《説苑·雜言》載孔子贊子魚有"君子之道三",其一爲"不仕而敬上",其仕與不仕,亦皆能懷恭敬之心。

④ 《説苑·雜言》篇云:"直己而曲於人。"櫽栝所以正木之曲,自娛於櫽栝而不涉他人,則修己之性而隨人之性,所謂"躬自厚而薄責於人"也。

⑤"廢"謂罷黜。"邑邑"通"悒悒",謂抑鬱不樂。《論語·衛靈公》篇云:"君子哉,蘧伯玉!邦有道則仕,邦無道則可卷而懷之。"《論語注疏》卷一五注:"卷而懷謂不與時政,柔順不忤於人。"《呂氏春秋》:"孫叔敖三爲令尹而不喜,三去令尹而不憂,皆有所達也。"亦蘧伯玉之類也。《莊子·秋水》篇云:"知時無止,察乎盈虛,故得而不喜,失而不憂,知分之無常也。"《列子·仲尼》篇:"鄉譽不以爲榮,國毀不以爲辱,得而不喜,失而弗憂。"君子"與時遷徙,與世偃仰"(《荀子·非相》),苟行正道,不以身之興廢榮辱而止。

⑥《説苑》以爲李克語,《尸子》以爲屈侯附語,不可以《説苑》疑《尸子》之誤也。古有善語,遞擅蹈襲,或據爲己説,或妄增作者,若"谷神不死"見於《老子》第六章,而《列子·天瑞》載其爲黃帝語;"克己復禮"見於《論語·顏淵》,而《左傳·昭公十二年》則稱孔子引舊《志》。《文子·上義》老子曰:"論人之道,貴即觀其所舉,富即觀其所施,窮即觀其所受,賤即觀其所爲,視其所患難以知其所勇,動以喜樂以觀其守,委以貨財以觀其仁,振以恐懼以觀其節,如此則人情可得矣。"若依汪氏説,則李克亦襲老子語也。《淮南子·氾論訓》與《文子》略同而不言出處。又《鶡冠子·道端》:"富者觀其所予,足以知仁;貴者觀其所舉,足以知忠;觀其大祥,長不讓少,貴不讓賤,足以知禮;達觀其所不行,足以知義;受官任治,觀其去就,足以知智;迫之不懼,足以知勇;口利辭巧,足以知辯;使之不隱,足以知信;貧者觀其所不取,足以知廉;賤者觀其所不爲,足以知賢;測深觀天,足以知聖。"《漢書·杜業傳》:"觀本行於鄉黨,考功能於官職,達觀其所舉,富觀其所予,窮觀其所不爲,乏觀其所不取,近觀其所爲,遠觀其所主。孔子曰:'視其所以,觀其所由,察其所安,人焉廋哉?'取人之術也。"語皆同此。

⑦"器"謂行爲準則,乃道德仁義之類。《鶡子·道符》:"仁與信,和與道,帝王之器。凡萬物皆有器。"此處"器"謂仁、信、和、道。《新書·大政下》云:"士能言道而弗能行者謂之器,能行道而弗能言者謂之用,能言而能行之者謂之實。"《論語·先進》:"君子不器。"《正義》以爲"謂聖人之道,不如器施於一物",然以《新書》證之,"不器"實爲言君子不徒能言道

而不能行也。君子懷器不能行，猶有車、舟不能用。故先有其器，方能成義，若器之無有，義之必不能成。此處云"有其器也"，非言有其器即可，謂君子有其器且能行之。

　　桓公之舉管仲，①穆公之舉百里，②比其德也。③此所以國甚僻小，身至穢污，④而爲政於天下也。⑤《説苑·尊賢》篇云："齊景公問於孔子曰：'秦穆公其國小處僻而霸，何也？'對曰：'其國小而志大，雖處僻而其政中，其舉果，其謀和，其令不偷，親舉五羖大夫於係縲之中，與之語三日而授之政。以此取之，雖王可也，霸則小矣。'"⑥又云："或曰：'將謂桓公仁義乎？殺兄而立，非仁義也；將謂桓公恭儉乎？與婦人同輿馳於邑中，非恭儉也；將謂桓公清潔乎？閨門之内無可嫁者，非清潔也。此三者，亡國失君之行也。然而桓公兼有之，以得管仲、隰朋，九合諸侯，一匡天下，畢朝周室，爲五霸長，以其得賢佐也。'"⑦今非比志意也，而原脱。比容貌；非比德行也，而論爵列：亦可"可"上疑脱"不"字。⑧以卻敵服遠矣。農夫比粟，商賈比財，烈士比義，⑨三句見《意林》及《御覽》八百卅六。《論語·里仁》篇云："義之與比。"《説苑·説叢》云："君子比義，農夫比穀。"《莊子·徐無鬼》篇云："農夫無草萊之事則不比，商賈無市井之事則不比。"⑩是故監門、逆旅、農夫、陶人皆得與焉。⑪爵列，私貴也；德行，公貴也。奚以知其然也？司城子罕遇乘封人而下。⑫其僕曰："乘封人也，奚爲下之？"子罕曰："古之所謂良人者，良其行也；貴人者，貴其心也。今天爵而人，⑬良其行而貴其心，吾敢弗敬乎！"以是觀之，古之所謂貴，非爵列也；所謂良，非先故也。⑭人君貴於一國，而不達於天下；天子貴於一世，而不達於後世。惟德行與天地相弊也。⑮爵列者，德行之舍也，其所息也。《詩》曰："蔽芾甘棠，勿翦勿敗，召伯所憩。"⑯仁者之所息，人不敢敗也。《毛傳》云："憩，息也。"天子諸侯，人之所以貴也，桀紂處之則賤矣。是故曰：爵列，非貴也。今天下貴爵列而賤德行，是貴甘棠而賤召伯也，亦反矣。⑰夫德義也者，⑱視之弗見，聽之弗聞，天地以正，萬物以遍，無爵而貴，不祿而尊也。⑲原校云"而"舊作"與"。按，《荀子·儒效》篇云："君子無爵而貴，無祿而富。"

【疏證】

① 管仲非桓公知其賢而任之，乃鮑叔牙力諫而從。《管子·內言》："桓公自莒先入……踐位。於是劫魯，使魯殺公子糾。桓公問於鮑叔曰：'將何以定社稷？'鮑叔曰：'得管仲與召忽則社稷定矣。'公曰：'夷吾與召忽，吾賊也。'鮑叔乃告公其故圖。"《呂氏春秋·贊能》："管子束縛在魯。桓公欲相鮑叔，鮑叔曰：'吾君欲霸王則管夷吾在彼，臣弗若也。'桓公曰：'夷吾，寡人之賊也，射我者也，不可。'鮑叔曰：'夷吾為其君射人者也，君若得而臣之，則彼亦將為君射人。'桓公不聽，強相。鮑叔固辭讓而相，桓公果聽之。"《史記·齊太公世家》："小白已入，高傒立之，是為桓公……心欲殺管仲。鮑叔牙曰：'臣幸得從君，君竟以立。君之尊，臣無以增君。君將治齊，即高傒與叔牙足也。君且欲霸王，非管夷吾不可。夷吾所居國國重，不可失也。'於是桓公從之。"《說苑·尊賢》："管仲，桓公之賊也。鮑叔以為賢於己而進之，為相七十言而說乃聽，遂使桓公除報仇之心而委國政焉。"

② 秦穆公舉百里奚有兩說：一云百里奚自薦於秦穆公，如《孟子·萬章上》："百里奚自鬻於秦養牲者，五羊之皮，食牛，以要秦繆公。"一云秦穆公聞其賢而用之，如《史記·秦本紀》："百里奚亡秦走宛，楚鄙人執之。繆公聞百里奚賢，欲重贖之。"此類兩說現象於當時常見，例如伊尹事，《孟子·萬章上》："伊尹以割烹要湯。"而《墨子·貴義喻》篇云："昔者湯將往見伊尹，令彭氏之子禦。彭氏之子半道而問曰：'君將何之？'湯曰：'將往見伊尹。'"又如姜子牙，《史記·齊太公世家》："太公博聞，嘗事紂。紂無道，去之。游說諸侯，無所遇，而卒西歸周西伯。"而《荀子·君道》篇云："文王……倜然乃舉太公於州人而用之。"抽繹其兩說之因，蓋論者所喻對象不同，若言於君主，則冀望君主能主動求賢；若言以自勉，

則堅定其雖不遇而不懈之心。

又百里奚生卒年。《秦本紀》載秦穆公五年（前655）得百里奚，"當是時，百里傒年已七十餘"。《孟子·萬章上》也説百里奚"知虞公之不可諫而去，之秦，年已七十矣"。設若恰爲七十，則其生在前725年。百里奚去世之年，諸書無載。《秦本紀》載孟明視等被遣還，秦穆公哭曰"孤以不用百里奚、蹇叔言以辱三子"，與吳王嘆"吾悔不用子胥之言"、梁惠王嘆"寡人恨不用公叔痤之言"語氣相類，皆遺憾於死人之謂。前二人阻師云"臣老，恐還遲不相見"采用預叙手法，隱含二人不能見孟明視、西乞術等人之歸來。故百里奚當在孟明視返晉之前去世，約在周襄王二十四年（前628）至二十八年（前624）間。然即便於周襄王二十四年卒，其時已九十七歲，恐難以令人相信。又假爲百里奚三十得子（《周禮·媒氏》：男三十而娶，女二十而嫁），則孟明視近七十尚將兵伐晉，其後四年已逾七十復將兵伐晉，亦難取信。

③ "比其德"之"比"非"君子比德"之"比"，此處乃考核、考校之義。《廣韻·旨韻》："比，校也。"《周禮·小司徒》："及三年則大比。"鄭玄注："大比謂使天下更簡閲民數及其財物也。"《小司徒》又云："若國大比，則考教察辭稽器展事以詔誅賞。""三年則大比，考其德行道藝而興賢者、能者。"是"比"即"考"也。《漢書·石奮傳》："是以切比閭里，知吏奸邪。"顏師古注："比，校考也。"又《漢書·賈山傳》："比其德則賢於堯舜，課其功則賢於湯武。""比"、"課"對文，義亦同。李守奎本《尸子譯注》譯作"親近"，誤也。

④ 據汪氏引《説苑》，"國甚僻小"指秦穆公，"身至穢污"指齊桓公。按，"穢污"謂無德行，齊桓公合諸侯，霸天下，然無德行也。《荀子·仲尼》："内行則姑姊妹不嫁者七人。"《韓非子·二柄》："齊桓公妒外而好内。"又云："桓公好味。"《難三》："齊國方三千里，而桓公以其半自養，是侈於桀紂也。"《淮南子·氾論訓》："齊桓有爭國之名。"《新語·無爲》："齊桓公好婦人之色，妻姑姊妹，而國中多淫於骨肉。"《論衡·書虚》："《傳書》言：'齊桓公妻姑姊妹七人。'"又："《傳書》言：'齊桓公負婦人而朝諸侯。'此言桓公之淫亂無禮甚也。"《劉子·妄瑕》："齊侯有貪淫之

目。"《左傳·僖公二年》注:"齊桓多嬖寵,内則如夫人者六人,外則幸豎貂、易牙之等,終以此亂國。"

⑤ 國雖小,地雖僻,然不自專,能尚賢,則猶能霸之。若國小地僻,身污行穢,不能自知,而懷霸主之心,則危身亡國之兆。故韓非子曰:"國小無禮,不用諫臣,則絕世之勢也。"(《韓非子·十過》)《漢書·五行志下》云:"德薄國小,勿持炕陽,欲長諸侯,與強大爭,必受其害。"

⑥ 事又見《史記·孔子世家》、《孔子家語》卷三。

⑦ 《荀子·王霸》:"齊桓公閨門之内,懸樂奢泰游玩之修,於天下不見謂修。然九合諸侯,一匡天下,爲五伯長,是亦無他故焉,知一政於管仲也。"《韓非子·難二》:"昔者桓公宫中二市,婦閭二百,被髮而御婦人,得管仲爲五伯長。"《外儲説》:"昔桓公之霸也,内事屬鮑叔,外事屬管仲,桓公被髮而御婦人,日游於市。"義皆同此。又《管子·小匡》篇載:"公曰:'寡人有大邪三,其猶尚可以爲國乎?'對曰:'臣未聞得。'公曰:'寡人不幸而好田,晦夜而至禽側,田莫不見禽而後反。諸侯使者無所致,百官有司無所復。'對曰:'惡則惡矣,然非其急者也。'公曰:'寡人不幸而好酒,日夜相繼,諸侯使者無所致,百官有司無所復。'對曰:'惡則惡矣,然非其急者也。'公曰:'寡人有污行,不幸而好色,而姑姊有不嫁者。'對曰:'惡則惡矣,然非其急者也。'公作色曰:'此三者且可,則惡有不可者矣。'對曰:'人君惟優與不敏爲不可。優則亡衆,不敏不及事。'公曰:'善。'"事相類,或即諸書所本。

⑧ 按汪氏之説,此句作"亦不可以卻敵服遠矣"。"亦"爲副詞,義爲"又",則前無"不可以卻敵服遠"以相承接。按,此處非脱"不"字,"亦"即"不"之訛。亦,篆文作𠅃,隸書作亦(《華山廟碑》);不,篆文作𠀚,隸書作不(《孔宙碑》),皆形近易訛。《漢書·東方朔傳》:"夫一日之樂,不足以危無堤之興。"劉敞曰:"不足以危,'不'字當作'亦'。'堤'猶'防'也。言車輿馳騁,不爲防慮,必有顛虞之變。"正"亦"、"不"易相訛之證。

⑨ 《意林》下有"卑牆來盜,榮辱由中出,敬侮由外生"句,孫星衍云:"與此文義不相屬,當由後人誤合爲一條。"此見卷下一四二條。

⑩《論語·里仁》:"子曰:'君子喻於義,小人喻於利。'"《莊子》、《尸子》、《説苑》之義皆由此化出。

⑪ 監門,守門之吏;逆旅,本指客舍,此喻客居之人;陶人,攻陶之匠。監門以盗匪、間諜之不入爲比,陶人以陶器之美觀堅緻爲比,士農工商皆可爲逆旅之人,所比不一。又此句承前"農夫比粟,商賈比財,烈士比義"而來,"皆得與"謂監門、逆旅、陶人亦皆有所比,則"農夫"二字當爲衍文。

⑫ "司城"即"司空",《禮記·檀弓下》"司城子罕入而哭之哀"注:"宋以武公諱'司空'爲'司城'。"乘,地名。《漢書·地理志》濟陰郡有"乘氏",云:"泗水東南至睢陵入淮,過郡六,行千一百一十里。"應劭曰:"《春秋》'敗宋師於乘丘'是也。"又泰山郡有乘丘,師古注:"《春秋·莊公十五年》:'公敗宋師於乘丘。'即此是也。"是以兩地爲一地,其地屬魯。又《水經注》引《地理風俗記》:"濟陰乘氏縣,故宋乘丘邑也。"則又以乘丘屬宋。《戰國策·魏策一》:"齊遂伐趙,取乘丘。"則乘丘又屬趙。春秋戰國之際,疆域更迭頻繁,或乘丘曾屬衛抑未可知。封人,《周禮·地官司徒》:"封人掌設王之社壝,爲畿封而樹之。"注:"壝謂壇及堳埒也。畿上有封,若今時界矣。"則封人一掌祭壇四周之垣牆,一掌國家周寰之疆場,此處單言守疆之吏。

⑬ 陶鴻慶《讀諸子札記》:"'今天爵而人'疑是'今夫乘封人'五字之誤。"李守奎《尸子譯注》:"天,疑是'無'字之訛。"按,《孟子·告子上》:"孟子曰:'有天爵者,有人爵者。仁義忠信,樂善不倦,此天爵也;公卿大夫,此人爵也。'"趙岐注:"天爵以德,人爵以禄。"此處言"天爵而人",即謂其有德行也。意既可通,不煩改字。

⑭《管子·四稱》:"昔者有道之君,敬其山川、宗廟、社稷。及至先故之大臣,收聚以忠而大富之。"注云:"先故之臣謂祖考時舊臣也。"則"先故"謂"祖考"也。

⑮ 相弊,相盡也。《管子·侈靡》:"澤不弊而養足。"尹注:"弊,竭也。"《漢書·枚乘傳》:"今欲極天命之壽,敝無窮之樂,究萬乘之埶。"《文選·上書諫吴王》"極天命之上壽,弊無窮之極樂"李善注:"'弊'猶'盡'

也。""德行與天地相弊"謂天地盡則德行盡,而天地永無匱盡之時,則德行亦永無衰竭之日。相弊,或作"相敝",《孔叢子·執節》:"先生之嗣,率由前訓,將與天地相敝矣。"(傅亞庶《校釋》校作"敵",誤。冢田虎注云"不可有敝敗之時",所釋雖誤,然可窺知其所見版本本作"敝"也。)"敝"亦"盡"義,上《漢書·枚乘傳》即作"敝",顏師古注:"敝,盡也。"又或作"相蔽",《尉繚子·王鈇》:"聖人高大,内揣深淺遠近之理,不復息矣,與天地相蔽。"又或作"相畢",《抱朴子内篇·金丹》:"服神丹,令人壽無窮已,與天地相畢。"沈約《善館碑》:"悠哉邈乎,與天地相畢矣。""畢"與"弊"亦相通,《楚辭·天問》:"羿焉彃日。"洪興祖《考異》:"彃,一作'斃'。"是古從"畢"、從"敝"之字可通之證。

⑯ 见《召南·甘棠》,《詩集傳》:"蔽芾,盛貌。"甘棠,《毛傳》:"甘棠,杜也。"陸璣《毛詩草木鳥獸蟲魚疏》:"甘棠,今棠棃,一名杜棃,赤棠也,與白棠同耳,但子有赤、白、美、惡。子白色爲白棠,甘棠也,少酢滑美。赤棠子澀而酢,無味。"

⑰ 人之貴爵列者,非爵列之可貴,以德行寓於其中,因德行而爵列貴也。若桀紂之類,空居高位而無德行,則爵列亦不爲貴矣。人之貴甘棠者,非甘棠之可貴,以周公憩於其下,因周公而貴甘棠也。若幽林之儔,茂密連綿而無人知,則甘棠亦不爲貴矣。後世之人,徒知爵列之貴,而不知其所以貴,棄德毀行,尸位素餐,可謂妄矣。

⑱ "德義"疑當作"德行"。上"非比德行也"、"德行公貴也"、"德行之舍也"、"德行與天地相弊也"四處均作"德行",此處承上而論,不當變爲"德義"。

⑲ "無爵而貴,不禄而尊"是爲儒家之思想,儒家尚德行,以爲苟有德行,雖無高位厚禄,則貴且尊矣。法家則非之,《商子·畫策》篇云:"賤爵輕禄,不作而食,不戰而榮,無爵而尊,無禄而富,無官而長。此之謂奸民。"《管子·立政九敗解》:"請謁得於上,黨與成於鄉。如是則貨財行於國,法制毀於官,群臣務佼而求用。然則無爵而貴,無禄而富。"(《七略》:"《管子》十八篇,在法家。")

鹿馳走無顧,六馬不能望其塵,所以及者,顧也。①《意林》、《御覽》九百六"馳走"作"走",而末句作"謂不反顧也"。《吕氏春秋·博志》篇云:"使獐疾走,馬弗及至,已而得者,其時顧也。"

【疏證】

① 此句喻學貴專一,受學弈秋而心懷鴻鵠則無所成(《孟子·告子上》),痀僂者承蜩惟蜩翼是知則猶掇之(《莊子·達生》),與卷下一五六"鴻鵠在上"條爲正反喻,詳下論。

土積成岳,則梗楠、豫章生焉。水積成川,則吞舟之魚生焉。夫學之積也,亦有所生也。《文選·子虚賦》注、《勵志詩》注、《意林》作"水積則生吞舟之魚,土積則生豫章之木,學積亦有生焉"。《御覽》六百七"豫章之木"作"梗楠、豫章",餘與《意林》同。以上兩條諸書不云《勸學》篇文,《意林》在"農夫比粟"條上,知同在此篇,附錄於後。《荀子·勸學》篇云:"積土成山,風雨興焉;積水成淵,蛟龍生焉;積善成德,而神明自得,聖心循焉。"《説苑·建本》篇云:"水積成川,則蛟龍生焉;土積成山,則豫樟生焉;學積成聖,則富貴尊顯至焉。"①

【疏證】

①《爾雅翼》卷一二引無"學積亦有生焉"句,餘與《御覽》同。《記纂淵海》卷六六與《御覽》同,而誤注爲尹子,是宋本《尸子》已與唐本不同。又見《龍筋鳳髓判》卷二劉允鵬注引。

除汪氏所引,《文子·上禮》:"水積則生相食之蟲,土積則生自肉之獸。"(又見《淮南子·齊俗訓》,"蟲"作"魚"。)《淮南子·泰族訓》:"人莫不知學之有益於己也,然而不能者,嬉戲害人也。人皆多以無用害有用,故智不博而日不足,以鑿觀池之力耕則田野必辟矣,以積土山之高修堤防則水用必足矣。"《鹽鐵論·執務》:"土積而成山阜,水積而成江海,行積而成君子。"喻亦相類。

此句論學貴持之以恒,皆本於《老子》"合抱之木生於毫末,九層之臺起於累土,千里之行始於足下",本喻禍患生於積危,《潛夫論·慎微》:

"山陵之高,非削而成崛起也,必步增而稍上焉;川谷之卑,非截斷而巔陷也,必陂池而稍下焉。"下引孔子語:"湯武非一善而王也,桀紂非一惡而亡也。"仍用老子意。後世轉以顯名成於不懈。人之爲學,當勤勉勿輟,一日曝之,十日寒之,終難有所成。徐幹云:"君子之於學也,其不懈猶上天之動,猶日月之行,終身亹亹,沒而後已。"此正孟母斷機之義。

　　未有不因學而鑑道,不假學而光身者也。①《書鈔》八十三、《御覽》六百七,②二書所引不云出《勸學》篇。按,劉子《新論·崇學》篇云:"未有不因學而鑑道,不假學而光身者也。"下接"夫繭繅以爲絲"云云,皆采《尸子》語,知本書必同在一篇,故附録於此。

【疏證】
①"鑑道"即《荀子》之"神明自得","光身"即《説苑》之"富貴尊賢"。梗楠、豫章,匠者所美也;吞舟之魚,漁者所喜也;鑑道、光身,學者所求也。如此,上三條佚文或本在一段之内。
②《御覽》引文"鑑"作"見"。

【章説】
　　此篇除首段與汪氏補佚文與"學"緊密相關,中間二段一論"器",一論"德行",與全篇意旨頗爲疏離。

貴言

　　范獻子游於河,大夫皆在。君曰:"孰知欒氏之子?"①大夫莫答。舟人清涓舍楫而答曰:"君奚問欒氏之子爲?"君曰:"自吾亡欒氏也,②其老者未死而少者壯矣,吾是以問之。"③清涓曰:"君善修晉國之政,内得大夫而外不失百姓,雖欒氏之子,其若君何? 君若不修晉國之政,内不得大夫而外失百姓,則舟中之人皆欒氏之子也。"君曰:"善哉言。"④明日朝,令賜舟人清涓田萬畝,⑤清涓辭。君曰:"以此田也,易彼言也,⑥范獻子以下見《御覽》四百廿八、六百廿四、六百卅三。原本"在"作"存",據《御覽》改。《御覽》六百廿四"游"作"泛","善修"作"若修"。子尚喪,寡人猶得也。"⑦古之貴言也若此。⑧《書鈔》卅引:"賜舟人田。"清涓亦見《漢書·古今人表》中下。《御覽》六百卅三引裴氏《新書》曰:"丹涓有一言之善,晉侯賜萬頃田,辭而不受。晉侯曰:'以此田易彼言也,於子猶有所亡,寡人猶有所得。'""丹"蓋"清"之誤。⑨劉子《新論·貴言》篇云:"范獻賤萬畝之田以貴舟人片說。"皆本此。

【疏證】

① 孫星衍輯本"君"下有"顧問"二字,云"從《太平御覽·治道部》引補",任本亦有。

② 吾亡,《天中記》卷九作"亡吾"。

③《史記·晉世家》:"(晉平公)六年,魯襄公朝晉。晉欒逞有罪,奔齊。八年,齊莊公微遣欒逞於曲沃,以兵隨之。齊兵上太行,欒逞從曲沃中反,襲入絳。絳不戒,平公欲自殺。范獻子止公,以其徒擊逞,逞敗走曲沃。曲沃攻逞,逞死,遂滅欒氏宗。"

欒氏之宗老者未亡,則有謀慮深遠之人;少者已壯,則有攻城野戰之士。其滅欒氏已過數年,其餘孽勢力養成,故有"陰孽萌作"(《易林·咸之蒙》)之虞。

④ 孫注:"《太平御覽·治道部》引作'獻子稱善',《人事部》引作'君曰善'。"

⑤ 孫注:"《太平御覽·治道部》引作'百畝'。"

⑥ 孫注:"《太平御覽·治道部》引作'以田易言也'。"

⑦ 李守奎《尸子譯注》:"喪,通'亡',讀爲'無'。指無田畝。"朱海雷《譯注》以"喪"爲"失去","得"爲"獲得"。《群書治要譯注》譯此句作:"您卻對賞賜看得如此之淡,從您這裏得到的太多了。"按,諸家解説皆失。此乃以貨物爲喻,"喪"猶"虧損","得"猶"盈餘",謂清涓雖以一言易萬畝

之田，仍有所虧損；范獻子以萬畝之田易一言，猶有所盈餘。

⑧古之人貴言，《吕氏春秋·慎大》："武王勝殷，得二虜而問焉曰：'若國有妖乎？'一虜對曰：'吾國有妖，晝見星而天雨血，此吾國之妖也。'一虜對曰：'此則妖也，雖然，非其大者也。吾國之妖甚大者，子不聽父，弟不聽兄，君令不行。此妖之大者也。'武王避席再拜。此非貴虜也，貴其言也。"此不以身份廢言也。《史記·陳杞世家》："成公元年冬，楚莊王爲夏徵舒殺靈公，率諸侯伐陳⋯⋯縣陳而有之。群臣畢賀，申叔時使於齊，來還，獨不賀。莊王問其故，對曰：'鄙語有之："牽牛徑人田，田主奪之牛。"徑則有罪矣，奪之牛不亦甚乎？今王以徵舒爲賊弑君，故征兵諸侯，以義伐之，已而取之，以利其地，則後何以令於天下？是以不賀。'莊王曰：'善。'乃迎陳靈公太子午於晋而立之，復君陳如故，是爲成公。孔子讀《史記》至楚復陳曰：'賢哉，楚莊王！輕千乘之國而重一言。'"此不以土地廢言也。若夫賜清涓萬畝田者，則二者兼而有之。

此事不可據以爲實，以傳説視之可也。"明日朝，令賜舟人清涓田萬畝"，范獻子雖列六卿之位，恐不能朝群臣且不告君而妄賜土地。即便能爲之，其時地位亦必超然於衆大夫之上。晋有六卿，而除臨政者外，餘雖名卿，實爲大夫。《左傳·定公八年》："公會晋師於瓦。范獻子執羔，趙簡子、中行文子皆執雁。"杜預注："獻子，士鞅也。簡子，趙鞅也。中行文子，荀寅也。《禮》：卿執羔，大夫執雁。"是趙簡子、中行文子仍執大夫之禮。據此，此文發生時間當在范獻子臨政之後。《定公元年》"范獻子去其柏椁"注："范獻子代魏子爲政。"定公元年（前509）距欒氏之滅（前550）已四十餘年，其時欒氏之子老者已卒而少者已衰矣。且范獻子甚貪於財貨，求貨叔孫（《昭公二十三年》），取賄季孫（《昭公二十七年》），恐不能以萬畝田輕率予人。

⑨《四部叢刊三編》景宋本《御覽》作"舟涓"，則"丹"爲"舟"之形訛。

臣天下，一天下也。原本與上不分段。按，已下文義與"貴言"之旨不合，疑别爲一篇。一天下者，令於天下則行，禁焉則止。桀紂令天下而不行，①禁焉而不止，故不得臣也。②《春秋繁露》

云:"君也者,掌令者也,令行而禁止也。今桀紂令天下而不行,禁天下而不止,安在其能臣天下也?"本此。目之所美,心以爲不義,弗敢視也;口之所甘,心以爲不義,弗敢食也;耳之所樂,心以爲不義,弗敢聽也;身之所安,心以爲不義,弗敢服也。③然則令於天下而行,禁焉而止者,心也。故曰:"心者,身之君也。"④天子以天下受令於心,心不當則天下禍;諸侯以國受令於心,心不當則國亡;匹夫以身受令於心,心不當則身爲戮矣。⑤"心者"以下見《五行大義》四、《長短經·德表》篇注。禍之始也易除,其除之不可者,避之。及其成也,欲除之不可,欲避之不可。治於神者,其事少而功多。干霄之木,始若蘖足,⑥易去也,《文選·枚叔〈上吴王書〉》云:"十圍之木,始生而蘖,足可搔而絶,手可擢而爪。"注引此三句,"干霄"作"千丈"。及其成達也,百人用斧斤,弗能償也;熛火始起,易息也,及其焚雲夢、孟諸,雖以天下之役,抒江漢之水,弗能救也。⑦《淮南子·人間訓》云:"夫爝火在縹烟之中也,一指所能息也。及至火之燔孟諸而炎雲臺,雖起三軍之衆,弗能救也。"夫禍之始也,猶熛火、蘖足也,"足"字衍。⑧易止也。及其措於大事,雖孔子、墨翟之賢,弗能救也。屋焚而人救之,則知德之;年老者使塗隙戒突,案,"突"當做"窔"。《說文》云:"窔,深也。一曰竈窔,從穴火,求省聲。"⑨故終身無失火之患,而不知德也。《漢書·霍光傳》:"人爲徐生上書曰:'臣聞客有過主人者,見其竈直突,傍有積薪。客謂主人更爲曲突,遠徙其薪,不者且有火患。主人嘿然不應。俄而家果失火,鄰里共救之,幸而得息。於是殺牛置酒,謝其鄰人,灼爛者在於上行,餘各以功次坐,而不録言曲突者。'"《群書治要》載桓子《新論》以爲淳于髡事,《淮南子·説山訓》"淳于髡之告火"高誘注與《新論》同。入於囹圄、解於患難者,則三族德之;教之以仁義慈悌,則終身無患,而莫之德。夫禍亦有突,賢者行疑"得"。

天下而務塞之,⑩則天下無兵患矣,而莫之知德也。故曰"聖人治於神,愚人爭於明"也。"明"原作"神"。案,《墨子·公輸》篇云:"治於神者眾人不知其功,爭於明者眾人知之。"今據改。天地之道,莫見其所以長物而物長,莫見其所以亡物而物亡。聖人之道亦然,"天地"二句及此句見《文選·顏延年〈釋奠詩〉》注。其興福也,人莫之見而福興矣;其除禍也,人莫之知而禍除矣,故曰神人。⑪《淮南子·泰族訓》云:"天設日月,列星辰,調陰陽,張四時。日以暴之,夜以息之,風以乾之,雨露以濡之。其生物也,莫見其所養而物長;其殺物也,莫見其所喪而物亡,此之謂神明,聖人象之。故其起福也,不見其所由而福起;其除禍也,不見其所以而禍除。"亦見《文子·精誠》篇。益天下以財爲仁,勞天下以力爲義,分天下以生爲神。修先王之術,除禍難之本,使天下丈夫耕而食,婦人織而衣,皆得戴其首,父子相保。此其分萬物以生,益原作"盈"。天下以財,不可勝計也。神也者,萬物之始,萬事之紀也。《墨子·魯問》篇云:"吳慮謂子墨子:'義耳義耳,焉用言之哉?'子墨子曰:'子之所謂義者,亦有力以勞人、有財以分人乎?'吳慮曰:'有。'子墨子曰:'翟嘗計之矣。翟慮耕天下而食之人矣,盛。然後當一農之耕,分諸天下,不能人得一升粟。藉而以爲得一升粟,其不能飽天下之飢者,既可睹矣。翟慮織而衣天下之人矣,盛。然後當一婦人之織,分諸天下,不能人得尺布。藉而爲得尺布,其不能暖天下之寒者,既可睹矣。翟慮披堅執銳救諸侯之患,盛。然後當一夫之戰,其不御三軍,既可睹矣。翟以爲不若誦先王之道而求其說,通聖人之言而察其辭,上說王公大人,次說匹夫徒步之士。王公大人用吾言,國必治;匹夫徒步之士用吾言,行必修。故翟以爲雖不耕而食飢,不織而衣寒,功賢於耕而食之、織而衣之者也。故翟以爲雖不耕織乎,而功賢於耕織也。'"⑫

【疏證】

① 上文"令於天下則行,禁焉則止",下文"令於天下而行,禁焉而止

者","令"下皆有"於"字,疑此處亦當有。

② 諸家譯本咸以"一天下"爲"統一天下",然自此以下論"心",如此釋則文義有隔斷。按,"一天下"謂使天下一心也,《尚書·泰誓上》:"受有臣億萬,惟億萬心;予有臣三千,惟一心。"紂臣雖衆,離心離德,發臣雖少,同心同德。《管子·形勢解》:"人主之所以令則行、禁則止者,必令於民之所好而禁於民之所惡也。"君民一心,君之所令即民之所欲爲,則民之從令也速;君民異心,君之所令乃民之所不欲,則其從令也緩。《形勢解》又云:"君臣親,上下和,萬民輯,故主有令則民行之,上有禁則民不犯;君臣不親,上下不和,萬民不輯,故令則不行,禁則不止。"《淮南子·泰族訓》云:"上唱而民和,上動而下隨,四海之内一心同歸。"上下和睦,四海一心,此所以"令於天下則行,禁焉則止"者也。桀紂雖據有天下,然民心有違,故不能云"一天下"。

③ "目之所美"本謂顔色鮮明者,所含内容頗多,雕琢刻鏤之物(《關尹子·五鑑》:"目視雕琢者明愈傷。")、稀奇珍怪之寶(《新語·術事》:"舜棄黃金於嶄巖之山,禹捐珠玉於五湖之淵,將以杜淫邪之欲、絶琦瑋之情。")、五彩紋章之服皆在目美之列,然古多指女色。古之因美色亡國亡身者不可勝計,夔娶玄妻而絶祀,桀以妹嬉而亡國。《吕氏春秋·本生》:"靡曼皓齒,鄭衛之音,務以自樂,命之曰伐性之斧。"《説苑·談叢》:"毁廉者莫甚於色。"《論衡·言毒》:"好色惑心。"故君子慎目,娶妻不以美色而以德行論,軒轅娶嫫母,齊王聘無鹽,皆此類也。

"口之所甘"謂飲食之美者。飲食之美害身伐性,《吕氏春秋·本生》:"肥肉厚酒,務以相强,命之曰爛腸之食。"《説苑·談叢》:"毒智者莫甚於酒。"《論衡·言毒》:"美味腐腹。"《抱朴子外篇》卷二:"惑口者必珍羞嘉旨也。"故珍饈旨酒,君子遠之。《戰國策·魏策二》魯君言於梁王:"昔者帝女令儀狄作酒而美,進之禹。禹飲而甘之,遂疏儀狄、絶旨酒,曰:'後世必有以酒亡其國者。'(《抱朴子外篇》卷二:"狄儀既疏,大禹以興;糟丘酒池,辛癸以亡。")齊桓公夜半不嗛,易牙乃煎敖燔炙,和調五味而進之。桓公食之而飽,至旦不覺,曰:'後世必有以味亡其國者。'"皆君子遠美食之證。

"耳之所樂"謂淫樂。鄭衛之音，靡靡之樂，非止惑耳，抑且害智。《關尹子·五鑑》："耳聞交響者聰愈傷。"《説苑·談叢》："留事者莫甚於樂。"《抱朴子外篇》卷二："惑耳者必妍音淫聲也。"《劉子·防欲》："耳樂淫聲命曰攻心之鼓。"淫樂使人身心舒緩，耽於安逸，從而至於亡國。《淮南子·泰族訓》："師延爲平公鼓朝歌北鄙之音。師曠曰：'此亡國之樂也。'太息而撫之，所以防淫辟之風也。"據《史記·樂書》，朝歌北鄙之音，紂之樂也，"先聞此聲者國削"，故"煩手淫聲、愔堙心耳"之音"君子弗聽也"（《左傳·昭公元年》）。

　　"身之所安"當謂車輿之類，"服"乃"服牛乘馬"之"服"。《吕氏春秋·本生》："出則以車，入則以輦，務以自佚，命之曰招蹶之機。"《劉子·防欲》作"身安輦駟，命曰召蹶之機"。

　　此句之義，諸家皆云心以爲不義則不用、義則用之。然老子云："五色令人目盲，五音令人耳聾，五味令人口爽，馳騁田獵令人心發狂，難得之貨令人行妨。"美色車轝、厚味美酒，皆爲惑亂心智、淫逸性情者，何義與不義之有？能節度約身，則皆義也；不能節度約身，則皆不義也。《管子·五輔》篇云："淫聲諂耳，淫觀諂目，耳目之所好諂心。"耳目之所好諂心，故"心以爲不義"。據此，此句當解作口、目、耳、身之美者，君主皆以爲敗政誤國，故不敢用之。爲君者立儀表於天下，言行舉止，民之所仿效。上淫於奢，則民湎於侈，故傅玄以經國立功之道有二，首爲"息欲"（《傅子·校工》）。

　　④孫注："《五行大義·治政》篇引無'也'字。"

　　⑤孫注："《五行大義·治政》篇引作'則身戮'。《長短經·德表》篇引'心者'以下皆同，今木惟'戮'字作'僇'。按，'戮'、'僇'古通。"

　　⑥陶鴻慶《讀諸子札記》："'足易去也'文義未明，下文云'夫禍之始也，猶熛火、蘖足也'，是字當屬上讀之。'足'疑皆'疋'字之誤，'疋'讀爲'疏'。《淮南子·俶真訓》：'萬物之疏躍枝舉。'朱氏駿聲以爲'疋'之假字。'疋'與'疏'聲同義近，故得通也。'疏'即'蔬'之本字。《周官·太宰》：'八曰臣妾聚斂疏材。'注云：'疏材，百草根實可食者。'是也。而'蘖'之本字作'枿'。《説文》：'枿，伐木餘也。'木之有枿，草之有疏，皆植

物之至微者,故以爲比。《文選·枚叔〈上吳王書〉》:'十圍之木,始而生蘖,足可搔而絕,手可擢而爪。'注引此文亦作'足',蓋涉正文'蘖足'相連而誤,今本《尸子》又沿《選》注之誤耳。"下文汪氏注云:"'足'字衍。"蓋以《文選》"足可搔而絕"而從"蘖"字絕句(孫星衍即如此斷)。按,陶氏校作"疋",以爲植物之根,而"足"本有此義,不煩改字。《左傳·成公十七年》:"鮑莊子之知不如葵,葵猶能衛其足。"杜注:"葵傾葉向日以蔽其根。"則作"足"亦可通。云"始若蘖足",蘖可謂小矣,蘖足則又爲小中之小者,故易除。此處"易去也"、"易息也"、"易止也"相對成文,若删"足"字,文不相對。

⑦《劉子·防欲》:"木之將蘖,火之始熒,手可掣而斷,露可滴而滅。及其熾也,結條凌雲,煽燻章華,雖窮力運斤,竭池灌火,而不能禁,其勢盛也。"又《慎隙》:"寸烟(似爲"燻"之訛)泄突,致灰千室。"《晉書·張軌傳》:"烈火已焚,待江海之水。"

又此木、火之義,取自《老子·六十四章》"爲之於未有,治之於未亂",而木、火之喻,或本於《逸周書·和寤解》,文云:"綿綿不絕,蔓蔓若何?豪末不掇,將成斧柯。"末句即蘖而爲巨木之所本,前句則比較抽象,《六韜·守土》延爲兩喻:"涓涓不塞,將爲江河;熒熒不救,炎炎奈何?"則可云水,可云火。

⑧ 金其源《諸子管見》:"上文'干霄之木,始若蘖足,易去也',則是句承上文言,'足'字非衍。《説文》'蘖'古文從木無頭,《釋名·釋兵》:'木以根爲足。'蘖栽之未出土者有根無頭,故曰蘖足。"金説是,見上疏。

⑨ "突"、"穾"二字,清人爭論已久,如汪氏説者若莊逵吉,其注《淮南子·人間訓》"突隙"云:"'突隙'當作'穾隙'。'穾'音式針切,與犬出穴中之'突'字異。"段玉裁《説文解字注》云:"《廣雅》:'竈窗謂之埃。'《吕氏春秋》云:'竈突決則火上焚棟。'蓋竈上突起以出烟火,今人謂之'烟囱',即《廣雅》之'竈窗'。今人高之出屋上,畏其焚棟也。以其顛言謂之'突',以其中深曲通火謂之'穾'。《廣雅》:'埃(原作"突")下謂之穾。'今本正奪'穾'字耳。《漢書》云:'曲突徙薪。'則有曲之令火不直上者矣。趙宦光欲盡改故書之'竈突'爲'竈穾',真瞽説也。"以"突"、"穾"皆爲烟

囱。溯其爭論源頭，徐楷作《説文繫傳》，"竈突"作"竈窓"，是已疑之。《集韻·侵部》兩出"窓"字，皆云："窓，竈突也。"而《感部》云："突，竈突也。"是宋人已不知所從。按，《説文》"竈突"之"突"不當改爲"窓"。注解之文，不當以本字釋本字，若改爲"窓"，則譯爲："烟囱，一曰竈之烟囱。"字義殊昧。"突"即"突起"，謂竈之突起爲烟囱，"竈突謂之突"猶《廣雅》"竈窗謂之堗"。《廣韻》："堗，竈堗。《漢書》作'突'，云：'曲突徙薪。'"是宋時版本本作"突"，且"突"作"烟囱"解者古書多見，無作"窓"者，若認爲皆誤，恐難以徵信於人。故《尸子》文中之"突"是否當改作"窓"，姑存疑。

⑩ 除禍如治突，賢者務於塗隙，治本也。

⑪ 自"禍之始也"以下論防患於未然。《尚書·益稷》："敕天之命，惟時惟幾。"言爲人君者承天建祚，當順時以循天理，慎微以防禍患。《春秋繁露·立元神》："爲人君者謹本詳始，敬小慎微。"《潛夫論·浮侈》："故明王之養民也……慎微防萌，以斷其邪。"皆此意也。《戰國策·趙策二》載肥義語："愚者闇於成事，知者見於未萌。"屋焚者見救屋滅火之功，而不見塗隙戒突之箴，故厚其鄰人而薄其客。客，智者；主，愚者也。《鹽鐵論·申韓》："所貴良醫者，貴其審消息而退邪氣也，非貴其下針石而鑽肌膚也；所貴良吏者，貴其絕惡於未萌，使之不爲非，非貴其拘之囹圄而刑殺之也。"所貴聖人者，貴其察盈虛、明天道而除禍患於無形也。

⑫《孟子·滕文公上》："陳相見許行而大悅，盡棄其學而學焉。陳相見孟子，道許行之言曰：'滕君，則誠賢君也。雖然，未聞道也。賢者與民並耕而食，饔飧而治。今也，滕有倉廩府庫，則是厲民而以自養也。惡得賢！'孟子曰：'許子必種粟而後食乎？'曰：'然。''許子必織布而後衣乎？'曰：'否，許子衣褐。''許子冠乎？'曰：'冠。'曰：'奚冠？'曰：'冠素。'曰：'自織之與？'曰：'否，以粟易之。'曰：'許子奚爲不自織？'曰：'害於耕。'曰：'許子以釜甑爨，以鐵耕乎？'曰：'然。''自爲之與？'曰：'否，以粟易之。''以粟易械器者，不爲厲陶冶。陶冶亦以其械器易粟者，豈爲厲農夫哉！且許子何不爲陶冶，舍皆取諸其宮中而用之？何爲紛紛然與百工交易？何許子之不憚煩？'曰：'百工之事，固不可耕且爲也。''然則治天下，獨可耕且爲與？有大人之事，有小人之事。且一人之身而百工之所

爲備。如必自爲而後用之,是率天下而路也。故曰:或勞心,或勞力。勞心者治人,勞力者治於人;治於人者食人,治人者食於人,天下之通義也。'"汪氏所引《墨子》,與孟子非許行之説同,皆非農家之説也。農家言"賢者與民並耕而食,饔飱而治",爲小功而不見大利,有小獲而不見大得,止於一夫一婦之飽暖而不見天下之民有不能飽暖者,正所謂"愚者爭於明"也。聖人之治天下,察四時,順陰陽,使天下丈夫皆得耕而食、婦人皆得耕而衣,正所謂"聖人治於神"也。然尸子雖非"必耕而食,必織而衣"之説,亦不否認爲君者當耕織也。解見卷下第二六、五八兩條。

【章説】
此篇首段論貴言,下段論治心,章旨不相承。

四儀

行有四儀:一曰志動不忘仁,① 二曰智用不忘義,② 三曰力事不忘忠,③ 四曰口言不忘信。④ 慎守四儀,以終其身。名,功之從之也,猶形之有影、聲之有響也。是故志不忘仁,則中能寬裕;智不忘義,則行有文理;力不忘忠,則動無廢功;口不忘信,則言若符節。若中寬裕而行文理、動有功而言可信也,雖古之有厚功大名,見於四海之外,知於萬世之後者,其行身也無以加於此矣。

【疏證】
①《論語·里仁》:"子曰:'苟志於仁矣,無惡也。'"何謂"不忘仁"?《里仁》篇又曰:"士志於道而恥惡衣惡食者,未足與議也。"《説苑·修文》載曾子語:"君子修禮以立志,則貪欲之心不來。"蓋言立志守禮而無貪欲之心。不汲汲於小利,則能中正庸和,即下所謂"中能寬裕"也。

②《荀子·修身》:"是是非非謂之知。"爲人臣者,正言直諫,苟能悟

君,不避斧鉞之誅。虢君之亡,問其御者所以亡,御者答好諂諛,見其君怒,復對於君賢而百姓不肖(事見《新語·先醒》)。若御者可謂智矣,然而君子不貴者,以不能正君之過而有悖於義也。是其是,非其非,不違於理,不亂於常,即下所謂"行有文理"也。

③《論語·八佾》:"臣事君以忠。"周公握髮吐哺以佐成王,勤勉勿懈,亹亹不倦,可謂力事之;成王既長則反政,不戀一國之貴,可謂忠事之。若周公者,固周室而存大名,即下所謂"動無廢功"也。

按,古亦有力事忘忠而取大功名者,今一并錄之。《韓非子·二柄》云:"田常上請爵祿而行之群臣,下大斗斛而施於百姓。"《史記·李斯傳》:"田常為簡公臣……布惠施德,下得百姓,上得群臣。"田常可謂能力事者,然卒篡齊國之政。《漢書·王莽傳》:"既莽拔出同列,繼四父而輔政,欲令名譽過前人,遂克己不倦,聘諸賢良以為掾吏,賞賜邑錢悉以享士,愈為儉約。"王莽亦可謂能力事者,然卒代漢立新。且尸子晉人(或云魯人)而事秦,商鞅誅而亡楚,皆非忠也。劉向稱《尸子》乃亡楚後作,若為此時,豈能有"力不忘忠則動無廢功"之論。

④《論語·為政》:"子曰:'人而無信,不知其可也。'"又《子路》篇:"言必信,行必果。"口之欲言,則思其能行之否? 不能行則不言,懼其失信也。思其力能行之而言,則方能"言若符節"也。

明堂

夫高顯尊貴,利天下之徑也,非仁者之所以輕也。①何以知其然耶? 疑"也"。②日之能燭遠,勢高也,使日在井中,③則不能燭十步矣。《荀子·天論》篇云:"日月不高,則光暉不赫。"舜之方陶也,不能利其巷下,南面而君天下,蠻夷戎狄皆被其福。④"舜之方陶"以下見《御覽》一百九十五,"下"作"也","南面"上有"及"字。《路史後紀》十二注"君"作"治","被"作"蒙"。《淮南子·俶真訓》云:"舜之耕陶也不能利其里,南面王則德施乎四海。仁非能益也,處便而勢利也。"目在足下,則不可以視矣。《意林》引:"日在井中,不能燭十步;目在足下,不可以視遠,雖明何益。"《御覽》三"十步"作"遠","遠"作"近";六百廿"近"字,下並有"君之於國也,猶天之有日,居不高則不明,視不尊則不遠"四句。又三百六十六及《藝文類聚》十七引:"使目在足下,則不可以視。"《書鈔》廿九引:"居高視尊。"此書"日在井中"與"目在足下"不相接。又無"君之於國"數句,蓋刪節失次。

【疏證】

① 陶鴻慶《讀諸子札記》:"'輕'亦當作'徑',與上句語意相承,言名位爲利天下之途徑,仁者以道自重,固不取徑於名位也。下文皆發明此義。《淮南·俶真訓》云:'舜之耕陶也不能利其里,南面王則德施乎四海。仁非能益也,處便而勢力也。'彼言仁能益天下,而尊顯無益於仁,與此文異而義同。今本作'輕'者,蓋後人依下文改之。下文云:'今諸侯之君,廣其土地之富而奮其兵革之強以驕士,士亦務其德行美其道術以輕上,此仁者之所非也。'此謂仁者以諸侯之驕士爲非,非謂仁者以士之輕上爲非也。可知此文之誤。"按,陶氏解此段之大旨誤,故其所校亦不確。見下疏。

② "耶"、"也"同,見《經傳釋詞》卷四。

③ 孫星衍輯本:"《太平御覽·天部》引作'火在井中'。"按,上既云"日之能燭遠",此處則當作"日"爲是。

④ 舜之耕陶一事,除汪氏所引《淮南子》外,《吕氏春秋·慎人》篇云:"舜之耕漁,其賢不肖與爲天子同。其未遇時也,以其徒屬,掘地財,取水利,編蒲葦,結罘網,手足胼胝不居,然後免於凍餒之患。其遇時也,登爲天子,賢士歸之,萬民譽之,丈夫女子,振振殷殷,無不戴説。"《説苑·雜言》篇云:"舜耕之時不能利其鄰人,及爲天子,天下戴之。故君子窮則善其身,達則利於天下。"《鹽鐵論·貧富》:"行遠者假於車,濟江海者因於舟。故賢士之立功成名,因資而假物者也。……舜耕於歷山,恩不及州里;太公屠牛於朝歌,利不及妻子,及其見用,恩流八荒,德溢四海。"與《尸子》同。《吕氏春秋》以"未遇時"與"遇時"爲比,云舜之賢不肖未嘗有變,然而一則不免於凍餒之患,一則天下無不戴説,以其得時也。

《說苑》則以《孟子》"窮則獨善其身，達則兼濟天下"解此況喻。二說雖別，然皆可知君子欲利天下，不可不居高位。若僻處鄉閻，縱德邁今古，所利有限。故《尸子》云"高顯尊貴，利天下之徑也，非仁者之所以輕也"。《淮南子·俶真訓》"施乎四海"下論曰："仁非能益也，處便而勢利也。古之聖人其和愉寧靜，性也；其志得道行，命也。是故性遭命而後能行，命得性而後能明。"以此解《尸子》：仁德，性也；尊顯，命也。仁德而又尊顯則仁德能廣行之，尊顯而又仁德則能廣譽之。《慎子·威德》："騰蛇游霧，飛龍乘雲，雲罷霧霽，與蚯蚓同，則失其所乘也。故賢而屈於不肖者，權輕也；不肖而服於賢者，位尊也。堯爲匹夫，不能使其鄰家；至南面而王，則令行禁止。由此觀之，賢不足以服物而勢位足以屈賢矣。"(《韓非子·難勢》篇、《長短經·是非》篇引之。)《中論·爵祿》："舜爲匹夫，猶民也，及其受終於文祖，稱曰'予一人'，則西王母來獻白環；周公之爲諸侯，猶臣也，及其踐明堂之阼，負斧扆而立，則越裳氏來獻白雉。故身不尊則施不光，居不高則化不博。"所論與《尸子》同。又《意林》卷一引《鄧析子》："勢者，君之輿；威者，君之策；臣者，君之馬；民者，君之輪。勢固則輿安，威定則策勁，臣順則馬馴，民和則輪利。治國者失此，必有覆輿、奔馬、折策、敗輪，輪敗、策折、馬奔、輿覆，則載者亦傾矣。"亦論人主不可不重勢也。《荀子·儒效》："大儒者，善調一天下者也，無百里之地則無所見其功。"亦重勢之論。

  天高明，然後能燭臨萬物；地廣大，然後能載任群體。其本不美，則其枝葉莖心不得美矣，此古今之大徑也。① 是故聖王謹修其身以君天下，則天道至焉，地道稽焉，萬物度焉。②

【疏證】

  ①《子思子》："君，本也；臣，枝葉也，本美則末茂，本枯則葉凋。"又見《淮南子·繆稱訓》，《文子·微明》以爲老子語。

  ② 此段諸書皆不分段。蓋此段有"天高明，然後能燭臨萬物"，上段有"日之能燭遠，勢高也"；此段有"古今之大徑"，上段有"利天下之徑"，

論者遂以屬一事。然審其義，此云"聖王謹修其身以君天下"，是論君主修身，非論君主之位，與上段之義有別。汪氏云上段"删節失次"，是文有錯亂也。聖人修身何以天道能至，地道能稽，萬物能度？《慎子·威德》云："天有明，不憂人之暗；地有財，不憂人之貧；聖人有德，不憂人之厄也。天雖不憂人暗，闔户牖必取已明焉，則天無事也；地雖不憂人貧，伐木刈草必取已富焉，則地無事也；聖人雖不憂人之危，百姓準上而比於下，其必取已安焉。"所謂"百姓準上而比於下"，言百姓見聖人之德，則仿效之。猶見天明而開户牖，見地富而伐木刈草。故天高明，地廣大，本之美，三者皆喻君主之有聖德；燭臨萬物，載任群體，枝葉莖心之美，三者皆喻君主有聖德方能化民。故君主修身以廣德，廣德以治國，如此才能天下治。

古者明王之求賢也，不避遠近，《書·高宗肜日》釋文"近"作"昵"。不論貴賤，卑爵以下賢，輕身以先士。①故堯從舜於畎畝之中，北面而見之，不爭禮貌，②《孟子·萬章》篇："咸邱蒙曰：'舜南面而立，堯帥諸侯北面而朝之。'"《吕氏春秋·求人》篇云："堯傳天下於舜，禮之諸侯，妻以二女，臣以十子，身請北面朝之，至卑也。"此先王之所以能正天地、利萬物之故也。今諸侯之君，廣其土地之富而疑衍。③奮其兵革之強以驕士；士亦務其德行④美其道術以輕上，此仁者之所非也。曾子曰："取人者必畏，與人者必驕。"⑤《説苑·立節》篇云："曾子衣弊衣以耕，魯君使人往致邑焉，曰：'請以此修衣。'曾子不受。反，復往，又不受。使者曰：'先生非求於人，人則獻之，奚爲不受？'曾子曰：'臣聞之：受人者畏人，予人者驕人。縱子有賜，不我驕也，我能勿畏乎？'終勿受。"《家語·在厄》篇作"受人施者常畏人，與人者常驕人"。今説者懷畏而聽者懷驕，以此行義，不亦難乎？非求賢務士而能致大名於天下者，未之嘗聞也。夫士不可妄致也。覆巢破卵，則鳳皇不至焉；刳胎焚夭，則麒麟不往焉；竭澤漉魚，⑥則神龍不下焉。《趙策》："諒毅曰：'臣聞之，有覆巢毀卵而鳳皇不翔，刳胎焚夭而騏驎不至。'"又《呂氏春秋·應同》篇云："覆巢毀卵，則鳳皇不至；刳獸食胎，則麒麟不來；乾澤涸漁，則龜龍不往。"《説苑·權謀》篇以爲孔子語。⑦夫禽獸之愚而不可妄致也，而況於火食之民乎？⑧是故曰："待士不敬，舉士不信，則善士不往焉；聽言耳目不瞿，⑨視聽不深，則善言不往焉。"三句見《長短經·釣情》篇注，"瞿"作"懼"。孔子曰："大哉！河海乎！下之也。""下"上疑脱"能"字。⑩《淮南子·説山訓》云："江河所以能長百谷者，能下之也。夫惟能下之，是以能上之。"高誘注："上，大也。"夫河下，天下之川故廣；人下，天下之士故大。故曰："下士者得賢，⑪下敵者得友，⑫下衆者得譽。"⑬故度於往古，觀於先王，非求賢務士而能立功於天下、成名於後世者，未之嘗有也。《管子·五輔》篇云："古之聖王，所以取明名廣譽，厚功大業，顯於天下，不忘於後世，非得人者，未之嘗聞。"夫求士不遵其道而能致士者，未之嘗見也。然則先王之道可知已，務行之而已矣。⑭

【疏證】

① 人君求賢，無論遠近貴賤，皆網羅致之。爵猶勢位，身爲君主，卑爵輕身，不以君主之位爲高而俯就賢者，如此，則四方之士可得而爲用。

② 南面尊，北面卑，故堯居於南，是貴賢不貴位也。《鹽鐵論·刺復》篇云："堯之舉舜也，賓而妻之。"言"賓"，亦北面朝之之謂。《吕氏春秋·下賢》："堯不以帝見善綣，北面而問焉。"高誘注："善綣，有道之士也。堯不敢以自尊，北面而問焉。"與堯朝舜所喻同。

③ 或下"美其道術"上脱"而"字。

④《晏子春秋·内篇·問下》："飾徒處之義，揚輕上之名，謂之亂國。"《荀子·非十二子》："兼服天下之心……聰明聖智不以窮人，齊給速通不爭先人。"《韓非子·八説》："人臣輕上曰驕。"士務其德行，乃衆人所

譽,安得謂之"飾徒處之義"、"驕"? 此處"務"疑當作"矜"。二者形近,蓋涉下文"務"字而誤。《玉篇·矛部》:"矜,自賢也。"《尚書·大禹謨》:"汝惟不矜,天下莫與汝爭能;汝惟不伐,天下莫與汝爭功。"孔《傳》:"自賢曰矜,自功曰伐。"《公羊傳·僖公九年》:"矜之者何? 猶曰莫若我也。"注:"色自美大之貌。""矜"猶"美"也。

⑤ 取人者心虛,故畏;與人者心滿,故驕。士懷畏懼之心則不敢自進,君懷驕傲之心則不能納賢。如此,則欲行道義於天下而不可得也。

⑥《禮記·月令》:"毋漉陂池。"《釋文》:"漉,竭也。"字或作"淥",《說文·水部》:"淥,漉或從彔。"《爾雅·釋詁》作"盝"。"彔"、"鹿"古音同屬來紐屋部,可相轉借。《說文》:"漉,浚也。""浚,抒也。"徐楷《繫傳》作"抒",云:"抒取出之也。"水取出則涸,故有"竭"義。

⑦ 最早云孔子語者,見《史記·仲尼世家》,文云:"刳胎殺夭,則麒麟不至郊;竭澤涸漁,則蛟龍不合陰陽;覆巢毀卵,則鳳皇不翔。何則? 君子諱傷其類也。"《文子·上禮》作:"刳胎焚郊("夭"、"交"古同在宵部,可假借),覆巢毀卵,鳳凰不翔,麒麟不游。"云是老子語。又《淮南子·本經訓》:"刳胎殺夭,麒麟不游;覆巢毀卵,鳳凰不翔。"

⑧ "火食"謂炊火為熟食,古人以蠻夷戎狄皆生食,故"火食之民"僅指文明開化之民,不含蠻夷戎狄未開化之族。

⑨ 瞿,諸家皆以"驚視"解之,或又云引申為"專一"之貌。然"驚視"之義固不通,"驚視"與"專一"亦無關係。《說文》:"瞿,鷹隼之視也。""眗,左右視。"陸佃《埤雅》卷九云:"雀俯而啄,仰而四顧,所謂瞿也。《說文》以為'鷹隼之視',誤矣。"按《說文》不誤,惟陸氏所云為"瞿"之本義。鷹隼之獵物,雙眸亦左右瞬動。雀性善疑,故覓食之時,雙目亦不定。又引申為"驚懼"之"懼",蓋人如雀,心驚懼則目左右不定。凡人心不能定亦可謂之瞿,《廣韻》:"瞿瞿,居喪視不審貌。"《禮記·檀弓上》:"瞿瞿如有求而弗得。"《玉藻》:"視容瞿瞿。"人在喪中,心懷悲戚,則視不能審。以此言之,"瞿"蓋言不審,"不瞿"則謂之審矣。以此言之,"不瞿"或本作"瞿瞿",重文符號"="脱,後人乃見下"視聽不深"而妄補"不"字。又或曰:《淮南子·俶真訓》有"耳目不耀","瞿"疑即"耀"字"翟"之形訛。《國

語·周語上》"先王耀德不耀兵"韋昭注:"耀,明也。"

⑩ "能"字未必脱。此本《老子》六十六章:"江海所以能爲百谷王者,以善下之。"《後漢書·南匈奴傳》引作"江海所以能長百川者,以其下之也"。則有"能"無"能"句皆可通。又《孔子家語·觀周》云:"江海雖左,長於百川,以其卑也。"

⑪ 下士者得賢,上文堯得舜即其例,若商湯得伊尹,文王得姜尚,秦穆公得百里奚,齊桓公得寧戚,皆此類。

⑫ 下敵者得友,若藺相如與廉頗,廉頗能自識其過,負荆請罪,二人乃爲友。

⑬《孔子家語·觀周》:"君子知天下之不可上也,故下之;知衆人之不可先也,故後之。温恭慎德,使人慕之。"君子能下人,而人則慕其德,即"下衆者得譽"也。

⑭《尚書·説命中》:"非知之艱,行之惟艱。"《商子·賞刑》:"聖人治國也,易知而難行也。"《吕氏春秋·不苟》:"言之易而行之難。"人君皆知下賢能得賢,然而得賢者少,何也？雖知之而不能爲之。故《尸子》云"務行之而已矣"。

【章説】

《孟子·梁惠王下》:"夫明堂者,王者之堂也。"此章論君主治國之法,故題曰明堂。首段論勢位,言欲廣澤天下,不得不處高位,位高者惠廣。次段論修身,君主修身以廣德,民慕上所爲而從之,天下方能皆向善歸化。三段論得賢之方,君主勢位雖高,然與賢者處,以德不以位,故需下之,賢者見君主無驕侈之心,方能爲之用。《周易·謙》:"謙尊而光。"《老子》二十二章:"不自伐,故有功。"與首篇相較,此篇論述布局完整,衔接緊密。

分

天地生萬物,聖人裁之。《文選·豪士賦序》注無"地"字,"裁"

作"財",古字通。按,《群書治要·六韜》:"太公曰:'天下有物,聖人裁之。'"《新語·道基》篇云:"《傳》曰:'天生萬物,以地養之,聖人成之。'"《管子·心術下》云:"凡物載名而來,聖人因而財之。"《荀子·非十二子》篇云:"一天下,財萬物。"楊倞注:"'財'與'裁'同。"裁物以制分,便事以立官。①見《文選·晉紀總論》注,下有"以固其國"四字,當連。上引《左傳》"或多難"句,刻誤接此。君臣、父子、上下、長幼、貴賤、親疏皆得其分曰治。②愛得分曰仁,③施得分曰義,④慮得分曰智,⑤動得分曰適,⑥言得分曰信,⑦皆得其分而後爲成人。"君臣"以下見《長短經·反經》篇注。

【疏證】

① "便"義不可通,當爲"辨"之借,二字古通。《史記·張釋之馮唐列傳》:"王道便便。"《集解》引徐廣説:"一作'辨'。"《莊子·秋水》篇:"故異便。"高亨《新箋》:"便,借爲'辨'。""辨事"謂别其事。《荀子·禮論》:"天能生物不能辨物也,地能載人不能治人也。宇中萬物,生人之屬,待聖人然後分也。"天不能辨物,故聖人裁制萬物,使各同其黨而定其類;地不能治人,故聖人分别人事,并立官設長以主之。《商子·開塞》:"聖人……作爲土地、貨財、男女之分,分定而無制不可,故立禁。禁立而莫之司不可,故立官。"

② 孫星衍:"《長短經·反經》篇引作'理'。"按,此避唐高宗李治諱而改。

③《孟子·離婁下》:"仁者愛人。"《韓非子·解老》:"仁者,謂其中心欣然愛人也。"聖人以大愛臨萬物,故稱之"仁"。

④ "義"本抽象之概念,今字書所見其義皆與"施"無關。《説文》:"義,己之威儀也。"徐鉉注:"與善同意,故從羊。"古從"羊"之字多有美好之義,若美、善、羲、羡之類。此當用"善"義,人之廣施則其行美善,故稱之"義"。

⑤《説文》:"慮,謀思也。"聖人不爲己謀而爲天下人謀,故謂之"智"。

⑥"適"猶"和"也。《中庸》:"喜怒哀樂之未發謂之中,發而皆中節謂之和。"此言"動",則以行爲中節謂之和。聖人行則循禮,以此治民,使天下治民皆循禮爲之,故稱之"適"。

⑦ 聖人出言必信,以言分人,人則效而爲信,故稱之"信"。

明王之治民也,事少而功立,下文作"多"。按,《貴言》篇、《治天下》篇並作"多"。身逸而國治,言寡而令行。事少而功多,守要也;①身逸而國治,用賢也;②言寡而令行,正名也。③君人者,苟能正名,愚智盡情,執一以靜,④令名自正,令事自定,⑤《韓非子·揚權》篇云:"聖人執一以靜,使名自命,令事自定。"《申子·大體》篇云:"名,自正也;事,自定也。"賞罰隨名,民莫不敬。周公之治天下也,酒肉不徹於前,⑥鐘鼓不解於懸。⑦聽樂而國治,⑧勞無事焉;⑨"周公"以下見《書鈔》四十九。飲酒而賢舉,⑩智無事焉;自爲而民富,仁無事焉。《韓詩外傳》四:"傳曰:'周平公酒不離於前,⑪鐘石不解於懸,而宇内亦治。'"《淮南子·詮言訓》云:"周公殽臑不收於前,鐘鼓不解於縣,以輔成王,而海内平。"知此道也疑衍。⑫者,衆賢爲役,愚智盡情矣。

【疏證】

①《管子·君臣上》:"道也者,萬物之要也。爲人君者執要而待之,則下雖有奸僞之心,不敢殺也。"《韓非子·揚權》:"事在四方,要在中央。聖人執要,四方來效。"《吕氏春秋·察賢》:"天下之賢主豈必苦形愁慮哉?執其要而已矣。"據《發蒙》篇:"治天下之要在於正名,正名去僞,事成若化。"《尹文子·大道上》:"大要在乎先正名分,使不得侵雜。"則所謂"要"者,在於"正名"。

② 人君任賢而身逸之説諸書多見。《墨子·所染》云:"善爲君者勞於論人,而佚於治官。不能爲君者,傷形費神,愁心勞意,然國欲危,身欲辱。"《慎子·民雜》:"君臣之道,臣有事而君無事也。"又曰:"君逸樂而臣

任勢,臣盡智力以善其事,而君無與焉,仰成而已。"《法言·孝至》:"或曰:'君逸臣勞,何天之勞?'曰:'於事則逸,於道則勞。'"《韓詩外傳》卷二:"執法厭文,治官治民者,有司也,君無事焉。"爲人君者,能任賢,使賢者理事,百工各司其職。《荀子·王霸》篇云:"若夫論一相以兼率之,使臣下百吏莫不宿道鄉方而務,是夫人主之職也。"又云:"農分田而耕,賈分貨而販,百工分事而勸,士大夫分職而聽,建國諸侯之君分土而守,三公總方而議,則天子共己而已矣。"此即法家之思想。老子尚無爲,其本義固非莊子之沖虚淡薄,而是言君主任賢之後方可垂拱而治。《四庫提要總目》評《慎子》云:"黄老之於申韓,此其轉關矣。"《漢書·藝文志》將慎子列於法家,是慎子思想與申韓相近之證。尸子"君逸而國治"之説亦與慎子相近,此正法家之思想也。商鞅爲法家之代表人物,云其師事慎子,此其一證矣。

③"正名"之説或源於儒家。梁啓超《先秦政治思想史》認爲法家受儒家"言正定名分"之影響。錢穆《先秦諸子繫年》亦云:"人盡謂法家原於道德,顧不知實淵源於儒者,其守法奉公,即孔子正名復禮之精神,隨時勢而一轉移耳。"胡適《中國哲學史大綱》卷上云:"自從孔子提出'正名'的問題之後,古代哲學家都受了這種學説的影響,以後如荀子的'正名論'、法家的'正名論',不用説了,即如墨子的名學,便是正名論的反響。"則尸子之"正名",亦或取於儒家。則尸子之"兼儒墨,合名法",固非虚言也。

④《管子·心術下》:"執一之君子。"尹注:"一謂精專也。"《荀子·堯問》:"執一無失。"楊注:"執一,專意也。"按,《文子·道原》:"萬物之總,皆閱一孔;百事之根,皆出一門。"萬物萬事雖紛紜擾亂,其所本則爲一,即老子所謂"道生一",故君主執一則萬事萬物理。《新語·懷慮》:"聖人執一政以繩百姓,持一概以等萬民,所以同一治而明一統也。"

⑤《論語·子路》篇:"名不正則言不順,言不順則事不成。"明王苟能執一以靜,則名自正而事自成。

⑥《儀禮·士冠禮》:"徹筮席。"注:"徹,去也,斂也。"《左傳·宣公十二年》:"軍衛不徹警也。"注:"徹,去也。"徹,今作"撤"。

⑦ "懸"所以繫鐘鼓。

⑧ 孫星衍:《北堂書鈔·設官部》引作'治國'。"按,"賢舉"、"民富"皆名詞在前,動詞在後,此句對文,作"國治"是。

⑨ 孫星衍:"《北堂書鈔·設官部》引作'無勞事焉'。"按,此處"勞無事焉"與下"智無事焉"、"仁無事焉"對文,蓋書者以"勞"、"無事"義相悖而改。

⑩ 孫星衍:"'而'字,《北堂書鈔·設官部》引作'任'。"按,作"而"是,二字形近而訛。

⑪ 周平公爲周公次子君陳,此處當爲周公之誤。許維遹《韓詩外傳集釋》校云:"'周平公'當作'周公','酒'下脱'肴'字。'酒肴不離於前'與下句'鐘石不解於懸'文正相對。'平'字古文作'柰','肴'字篆文作'肴',二形略近。因'肴'誤爲'平'後,校者遂移在'周'下。"説是。周公酒肉懸樂之事亦未聞,史載周公治政,握髮吐哺以求賢者,又載其制禮作樂以正風俗,蓋因此而訛。《新語·無爲》篇載:"周公制作禮樂,郊天地,望山川,師旅不設,刑格法懸,而四海之内奉供來臻,越裳之君重譯來朝,故無爲者乃有爲者也。"周公勤勉於輔佐王室,此云"無爲",亦訛贊之辭。

又下文言鄭簡公治政,與周公治政同。《商子·畫策》:"人主處匡牀之上,聽絲竹之聲,而天下治。"義同。

⑫ "也"字非衍。"也者"爲語氣助詞,用在詞或詞組之後,表提示,起加强語氣作用。郭錫良在其《古代漢語》中云:"句中語氣詞'也'乍一看去似乎是可有可無的,但仔細體會一下,'也'字的有無,帶來語氣上的差異是很明顯的,有了'也'字,全句的語氣就舒緩得多,更能引起對'也'字後面内容的注意。"

明王之道,易行也。勞不進一步,聽獄不後皋陶;①食不損一味,富民不後虞舜;樂不損一日,用兵不後湯武。書之不盈尺簡,②南面而立,一言而國治,堯舜復生,弗能更也;身無變而治,國無變而王,③湯武復生,弗能更也。執一之道,去智與巧。有虞之君天下也,使天下貢善;殷周之君天下也,使天下貢才。④四句見《御覽》八十一,"才"作"財"。夫至衆賢而能用之,⑤此有虞之盛德也。

【疏證】

① 皋陶,善治獄者。《孔子家語‧正論解》作"咎陶",《困誓》作"皋繇",《說苑‧政理》作"咎繇",字皆古通。

② 古書寫文字之竹簡,或長一尺二寸,或長二尺四寸,故以"尺"稱之。《論衡‧量知》篇云:"大者爲經,小者爲傳記。"據王國維考證,所書内容不一則竹簡長度亦不一,若二尺四寸簡多書六經及國家法律條文,一尺二寸簡多書《孝經》等書,八寸簡多書《論語》及諸子之書。然就出土實物來看,亦不盡是。

③ "身無變而治,國無變而王"非謂守常也,謂人君執一任賢之理不變。法家主張"治世不一道,便國不法古"(《史記‧商鞅列傳》)、"聖人不法古,不修今"(《商君書‧開塞》),謂改制度,修刑法,易禮樂,若夫執一守要、任賢治國,皆不可變者。

④ "善"與"才"皆謂賢能之人,湯武承繼虞舜任賢之策,即上所云"身無變"、"國無變"。

⑤ 孫星衍:"《路史後紀》引作:'有虞之君,使天下貢善,其治天下,見人有善,若己有善;見人有過,若己有過。'《意林》一引'見人有善'四句,皆無此一句。"按,"見人有善"句見《治天下》篇,汪氏云"羅氏蓋合舉之"。說是。此段單云人君能任賢、用賢,不涉及人君修身。至,致也。

三人之所廢,①天下弗能興也;三人之所興,天下弗能廢也。親曰不孝,君曰不忠,友曰不信,天下弗能興也;親言其孝,君言其忠,友言其信,天下弗能廢也。夫符節,合之則是非自見。行亦有符,三者合,則行自見矣,此所以觀行也。②諸治官臨衆者,上比度以觀其賢,案法以觀其罪,吏雖有邪僻,無所逃之,所以觀勝任也。③群臣之愚智日效於前,擇其知事者而令之謀；群臣之所舉日效於前，④擇其知人者而令之舉；群臣之治亂日效於前，擇其勝任者而令之治。群臣之行，可得而察也。擇其賢者而舉之，則民競於行。⑤勝任者治，則百官不亂；知人者舉，則賢者不隱；知事者謀，則大舉不失。夫弩機，損若黍則不鈎，益若□則不發。⑥言者，百事之機也。"夫弩"以下，據原本《北堂書鈔·武功部》補。《呂氏春秋·察微》篇云："夫弩機，差以米則不發。"聖王正言於朝，⑦而四方治矣。是故曰："正名去僞，事成若化；以實覈名，百事皆成。"夫用賢使能，不勞而治；正名覆實，⑧不罰而威。達情見素，則是非不蔽；⑨復本原始，則言若符節。良工之馬易禦也，聖王之民易治也，其此之謂乎？

【疏證】

① "三人"乃虛指，意爲多人。

② 觀行者，觀其事親、奉君、處友也，能行孝、忠、信者，乃謂之君子。

③ 合於度則爲賢，因而擢之；違於法則爲罪，因而黜之。

④ 所，疑當作"廢"。"愚智"、"治亂"皆反義相并舉，此處疑亦當如此。所廢者賢，所舉者不肖，不可謂之知人。所廢者不肖，所舉者賢，可謂能知人，故使其舉。

⑤ 察群臣之愚智、廢舉、治亂，則能知群臣之行。既知之，則擇其賢者而任之，百姓乃爭爲良行。此論人君欲得賢，先擇其能知賢者，此得賢之要務也。陸賈云："人君莫不知求賢以自助，近賢以自輔，然賢聖或隱於田里而不預國家之事者，乃觀聽之臣不明於下，則閉塞之譏歸於君。閉塞之譏歸於君，則忠賢之士棄於野。忠賢之士棄於野，則佞臣之黨存於朝。佞臣之黨存於朝，則下不忠於君。下不忠於君，則上不明於下。上不明於下，是故天下所以傾覆也。"（《新語·資質》）此不擇其知賢者之大害也。

⑥ 此當就機弦言之，弦短則不能及牙，故曰"不鈎（勾）"。弦長則力緩，力緩則弩箭出機即落，故曰"不發"。又"黍"字，李守奎、朱海雷《尸子

⑦ 孫星衍、汪繼培皆補"夫弩機"以下二十二字,蓋以此句"正言於朝"。然細審之,其下接"正名去僞",論爲君者當進賢黜不肖,使在位者皆能稱其職,不涉及"正言"。其上所論亦如此,若補入"正言",與此段主旨殊爲不符。此處"言"疑當爲"名"字之訛,下"正名去僞"承此而來。若上句爲"正言",下句突變爲"正名",義有隔斷。

⑧ "覆"疑即上"覈"之形訛。《後漢紀·孝順皇帝紀》:"綜名核實,賞罰必行。"《子華子》:"循名覈實。"

⑨ 《韓非子·二柄》:"去好去惡,群臣見素。群臣見素,則大君不蔽矣。"注:"君無好惡,則臣無因爲僞,其誠素自見。"

發蒙

若夫名分,聖當作"明王"二字。①之所審也。造父之所以與"與"下當有"馬"字。②交者少,操轡,馬之百節皆與;疑"舉"。③明王之所以與臣下交者少,審名分,群臣莫敢不盡力竭智矣。④天下之可治,分成也;⑤是非之可辨,名定也。無原校云:"'無',可疑。"案,當作"夫"。⑥過其實,罪也;弗及,愚也。是故情盡而不僞,質素而無巧。故有道之君其無易聽,文有脱誤。⑦此名分之所審也。《吕氏春秋·審分覽》云:"王良之所以使馬者,約審之以控其轡,而四馬莫敢不盡力。有道之主,其所以使群臣者亦有轡,其轡何如?正名審分,是治之轡已。故案其實而審其名,以求其情;聽其言而察其類,無使放悖。夫名多不當其實,而事多不當其用者,故人主不可以不審名分也。"

【疏證】

① 本書"聖王"、"明王"重出。若《明堂》篇先云"聖王謹修其身",下復云"明王之求賢"。《分》篇先云"明王之治民"、"明王之道",下復云"聖王正名(原作言,見上校)於朝"。則此處或"聖"下脱"王"字,或"明王"誤

合爲"聖"。然其下云"明王",同在一段,當以汪氏説爲上。

② 下文"與"、"交"間有"臣下",則此處有"馬"字爲上。

③ 此處"與"恐非誤字,當解作"和"。《戰國策·燕策》:"内寇不與。"鮑注:"與,和也。"言造父操其轡,馬之進退馳緩皆和。

④《意林》卷一引《鄧析子》:"循名責實,君之事也;奉法宣令,臣之職也。"《荀子·大略》:"舜之治天下,不以事詔而萬物成。"注:"不以事詔告,但委任而已。謂若使禹治水,不告治水之方略。"明王之治天下,明於君臣之職,事不親爲,任官命吏,使各司其職。有功者勸賞,無功者刑罰,故群臣畏其罰而竭其力。

⑤《尹文子·大道上》云:"天下萬事不可備能,責其備能於一人,則賢聖其猶病諸?設一人能備天下之事,能左右前後之宜,遠近遲疾之間,必有不兼者焉。苟有不兼,於治闕矣。全治而無闕者,大小多少,各當其分,農商工仕,不易其業,老農長商,習工舊仕,莫不存焉,則處上者何事哉!"人君之智不能理天下之事,使天下之事皆得其分,方能身逸而功多。

⑥《治要》原校作"'無'疑'然'"。按,此當以汪説爲上,唐寫本敦煌卷子"無"多書作"无",蓋"夫"形訛作"无",後人又改爲"無"耳。

⑦《詩經·小雅·小弁》:"君子無易由言,耳屬於垣。"鄭箋云:"王無輕用讒人之言,人將有屬耳於壁而聽之者。"此處"無易"用法與《小弁》同,謂君主勿輕易聽信他人之言,但審其名分而已。汪氏云"脱誤"者,蓋因《吕氏春秋》有"聽其言而察其類",以爲"聽"下當續此文。

若夫臨官治事者,①案其法則民敬事;任士進賢者,保其後則民慎舉;②議國親事者,盡其實則民敬言。孔子曰:"臨事而懼,希不濟。"《論語·述而》篇:"子曰:'必也,臨事而懼,好謀而成。'"《曾子·立事》篇云:"臨事而慄者,鮮不濟矣。"此蓋誤曾子之言爲孔子。《易》曰:"若履虎尾,終之吉。"《易·履》卦云:"履虎尾,愬愬,終吉。"若群臣之衆皆戒慎恐懼,若履虎尾,則何不濟之有乎?③君明則臣少罪。夫使衆者,詔作則遲,④分地則速,⑤是何也？無所逃其罪也。言亦有地，⑥不可不分也。君臣同地，則臣有所逃其罪矣。《呂氏春秋・審分覽》云："夫治身與治國，一理之術也。今以衆地者，公作則遲，有所匿其力也；分地則速，無所匿遲也。主亦有地，臣主同地，則臣有所匿其邪矣，主無所避其累矣。"故陳繩則木之枉者有罪，措準則地之險者有罪，審名分則群臣之不審者有罪。⑦"夫使衆者"以下見《長短經・適變》篇注，末句有"矣"字。"陳繩"三句亦見《意林》，"險"上並有"廢"字。⑧

【疏證】

① 臨者，治也。《尚書・大禹謨》："臨下以寬。"《正義》："治民簡易寬大。"治官者即爲官者也。爲官而治事者，循法不私阿，則民行事以敬。

② 保者，擔保也。《周禮・地官・大司徒》："令五家爲比，使之相保。"《尉繚子・伍制》："軍中之制，五人爲伍，伍相保也。……伍有干令犯禁者，揭之免於罪；知而弗揭，全伍有誅。"伍者相保，一人有罪，五人皆有罪。此處云"保其後"，謂任士者舉其人，且擔保其後此人無污行。若其後所舉之人不能勝任，則追加薦舉者之罪。如此，則民舉人必戒慎。

③《周易・乾》九三："君子終日乾乾，夕惕若厲。"《尚書・皋陶謨》："兢兢業業，一日二日萬幾。"《詩經・小雅・小旻》："戰戰兢兢，如臨深淵，如履薄冰。"群臣懷戒懼之心，則其行事也必謹小慎微，鮮有不成者。

④ 陶鴻慶《讀諸子札記》："'詔'乃'訟'字之誤。《淮南・兵略訓》'天下訟見之'高注云：'訟，公也。''訟作'與'分作'對文。《呂氏春秋・審分覽》正作'公'。"按，陶說是。古"訟"、"公"多通用，除陶氏所舉外，《史記・吕太后本紀》："未敢訟言誅之。"《索隱》引徐廣說："一作'公'。"《吳王濞列傳》："訟公禁弗予。"《集解》引如淳說："訟，公也。""召"、"公"形近易訛。古"沿"字或書作"沿"，蓋"訟"或書作"詔"，因誤作"詔"耳。

⑤"分地"非今之土地私有。"公作"謂諸奴隸統一勞作，"分地"謂使奴隸各負責一方。如此，則耕作緩、收成少者有罪。若謂土地私有，民之耕穫多少與官家無關，不得云"逃其罪"。

⑥ 此"言"與《分》篇"言者百事之機"之"言"同，爲"名"之誤。言名

不可不分也,若君臣同名,則治國有失,難以明是君之罪、是臣之罪。

⑦ 陶鴻慶《讀諸子札記》:"'不審'當作'不實'。上文云:'過其實,罪也;弗及,愚也。'即此義。"按,"審"字亦通,《意林》、《長短經》俱作"審",無需改字。

《喻林》卷六引《意林》"審"誤作"安"。又其下接"農之耨,去害苗者;賢者之治,去害義者",本《恕》篇文,《意林》隔開,此誤合一處。

⑧ 此爲對句,"廢"字不當有。

　　夫愛民且利之也,愛而不利,則非慈母之德也;①好士且知之也,好而弗知,則衆而無用也;②力於朝且治之也,力而弗治,則勞而無功矣。③三者雖異,道一也。是故曰:"審一之經,百事乃成;審一之紀,百事乃理。"名實判爲兩,合爲一。④是非隨名實,⑤賞罰隨是非。《韓非子·安危》篇云:"安術有七,一曰賞罰隨是非。"是則有賞,非則有罰,⑥人君之所獨斷也。⑦

【疏證】

①《管子·版法解》:"凡衆者,愛之則親,利之則至。是故明君設利以致之,明愛以親之。徒利而不愛,則衆至而不親;徒愛而不利,則衆親而不至。愛施俱行,則說君臣,說朋友,說兄弟,說父子。愛施所設,四固不能守。故曰:'說在愛施。'"《荀子·君道》:"有社稷者而不能愛民、不能利民,而求民之親愛己,不可得也。"《淮南子·繆稱訓》:"善爲人上者不忘其下,誠能愛而利之,天下可從也。"愛者,名也;利者,實也。愛之未必能利之,利之則必能愛之也。治天下者,必懷愛民之心,無愛民之心則必無利民之心。然徒愛之而不利之,使民陷於飢寒,亦不可也。《管子·正世》篇云:"聖人者,明於治亂之道,習於人事之終始者也。其治人民也,期於利民而止。"《韓非子·心度》亦云:"聖人之治民,度於本,不從其欲,期於利民而已。"人君治天下也,使寒者得衣,飢者得食,訟者得平,勞者得息,則民必感其恩惠而戴之,如此則家平政理國治。故曰聖人治民,期於利民而已。

②《六韜·舉賢》:"文王問太公曰:'君務舉賢而不能獲其功,世亂愈甚,以致危亡者,何也?'太公曰:'舉賢而不用,是有舉賢之名,而無用賢之實也。'"好士且能知士之所能,因其能而用之,方爲好士。孔子云"范中行氏尊賢而不能用"(《說苑·尊賢》),陳平言項羽"雖有奇士不能用"(《史記·陳丞相世家》),皆取亡之道也。

③"治"謂治政之方。爲官者雖勤勉於政事,而不知治之道,則所布失策、所爲無功。

④"名"爲本質,"實"爲現象,象本於質,質以象顯。

⑤《韓非子·姦劫弑臣》:"循名實而定是非。"《鄧析子·無厚》:"循名以督實,下奉教而不達,所美觀其所終,所惡計其所窮。"義近。

⑥《管子·君臣下》:"名物處,是非分,則賞罰行矣。"(原作"名物處,違是非之分,則賞罰行矣",從張佩綸校改。)《潛夫論·考績》:"審名實而取賞罰。"義近。

⑦人君治國,一則兼聽,二則獨斷。《管子·明法解》:"明主者,兼聽獨斷,多其門户。"《說苑·權謀》:"兼聽獨斷,惟在一人。"兼聽而不能獨斷,則惑於衆人之言;獨斷而不能兼聽,則失於一己之智。

　　明君之立也正,①其貌莊,②其心虚,其視不躁,其聽不淫,③審分應辭,④以立於廷。⑤則隱匿疏遠,雖有非焉,必不多矣。明君不用長耳目,不行間諜,不強聞見,⑥形至而觀,聲至而聽,事至而應。近者不過,則遠者治矣;⑦明者不失,則微者敬矣。⑧"明君"以下見《長短經·適變》篇注,"廷"作"朝","長耳目"上無"用"字。按,"用"字衍,《漢書·楚元王傳》云:"願長耳目。""長"即言"用"也。家人子侄和,臣妾力,⑨則家富,丈人雖厚衣食,⑩無傷也;子侄不和,臣妾不力,則原脱。家貧,丈人雖薄衣食,無益也。而況於萬乘之君乎?

【疏證】

①《長短經·適變》篇引無"也正"二字。

② 莊，《群書治要》作"壯"，孫星衍本、汪氏本皆從《長短經》引改作"莊"。二字古通，《詩經·鄘風·君子偕老》鄭箋："顏色之莊與。"《釋文》："莊，本又作'壯'。"《國語·晉語九》之"壯馳茲"，宋庠云："有作'莊'者。"《荀子·非十二子》："儼然壯然。"楊注："壯然，不可犯之貌。或爲'莊'。"《莊子·天下》："不可與莊語。"《釋文》："一本作'壯'。"二字既通，可不必改字。《逸周書·官人解》："貌莊而安。"潘振《周書解義》："莊，貌嚴也。"

③ 虛，靜也。躁，動也。淫，亂也。

④ "應辭"之"應"與下文"事至而應"之"應"同，作"應對"解。

⑤ 此句李守奎《譯注》誤斷爲"明君之立也，正其貌，莊其心，虛其視。不躁其聽，不淫審分，應辭以立於廷"。

⑥ 《漢書·楚元王列傳》"長耳目"顏師古注："言常伺聽，勿失幾也。"則"長"爲"常"之借，此處謂常視天下之事，聞天下之語。行間諜，此間諜當指行於本國以察民情者。如此，則此三句作一句解可也，行間諜所以長耳目，強聞見所以行間諜。

⑦ 孫星衍："'治'字，《長短經·適變》篇引作'理'。"按，此避唐高宗李治諱。

⑧ "遠者"承上"疏遠"，"微者"承上"隱匿"。陸賈曰："治外者必調內，平遠者必正近。"（《新語·懷慮》）人君治國以正，則近治而及於遠，明治而化於隱。又按，"敬"疑"致"字形訛。"致"讀作"至"，言明者不失，則隱匿者至朝也。

⑨ 《尚書·費誓》："臣妾逋逃。"孔傳："役人賤者，男曰臣，女曰妾。"

⑩ 《論語·微子》："子路從而後，遇丈人以杖荷蓧。"何晏《集解》引包咸曰："丈人，老人也。"《禮記·王制》："六十宿肉，七十貳膳，八十常珍。"又云："六十非肉不飽，七十非帛不暖。"《孟子·梁惠王上》："七十者衣帛食肉。"此處"衣食"謂"衣帛食肉"。

國之所以不治者三：不知用賢，①此其一也；雖知用賢，求不能得，此其二也；雖得賢，不能盡，此其三也。"國之"以下見《御覽》四百二，"雖知用賢，求不能得"作"或求賢不能得"，"雖得賢"句作"用賢不能盡"。《書鈔》廿一引："不知用賢。"②正名以御之，則堯舜之智必盡矣；③明分以示之，則桀紂之暴必止矣。賢者盡，暴者止，則治民之道不可以加矣。聽朝之道，使人有分。有大善者必問孰進之，有大過者必云孰任之，而行賞罰焉，④且以觀賢不肖也。"聽朝"以下見《適變》注，"云"作"問"，兩"問"字下、"行"字下皆有"其"字。⑤今有大善者不問孰進之，有大過者不問孰任之，則有分無益已；問孰任之而不行賞罰，⑥則問之無益已。是非不得盡見謂之蔽，見而弗能知謂之虛，知而弗能賞謂之縱，⑦三者亂之本也；明分則不蔽，⑧正名則不虛，二句見注。⑨賞賢罰暴則不縱，三者治之道也。於群臣之中，賢則貴之，不肖則賤之；二句見注。治則使之，不治則□之；忠則原脫四字，依上文例補三字。⑩愛之，不忠則罪之。賢不肖，治不治，忠不忠，由是觀之，猶白黑也。"賢不肖"及"忠不忠"以下見注，"由是"作"以道"。⑪《管子·明法解》云："以戰功之事定勇怯，以官職之治定愚智，故勇怯愚智之見也，如白黑之分。"《春秋繁露·五行五事》篇云："視白明明者，知賢不肖者，分明白黑也。"⑫陳繩而斫之，則巧拙易知也。夫觀群臣亦有繩，以名引之，則雖堯舜不疑"必"。⑬服矣。《春秋繁露·深察名號》篇云："欲審曲直，莫如引繩；欲審是非，莫如引名。名之審於是非也，猶繩之審於曲直也。詰其名實，觀其離合，則是非之情不可以相讕已。"

【疏證】

① 劉敞《賢論》引《劉子》（今本無此語）："君之不君，非獨愚也，雖聰明辯慧，技藝敏給，而不知用賢者，猶不君也。"

② 汪氏"用賢不能盡"，《御覽》作"雖得弗能盡"。《天中記》卷二四用《御覽》引而誤作《文子》語。

③ 下作"賢者盡"，此處"智"亦當作"賢"。上云"雖得賢，不得盡"，

此承此句,云人君能正名以治,則天下有堯舜之賢者皆能網羅於朝。

④ 孫星衍:"《長短經·適變》篇引作'罰賞'。"按,作"賞罰"爲上,上文先云"大善者",次云"大過者";下文先云"賢",次云"不肖",故此處當先云"賞",次云"罰"。

⑤ 孫星衍輯本從《長短經》改"云"作"問",並補兩"其"字。按,"云"改"問"字爲上,下皆作"問"。

⑥ 陶鴻慶《讀諸子札記》:"依上文,'問孰任之'上當有'問孰進之'四字。"按,陶説爲上。下既云"賞罰",此處當有此四字。

⑦ 陶鴻慶《讀諸子札記》:"依上文,'賞'下當有'罰'字。"按,陶説爲上。上既言"是非",此當云"賞罰"。下文"賞賢罰暴則不縱"承此而云,亦有"罰"字。

"是"謂大善者,"非"謂大過者。不能盡見善者、過者,則猶有所蔽。能見其善者、過者而不能知孰進之,則知猶弗知也,故謂之虚。知其善者、過者爲孰進之而不能賞罰,是使進善者無賞、進過者無罰也,故謂之縱。《説苑·政理》:"夫有功而不賞,則善不勸;有過而不誅,則惡不懼。"《劉子·賞罰》:"罰必施於有過,賞必加於有功。"

⑧ 孫星衍:"'蔽'字,《長短經·適變》篇引作'弊'。"按,二字古通。

⑨ "見注"謂見《長短經·適變》篇注。下同。

⑩ 原作"不治則愛之",句不通。且下文"賢不肖,治不治,忠不忠"承此而來,正缺"不治"、"忠"兩句。汪氏所補是。"則"下缺字當爲罷黜之義。

⑪ 孫星衍輯本從《長短經》改作"以道"。"由是"謂正名定分也,亦可通。

⑫ 《尉繚子·兵教上》:"舉功别德,明如白黑。"《史記·太史公自序》:"察言乃不聽,奸乃不生。賢不肖自分,白黑乃形。"

⑬ "不"即"亦"字之誤,猶《勸學》篇"亦可以卻敵服遠"之"亦"乃"不"字之誤,見上注。

慮事而當,不若進賢;① 進賢而當,不若知賢。知賢又能用之,備矣。② 治天下之要在於正名,正名去僞,事成若化。苟能正名，天成地平。爲人臣者，以進賢爲功；爲人君者，③以用賢爲功。四句見《長短經·是非》篇及《大體》篇注，兩"功"字下皆有"也"字。爲人臣者，進賢是自爲置上也，自爲置上而無賞，是故不爲也；進不肖者，是自爲置下也，自爲置下而無罪，是故爲之也。④使進賢者必有賞，進不肖者必有罪，無敢進也者爲無能之人，若此則必多進賢矣。

【疏證】

①《荀子·堯問》："魏武侯謀事而當，群臣莫能逮，退朝而有喜色。吳起進曰：'亦常有以楚莊王之語聞於左右者乎？'武侯曰：'楚莊王之語何如？'吳起對曰：'楚莊王謀事而當，群臣莫逮，退朝而有憂色。申公巫臣進，問曰："王朝而有憂色何也？"莊王曰："不穀謀事而當，群臣莫能逮，是以憂也。其在《中蘬》之言也，曰：'諸侯自爲得師者王，得友者霸，得疑者存，自爲謀而莫己若者亡。'今以不穀之不肖，而群臣莫吾逮。吾國幾於亡乎？是以憂也。"楚莊王以憂，而君以喜。'武侯逡巡再拜，曰：'天使夫子振寡人之過也。'"（事又見《呂氏春秋·驕恣》，作李悝與魏武侯語。）天下之事廣，一人之智狹，以一人之智應天下之事，則必身倦而功少。且謀事而當，易生驕伐之心，以爲群臣莫己若，則不能受諫。若詔令有失，天下爲之害矣。故曰："慮事而當，不若進賢。"

②《晏子春秋·內篇·諫下》："國有三不祥……夫有賢而不知，一不祥；知而不用，二不祥；用而不任，三不祥也。"

③孫星衍："《長短經·是非》篇引'人君'作'人主'。又《大體》篇引無兩'爲'字。"

④人君量能授官，因才加爵，進賢者所進賢於己者，人君用之，必加官於進賢者之上，國得賢者而用，則必賞其進賢者。若所進皆不肖，徒爲叩閽守門之士，國無大賢能用，則必加罪於進不肖者。

【章説】

《分》篇以分起，以正名終。此篇以審名分起，以進賢終。天下事皆有所主,農者主於耕稼,商者主於財貨,工者主於器物,人君不可兼而理之,故擇其賢者,分其職而治。人有賢不肖,不別則國亂,故需正名,使賢者處而不肖者黜。此《分》篇之大旨也。發蒙者,發君主治國之所蒙也。發君主之所蒙,首在審其名分,名分審則是非辨,賢才進,人民富,國家昌。審名、正分、進賢三者反覆論述,相互勾連,名爲兩篇,實則一義。

恕

恕者,以身爲度者也。① 己所不欲,毋加諸人。惡諸人,則去諸己;欲諸人,則求諸己。② 此恕也。③《論語·衛靈公》篇:"子貢問曰:'有一言而可以終身行之者乎?'子曰:'其恕乎。己所不欲,勿施於人。'"《禮記·大學》篇云:"君子有諸己而後求諸人,無諸己而後非諸人。所藏乎身不恕,而能喻諸人者,未之有也。"

【疏證】

①《新書·道術》:"以己量人謂之恕。"

②《禮記·中庸》:"忠恕違道不遠,施諸己而不願,亦勿施於人。"《大學》:"所藏乎身不恕,而能喻諸人者,未之有也。"《論語·衛靈公》:"君子求諸己,小人求諸人。"《左傳·隱公十一年》:"恕而行之,德之則也,禮之經也。己弗能有而以與人,人之不至,不亦宜乎?"《墨子·小取》:"有諸己不非諸人,無諸己不求諸人。"《荀子·法行》:"怨人者窮,怨天者無識。失諸己而反諸人,豈不亦迂哉!"《楚辭·離騷》:"羌内恕以量人。"《淮南子·繆稱訓》:"怨人不如自怨,求諸人不如求諸己。"義皆相類。

③《論語·里仁》曾子曰:"夫子之道,忠恕而已矣。"曰"忠恕"而不曰"仁"者,以能恕則近於仁矣。《孟子·盡心上》:"强恕而行,求仁莫近焉。"又《公孫丑上》:"仁者如射。射者,正己而後發,發而不中,不怨勝己者,反求諸己而已矣。"則是以"恕"解"仁"也。程頤云:"以己及物,仁也;推己及物,恕也。"(《二程遺書》卷一一)又云:"恕者入仁之門。"(《二程遺

書》卷一五)人之能恕,惡他人之所行,則己必先不爲惡;欲他人如此爲,則己之必先能爲。以約己之心約人,則必不輕責於他人,此謂恕。不輕責於他人,則其心平易,平易則愛人,此謂仁。《説文》:"恕,仁也。"非謂恕即仁也,謂恕則近於仁也。

農夫之耨,去害苗者也;賢者之治,去害義者也。①四句見《意林》。《淮南子·説山訓》云:"治國者若耨田,去害苗者而已。"慮之無益於義而慮之,此心之穢也;道之無益於義而道之,此言之穢也;爲之無益於義而爲之,此行之穢也。慮中義則智爲上,言中義則言爲師,事中義則行爲法。射不善而欲教人,人不學也;行不修而欲談人,人不聽也。夫驥,惟伯樂獨知之,不害其爲良馬也。《楚策》:"汗明曰:'夫驥之齒至矣,服鹽車而上太行,蹄申膝折,尾湛胕潰,漉汁灑地,白汗交流,中阪遷延,負轅不能上。伯樂遭之,下車攀而哭之,解紵衣以冪之。驥於是俯而噴,仰而鳴,聲達於天,若出金石聲者。何也?彼見伯樂之知己也。'"行亦然,惟賢者獨知之,不害其爲善士也。②

【疏證】

① 孫星衍:"《意林》引無兩'也'字,又在上《發蒙》篇'則群臣之不審者有罪'句下,當由後人合併之僞。"按,孫説是。《喻林》卷六引《意林》仍合之,"農"下脱"夫"字。今四庫本《意林》已隔開,然又誤與卷下九七條誤合爲一。

② 《鹽鐵論·訟賢》:"騏驥之輓鹽車,垂頭於太行,屠者持刀而睨之;太公之窮困,負販於朝歌也,蓬頭相聚而笑之。當此之時,非無遠筋駿才也,非文王、伯樂莫知之賈也。"

【章説】

此篇以首段之義名之,下段言賢者,文不相屬。

治天下

治天下有四術：一曰忠愛，二曰無私，三曰用賢，四曰度量。度量通，則財足矣；①用賢，則多功矣；無私，百智之宗也；忠愛，父母之行也。"治天下"以下見《御覽》七十七，"父母"作"君父"。②《文選·東京賦》注引作："治國有四術：一忠愛，二無私，三用賢，四簡能。"《書鈔》廿七引："治有四術。"奚以知其然？父母之所畜子者，非賢強也，非聰明也，非俊智也，愛之憂之，欲其賢己也，人利之與我利之無擇也，此父母所以畜子也。然則愛天下，欲其賢己也，人利之與我利之無擇也，則天下之畜亦然矣。此堯之所以畜天下也。有虞氏盛德，見人有善，如己有善；見人有過，如己有過。③"見人有善"四句見《意林》，下云："此虞氏盛德也。"《文選·竟陵文宣王行狀》注引："見人有過，則如己有過，有虞氏之盛德也。"《路史後紀》十二注引云："有虞之君，使天下貢善，其治天下，見人有善。"云云。"有虞之君"二句見上《分》篇，羅氏蓋合舉之。

【疏證】

① 孫星衍："《太平御覽·皇王部》引作'通財則用足'。"按，《天中記》卷一一引與《御覽》同，惟缺"則"字。

又"度量"，李守奎、朱海雷《尸子譯注》皆以"法度"釋之，"法度通"與"財足"不相關。此仍用本義，《周禮·夏官·合方氏》："同其數器，壹其度量。"鄭注："尺丈、釜鐘不得有大小。"《左傳·昭公十七年》："正度量。"《正義》："正丈尺之度、斗斛之量。"《慎子·威德》："度量，所以立公審也。"此即後世平準之法，《尹文子·大道上》云法有四："四曰平準之法，律度權量是也。"《史記·平準書》索隱："大司農屬官有平準令丞者，以均天下郡國轉販，貴則賣之，賤則買之，貴賤相權輸，歸於京都，故命曰'平準'。"《管子·國蓄》篇："凡輕重之大利，以重射輕，以賤泄平，萬物之滿虚隨財,準平而不變,衡絕則重見。人君知其然,故守之以準平,使萬室之都必有萬鐘之藏,藏繈千萬;使千室之都必有千鐘之藏,藏繈百萬。"人君行平準之法,非但能抑制豪強,有益於民,且能充盈府庫,阜財於國。

②《御覽》所以作"君父"者(景宋本《御覽》仍作"父母"),蓋以"忠"乃臣事君之道,非父母待子之行。然改以"君父"亦不通,"忠"乃臣之行,非君之行也。按,此兩處"忠愛"皆當爲"仁愛"之誤,"仁"或作"忎",二字形近易訛。《尚書·洪範》:"天子作民父母,以爲天下王。"班固解曰:"聖人取類以正名,而謂君爲父母,明仁愛德讓王道之本也。"(見《漢書·刑法志》)仁愛乃父母之行,君主又爲民之父母,故君主當以仁愛之心待民也。下文全承此而來。

③《尚書·秦誓》:"若有一介臣,斷斷兮無他技,其心休休焉,其如有容焉。人之有技,若己有之;人之彥聖,其心好之,不啻若自其口出。"《韓詩外傳》卷六:"見人有善,欣然樂之;見人不善,惕然掩之。"《説苑·雜言》引曾子語:"夫子見人之一善而忘其百非,是夫子之易事也。夫子見人有善,若己有之,是夫子之不爭也。"義皆相類。

天無私於物,地無私於物,襲此行者,謂之天子。①誠愛天下者得賢,"得賢"上有脱字。②奚以知其然也?弱子有疾,慈母之見秦醫也,③不爭禮貌;在囹圄,其走大吏也,不愛資財。④視天下若子,是故其見醫者,不爭禮貌;⑤其奉養也,不愛資財。故文王之見太公望也,一日五反;⑥桓公之奉管仲也,列城有數。⑦此所以國甚原本"國甚"二字作"其",據《勸學》篇改。僻小,⑧身至穢污,而爲正《勸學》作"政"。於天下也。

【疏證】

①《禮記·孔子閒居》:"子夏曰:'三王之德參於天地,敢問何如斯可謂參於天地矣?'孔子曰:'奉三無私以勞天下。'子夏曰:'敢問何謂三無私?'孔子曰:'天無私覆,地無私載,日月無私照,奉斯三者以勞天下,此之謂三無私。'"《呂氏春秋·去私》:"天無私覆也,地無私載也,日月無

私燭也,四時無私行也,行其德而萬物得遂長焉。"天於物無私,皆覆蓋之;地於物無私,皆承載之。爲人君者,當承襲天地無私於物之行,以至公行天下,能心懷天下者謂之天子,偏私於一隅者謂之獨夫。

② 此處未必有脫文。誠愛天下者得賢,承天地無私而來。天地所以無私者,愛於萬物也。人君愛天下,則愛於萬民,不以私欲存偏阿,不以愛而用之,不以不愛而不用,如此天下賢者可得而用。

③《群書治要譯注》云:"秦醫,指扁鵲,泛指良醫。"李守奎《尸子譯注》云:"秦醫,扁鵲,古代的良醫。"據《史記·扁鵲傳》:"扁鵲者,勃海郡鄭人也。"鄭,在今河北任丘東北,地處燕趙之間,不屬秦。"秦醫"即"良醫"之代稱,非單就扁鵲言之。古秦多良醫,卷下七三條:"有醫竘者,秦之良醫也。"《左傳·成公十年》:"公(晋侯)疾病,求醫於秦。秦伯使醫緩爲之。"《昭公元年》:"晋侯求醫於秦,秦伯使醫和視之。"晋侯有疾而往秦求醫,以秦醫良也。《韓非子·説林下》:"秦醫雖善除,不能自彈也。"是古有秦醫善於除病之説。《扁鵲傳》言:"秦太醫令李醯自知伎不如扁鵲也,使人刺殺之。"李醯殺扁鵲,猶逢蒙殺羿,以其天下惟斯人愈於己也(《孟子·離婁下》),則李醯亦長於醫術。

④《劉子·崇學》:"耳之初窒,目之始昧,必不吝百金,逆醫千里。"

⑤ 陶鴻慶《讀諸子札記》:"見醫者,'醫'當作'賢',涉上文'見秦醫'而誤。"按,陶説爲上。《明堂》篇:"堯從舜於畎畝之中,北面而見之,不爭禮貌。"下"文王之見太公望也,一日五反",堯見舜,文王見太公,皆"見賢"。

⑥ 一日五反之説於史無徵,《易林·遯之訟》云:"德積不輕,辭王釣耕。三媒不已,大福來成。"無名氏《易林注》云:"《吕氏春秋》:'太公釣於滋泉。'《孟子》曰:'伊尹耕於有莘之野。'三媒即三聘。"《説苑·尊賢》篇:"文王舉太公,不以日久。"似亦云此事。前《勸學》篇已論姜太公、伊尹、百里奚之徒故事皆有兩版本,一則君王訪賢,一則賢求君王。太公之時,君主訪賢不可信也,其時"貴賤有等,長幼有序,貧富輕重皆有稱"(《荀子·富國》),等級制度森嚴,文王安能屈尊事卑?此皆後世妄構也。《新序·雜事五》載齊桓公見小臣稷,"五往而後得見",以及劉備三顧茅廬之

説,或皆本於此。

⑦《晏子春秋·內篇·雜下》:"桓公以書社五百封管仲。"《荀子·仲尼》:"齊桓公有天下之大節焉……倓然見管仲之能足以托國也……與之書社三百而富人莫之敢距也。"

⑧ 與《勸學》篇相同,此處"國甚僻小"對應文王。《墨子·非命上》:"昔者文王封於岐周,絕長繼短,方地百里。"《商子·賞刑》:"昔湯封於贊茅,文王封於岐周,方百里。"《孟子·公孫丑下》:"王不待大,湯以七十里,文王以百里。"文王初封,地僅百里,然能修政出德,利愛百姓,終至於天下三分有其二。

鄭簡公謂子產曰:"飲酒之不樂,鐘鼓之不鳴,寡人之任也;國家之不乂,朝廷之不治,與諸侯交之不得志,子之任也。子無入寡人之樂,寡人無入子之朝。"自是以來,子產治鄭,城門不閉,國無盜賊,道無餓人。孔子曰:"若鄭簡公之好樂,雖抱鐘而朝可也。"①"鄭簡公"以下見《初學記》十六,"子無入寡人之樂"三句,"城門不閉"句,並據補。《韓非子·外儲說左上》云:"子產相,鄭簡公謂子產曰:'飲酒不樂也!俎豆不大,鐘鼓竽瑟不鳴,寡人之事不一。國家不定,百姓不治,耕戰不輯睦,亦子之罪。子有職,寡人亦有職,各守其職。'子產退而爲政,五年,國無盜賊,道不拾遺。桃棗蔭於街者,莫有援也;錐刀遺道,三日可反。三年不變,民無飢也。"夫用賢,身樂而名附,事少而功多,國治而能逸。凡治之道,莫如因智;智之道,莫如因賢。譬之猶相馬而借伯樂也,《呂氏春秋·贊能》篇云:"得十良馬,不若得一伯樂。"②高誘注:"伯樂善得馬。"相玉而借猗頓也,《淮南子·氾論訓》云:"玉工眩玉之似碧盧者,惟猗頓不失其情。"③高誘注:"猗頓,魯之富人,能知玉理。"亦必不過矣。今有人於此,盡力以爲舟,濟大水而不用也;④盡力以爲車,行遠而不乘也,則人必以爲無慧。今人盡力以學,謀事則不借智,處行則不因賢,舍其學不用也，此其無慧也。有甚於舍舟而涉，舍車而走者矣。

【疏證】

① 事又見《困學紀聞》卷一〇、《錦繡萬花谷後集》卷三一、《山堂肆考》卷一六二、《春秋戰國異辭》卷一三、《淵鑑類函》卷一九一。《古今事文類聚續集》卷二三、《喻林》卷六八、《天中記》卷四三"乂"皆作"義"，音訛也；《廣博物志》卷三五"乂"作"久"，形訛也；《繹史》卷七四"餓"作"飢"，義訛也。

《說苑·政理》："子產相鄭。簡公謂子產曰：'內政毋出，外政毋入。夫衣裘之不美，車馬之不飾，子女之不潔，寡人之醜也；國家之不治，封疆之不正，夫子之醜也。'子產相鄭，終簡公之身，內無國中之亂，外無諸侯之患也。"《史記·循吏列傳》："（鄭）以子產爲相，爲相一年，豎子不戲狎，班白不提挈，僮子不犁畔。二年，市不豫賈。三年，門不夜關，道不拾遺。四年，田器不歸。五年，士無尺籍，喪期不令而治。"

又《韓非子·難二》："齊桓公之時，晉客至有司請禮，桓公曰告仲父者三。而優笑曰：'易哉爲君。一曰仲父，二曰仲父。'桓公曰：'吾聞君人者，勞於索人，佚於使人。吾得仲父已難矣，得仲父之後何爲不易乎哉。'"與此文所喻亦同，皆謂人君得賢則身逸而國治。

② 《淮南子·齊俗訓》："得百走馬不若得伯樂之數。"與《呂氏春秋》所言同義。又《荀子·君道》篇："伯樂不可欺以馬。"

③ 《金樓子·立言》："碧盧似玉，猗頓別之。"《劉子·正賞》："以燕石爲美玉者，惟猗頓不謬其真。"

④ 《詩經·邶風·柏舟》："汎彼柏舟，亦汎其流。"鄭箋云："舟載渡物者，今不用而與衆物汎汎然俱流水中。……喻仁人之不見用而與群小人並列。"

【章說】

《尸子》殘存十三篇與"四"相關者皆有對應之釋，若《勸學》篇之愛惡、親疏、廢興、窮達、《四儀》篇之仁、義、忠、信，《仁意》篇玉燭、永風、膏火（汪氏改爲"膏露"）、醴泉，"膏火"無釋，而汪氏云："《尸子》於'膏露'當有釋詞，《爾雅》不及'膏露'，故疏引《尸子》不具，爲可惜也。"此篇云"治天下有四術"，首段論"仁愛"，次段論"無私"，三段論"用賢"，獨不及"度量"，疑有缺文。

仁意

治水潦者，①禹也；播五種者，②后稷也；聽獄折衷者，③皋陶也。④舜無爲也，而天下以爲父母，"治水潦"以下見《長短經·適變》篇注，"種"作"穀"，末句作"而爲天下父母"。《韓詩外傳》二："夫闢土殖穀者，后稷也；決江疏河者，禹也；聽獄折中者，皋陶也。然而聖后者，⑤堯也。"蓋本此，亦見《淮南子·詮言訓》。愛天下莫甚焉。天下之善者，惟仁也。夫喪其子者，苟可以得之，無擇人也。仁者之於善也亦然。⑥是故堯舉舜於畎畝，湯舉伊尹於雍人。⑦《墨子·尚賢中》云："古者舜耕歷山，陶河瀕，漁雷澤，堯得之服澤之陽，舉以爲天子。伊摯，有莘氏女之私臣，親爲庖人，湯得之，舉以爲己相。"內舉不避親，外舉不避讎。⑧仁者之於善也，無擇也，無惡也，⑨惟善之所在。《韓非子·說疑》篇云："內舉不避親，外舉不避讎。是在焉，從而舉之；非在焉，從而罰之。是以賢良遂進，而奸邪並退。"堯問於舜曰："何事？"舜曰：⑩"事天。"問："何任？"曰："任地。"問："何務？"曰："務人。"⑪"堯問"以下見《御覽》八十一，原脫"問何任"四句，據《御覽》補。《書鈔》十五引："事天任也。""也"即"地"之誤。《唐類函》廿六載《書鈔》作"事天任人"，亦誤。平地而注水，水流濕；均薪而施火，火從燥，召之類也。⑫是故堯爲善而衆美至焉，桀爲非而衆惡至焉。⑬《呂氏春秋·應同》篇云："平地注水，水流濕；均薪施火，火就燥。"《春秋繁露·同類相動》篇云："平地注水，去燥就濕；均薪施火，去濕就燥。百物其去所與異，而從其所與同。"又云："美事召美類，惡事召惡類。"《鄧析子·轉辭》篇、《鬼谷子·摩》篇、《荀子·勸學》篇、《荀子·大略》篇並有此言。

【疏證】

① 《説文》："潦,雨大貌。"

② "五種"即"五穀",古代説法不一,《周禮·天官·疾醫》鄭玄注:"五穀,麻、黍、稷、麥、豆也。"《孟子·滕文公上》趙岐注:"五穀謂稻、黍、稷、麥、菽也。"《楚辭·大招》王逸注:"五穀,稻、稷、麥、豆、麻也。"《素問·藏氣法時論》王冰注:"謂粳米、小豆、麥、大豆、黄黍也。"此云"五種",乃泛稱,百穀之總名。

③ 斷案者,聽兩執之詞而取其中,故曰聽獄折中。

④ 《尚書·舜典》："舜曰:'咨,四岳!有能奮庸熙帝之載,使宅百揆亮采,惠疇?'僉曰:'伯禹作司空。'帝曰:'俞,咨!禹,汝平水土,惟時懋哉!'禹拜稽首,讓於稷、契暨皋陶。帝曰:'俞,汝往哉!'帝曰:'棄,黎民阻飢,汝后稷,播時百穀。'……帝曰:'皋陶,蠻夷猾夏,寇賊奸宄。汝作士,五刑有服,五服三就;五流有宅,五宅三居。惟明克允!'"

⑤ 許維遹《韓詩外傳集釋》校此句作"然而有聖名者",其引趙善詒校云:"'聖后'無義,《類聚》二十、《御覽》四百一引並作'聖名',作'后'者形誤,《淮南·詮言》篇亦作'名',是其證。"

⑥ 人之父母有喪亡其子者,懷悲戚慘怛之情,且以憂香火之不繼,苟能得子,則不計其智愚美醜也;人君之治天下也,懷悲憫愛民之心,且以憂國家之不治,苟能得賢,則不計其貴賤親仇也。

⑦ 《儀禮·少牢饋食禮》:"雍人概鼎、匕、俎於雍爨。"鄭注:"雍人,掌割烹之事者。"按,伊尹雖在庖廚之中,然非當時之平民奴隸,需明辨之。《墨子·尚賢下》:"昔伊尹爲莘氏女師僕,使爲庖人,湯得而舉之。"王念孫《讀書雜志》云:"'仆'即'俟'之僞。此謂有莘氏以伊尹媵女,非以为仆也。《説文》:'俟,送也。'"王説是。《楚辭·天問》"媵有莘之婦"、《説苑·尊賢》引鬻子説"伊尹故有莘之媵臣"、《列女傳·湯妃贊》"媵從伊尹"皆以伊尹爲媵。《韓詩外傳》卷七作"伊尹故有莘氏僮也","俟"訛爲"仆","仆"又易爲"僮"。今著書者多云伊尹爲奴隸,即承此之謬。且

《禮記·雜記下》載:"雍人舉羊升屋,自中,中屋南面,刲羊,血流於前,乃降。"此即《周易·歸妹》卦之"士刲羊"也,則伊尹可稱爲士。《墨子·貴義喻》稱"伊尹天下之賤人"者,謂其所事庖廚之事低賤(《孟子·梁惠王上》:君子遠庖廚),非謂其身份之賤。

⑧《左傳·襄公三年》:"祁奚請老,晉侯問嗣焉。稱解狐——其讎也。將立之而卒。又問焉。對曰:'午也可。'於是羊舌職死矣,晉侯曰:'孰可以代之?'對曰:'赤也可。'於是使祁午爲中軍尉,羊舌赤佐之。君子謂祁奚能舉善矣:稱其仇,不爲諂;立其子,不爲比;舉其偏,不爲黨。"解狐有隙於祈奚,而午乃祈奚之子。若祈奚者,可謂内舉不避親、外舉不避仇者也。

⑨ 惡,厭惡。

⑩ 孫星衍:"《太平御覽·皇王部》引'事'下無'舜'字。"

⑪ 奉侍天道,供祀犧牲;任土作貢,務其地力;求其賢達,以平國政。

⑫《周易·乾卦》:"同聲相應,同氣相求。水流濕,火就燥,雲從龍,風從虎,聖人作而萬物睹,本乎天者親上,本乎地者親下,則各從其類也。"除汪氏所引《呂氏春秋》等書外,又見《劉子·類感》。按,火之性去濕就燥,燥者易燃;水之性乃去高就下,非去燥就濕。平地注水,所以就濕者,以濕處土地鬆軟,易爲之下。

⑬《呂氏春秋·應同》:"成齊類同皆有合,故堯爲善而衆善至,桀爲非而衆非來。"《淮南子·主術訓》:"堯爲善而衆善至矣,桀爲非而衆非来矣。善積則功成,非積則禍極。"

燭於玉燭,飲於醴泉,暢於永風。春爲青陽,夏爲朱明,秋爲白藏,冬爲玄英,四時和正光照,此之謂玉燭。①甘雨時降,萬物以嘉,高者不少,下者不多,此之謂醴泉。②其風,春爲發生,夏爲長嬴,秋爲方盛,冬爲安靜,四氣和爲通正,此之謂永風。③《爾雅·釋天》疏引《仁意》篇述太平之事云云。"四時",《困學紀聞》八作"四氣"。《海録碎事》十八作"四時之氣和"。"四氣",任本作

"四時"。按,《爾雅》"方盛"作"收成","靜"作"寧","永"作"景"。注云:"此亦四時之别號,《尸子》皆以爲太平祥風。"《御覽》十九引《尸子》云:"翔風,瑞風也。一名景風,一名惠風。春爲發生,夏爲長嬴,秋爲收成,冬爲安寧。"注云:"《爾雅》以爲四時之别名也。"按,"翔風"云云,乃《符瑞圖》之文,見《御覽》八百七十二,此卷誤引爲《尸子》,孫氏據之以補《爾雅疏》,非也。④

【疏證】

①《爾雅》:"春爲青陽。"郭注:"氣青而温陽。"按,春屬木,木爲青色,其時天氣温陽和順。《爾雅》:"夏爲朱明。"郭注:"氣赤而光明。"夏屬火,火爲赤色,其時日最熾烈。《爾雅》:"秋爲白藏。"郭注:"氣白而收藏。"秋屬金,金爲白色,其時草木始落,鳴蟲始蟄,故曰藏。《爾雅》:"冬爲玄英。"郭注:"氣黑而清英。"冬屬水,水爲黑色,其時氣則清冽。《爾雅》:"四時和謂之玉燭。"《釋文》:"李云:'人君德美如玉而明若燭。'"四時之氣中和而雅正,照臨下土,故名玉燭。

② 又見《天中記》卷三七、《繹史》卷一一五,《丹鉛餘録》卷一"甘"誤作"其","嘉"誤作"喜"。此同《爾雅》,以天降甘雨爲醴泉,又《易林·屯之謙》:"甘露醴泉,太平機關。"《易林》多同物異名連屬,以成四字之句,此蓋以甘露爲醴泉,略同於《尸子》、《爾雅》。諸書多以地出甘水爲醴泉。《禮記·禮運》云:"天降膏露,地出醴泉。"《鶡冠子·度萬》:"膏露降,白丹發,醴泉出。"《淮南子·泰族訓》:"醴泉出,嘉穀生。"司馬相如《上林賦》:"醴泉涌於清室。"《史記·大宛列傳》:"《禹本紀》言河出昆侖……其上有醴泉、瑶池。"《白虎通義·封禪》:"醴泉者,美泉也。狀若醴酒,可以養老。"此處以甘雨爲醴泉,《御覽》卷八七三引《孫氏瑞應圖》:"醴泉者,水之精也,味甘如醴。泉出流所及,草木皆茂。"甘雨所及,萬物皆鬱;醴泉所及,草木皆茂,二者同理,故亦稱之。

③ "嬴"通"盈","盛"通"成"。發生、長嬴、方盛、安靜者,皆以四季屬性爲名。《春秋繁露·五行逆順》:"木者春,生之性,農之本也。……火者夏,成長(蘇輿《春秋繁露義證》:下疑尚有脱文),本朝也。……金者秋,殺氣之始也。……水者冬,藏至陰也。"

④《稽瑞》引《尸子》:"翔風,瑞風也。一名景風。春爲發生,夏爲長贏,秋爲收成,冬爲安寧。"與《御覽》卷十九文近。《稽瑞》乃唐劉賡撰,則《御覽》云出《尸子》有所本也。

舜南面而治天下,天下太平。燭於玉燭,息於永風,食於膏火,飲於醴泉。舜之行,其猶河海乎!千仞之溪亦滿焉,螻蟻之穴亦滿焉。由此觀之,禹湯之功不足言也。《御覽》八十一"燭於"之"燭"作"調",《天中記》十一、《文選・安陸昭王碑文》注兩"焉"字並作"之",《後紀》十二注首句作"舜之德無不該,南面而治天下","河"作"江","焉"亦作"之","言也"作"尚矣"。①諸書引此條並不云《仁意》篇,按,《爾雅疏》引"燭於玉燭"以下,以爲《仁意》篇述太平之事云云,文正與此相屬,知本書必同在一篇,故録附於此。"膏火"當作"膏露",《禮記・禮運》篇亦云:"天降膏露,地出醴泉。"②《尸子》於"膏露"當有釋詞,《爾雅》不及"膏露",故疏引《尸子》不具,爲可惜也。

【疏證】

①《天中記》卷一一、《尚史》卷二首"燭"字皆作"調"。《喻林》卷八一自"舜之行"下引之,兩"焉"作"之",《廣博物志》卷一〇首"亦"字無,兩"焉"作"之"。又見《繹史》卷一〇。《北堂書鈔》卷五:"天子特生,行猶河海。"即本《尸子》。

②《禮記》之"膏露",即《尸子》之"醴泉",若改之,則文有重複。古之膏火,或有以蜜蠟爲之者,《西京雜記》載:"閩越王獻高帝石蜜五斛,蜜燭二百枝。"此處蜜燭,即提煉蜂蠟而成。蜜蠟性甘,可食。此處言膏火,蓋非獨指蜜蠟,乃言萬物之精華。

【章説】

此章贊爲君者當廣施仁澤於天下,其論述全繫於舜,皆言舜無爲而天下化。汪氏所補兩段與首段轉折之間頗爲突兀,中間當仍有缺文。

廣澤原脱"澤"字，據《爾雅疏》補。

因井中視星，所視不過數星；自丘上以視，則見其始出，又見其入。非明益也，勢使然也。夫私心，井中也；公心，丘上也。"因井中"以下見《類聚》一、《御覽》六、四百廿九，"因"並作"自"，"所視"之"視"作"見"，"以視"之"視"作"望"。《類聚》、《御覽》四百廿九"始出"下並有"也"字。《御覽》六又作"則見始多也"。① 故智載於私，則所知少；載於公，則所知多矣。何以知其然？夫吳越之國，以臣妾爲殉，②中國聞而非之，怒則以親戚殉一言。③《荀子·榮辱》篇注引云："非人君之用兵也，以爲民傷鬥，則以親戚殉一言而不顧之也。"蓋即此文。④夫智在公，則愛吳越之臣妾；在私，則忘其親戚。非智損也，怒弇之也。⑤好亦然。《語》曰："莫知其子之惡也。"《禮記·大學》篇云："好而知其惡、惡而知其美者，天下鮮矣！故諺有之曰：'人莫知其子之惡，莫知其苗之碩。'"非智損也，愛弇之也。是故夫論貴賤、辨是非者，必且自公心言之，自公心聽之，而後可知也。"夫吳越之國"以下見《長短經·昏智》篇，"怒"上有"及"字，"好亦然"下有"矣"字，"惡"下無"也"字，"是故"下無"夫"字。⑥《文選·鄒陽〈獄中書〉》注引："論是非者，自公心聽之，而後可知也。"匹夫愛其宅，不愛其鄰；諸侯愛其國，不愛其敵。天子兼天下而愛之大也。⑦

【疏證】

① 孫星衍輯本從《御覽》改"所視"之"視"爲"見"，改"以視"之"視"爲"望"，於"始出"下補"也"字。《藝文類聚》卷一引無"又見其入"，《錦繡萬花谷前集》卷一、《古今合璧事類備要前集》卷一、《喻林》卷一一〇、《天中記》卷二與《類聚》同。本自《類聚》者，尚有《海録碎事》卷一，無"自"字；《繹史》卷一一五，無"非明益也勢使然"七字。《佩文韻府》卷二四之四與《太平御覽》卷六同。《御覽》卷四二九"所視"之"視"作"窺"，"以視"

作"望之"。《事類賦》卷八有"臨哉望星",引《尸子》至"勢使然也"。《韻府群玉》卷七引作:"井中視星,所見不過數星,私心也。"又宋方崧卿《韓集舉正》卷四、《文章正宗》卷一二等韓愈《原道》注引《尸子》"井中視星,所視不過數星"句,則唐宋兩朝,"所視"之"視"本有或作"視"、或作"見"者,孫氏既以《群書治要》爲底本,不煩改字也。《淵鑑類函》卷四、《分類字錦》卷一"出"皆作"廣"。隋杜公瞻《編珠》有"井中星"三字,引《尸子》"因"作"自",無"又見其入"四字,則唐前本或本無此四字,後人增入也。又按,"因"乃憑籍之義,"因丘"可通,"因井"不可通。疑"因"即"自"之形訛。"因"俗書作"囙",與"自"形近,古書多互訛。

② 《吳越春秋·闔閭内傳》載闔閭女兒將葬:"乃舞白鶴於吳市中,令萬民隨而觀之。還,使男女與白鶴俱入羡門,因發機以掩之。殺生以送死,國人非之。"越國之殉奴隸則未聞。言吳越以臣妾爲殉而中國非之,乃貶吳越而尊中國之語,固不可信。考之《左傳》、《史記》,人殉者有秦、齊、晉、宋、楚、陳、邾,而未載吳越。《墨子·節葬下》云:"天子殺殉,衆者數百,寡者數十;將軍大夫殺殉,衆者數十,寡者數人。輿馬女樂皆具。"殉葬制度固中國之通有,此亦爲考古所證實。

③ 孫星衍:"'怒'本作'恕',從《長短經·昏智》篇改。"

④ 《荀子·不苟》:"鬥者忘其身者也,忘其親者也,忘其君者也。行其少頃之怒,而喪終身之軀,然且爲之,是忘其身也;室家立殘,親戚不免乎刑戮,然且爲之,是忘其親也。"

⑤ 去"怒"亦本於儒家思想。《論語·季氏》:"君子有九思……忿思難。"《論語·顔淵》:"一朝之忿,忘其身以及其親,非惑與?"《大戴禮記·曾子立事》:"君子……忿怒思患。"《衛將軍文子》:"孔子曰:'……匹夫之怒,惟以亡其身。'"

⑥ 孫星衍輯本後三處皆從《長短經》正之。

⑦ 此段論不以私害公。《商子·修權》:"公私之分明,則小人不疾賢而不肖者不妒功。故堯舜之位天下也,非私天下之利也,爲天下位天下也。論賢舉能而傳焉,非疏父子、親越人也,明於治亂之道也。故三王以義親,五霸以法正,諸侯皆非私天下之利也。……公私之交,存亡之本

也。"人君之有天下，應執公心，摒私欲，愛其民，便其事。

墨子貴兼，孔子貴公，皇子貴衷，田子貴均，列子貴虛，料子貴別囿。孫本云："'囿'字，宋本《爾雅疏》作'原'。"按，當作"別囿"。《呂氏春秋·去宥》篇云："鄰父有與人鄰者，有枯梧樹。其鄰之父言：'梧樹之不善也。'鄰人遽伐之，鄰父因請而以爲薪。其人不説，曰：'鄰者若此，其險也，豈可爲之鄰哉？'此有所宥也。夫請以爲薪與弗請，此不可以疑枯梧樹之善與不善也。齊人有欲得金者，清旦被衣冠往鬻金者之所，見人操金，攫而奪之。吏搏而束縛之，問曰：'人皆在焉，子攫人之金，何故？'對吏曰：'殊不見人，徒見金耳。'此真大有所宥也。夫人有所宥者，固以晝爲昏，以白爲黑，以堯爲桀，宥之爲敗亦大矣。亡國之主，其皆甚有所宥耶？故凡人必别宥然後知，别宥則能全其天矣。""宥"與"囿"通，《呂覽》之説蓋本料子。①其學之相非也數世矣而已，皆斋於私也。何氏焯云："'而'下疑脱'不'字。"②天、帝、皇、后、辟、公、弘、廓、宏，孫云："宋本《爾雅疏》作'閎'。"按，"閎"當作"閎"，"宏"、"閎"古字通。溥、介、純、夏、幠、冢、晊、昄，皆大也，③十有餘名而實一也。若使兼、公、虛、均、衷、平易，④别囿一實也，則無相非也。⑤《爾雅·釋詁》疏引《廣澤》篇注作："此皆大，有十餘名而同一實。"

【疏證】

①《漢書藝文志考證》卷六、《玉海》卷三五、《喻林》卷一六引皆至"别"字，蓋誤以"囿"從下讀。《佩文韻府》卷五之二"料"誤作"韓"。孫星衍輯本云："'囿'字宋本《爾雅疏》作'原'。"乃形訛。梁啓超著有《〈尸子·廣澤〉篇、〈呂氏春秋·不二〉篇合釋》一文，對此段進行論説，今録之如下："墨子貴兼者，墨子主兼愛，常言'兼以易别'，故墨家自稱曰'兼士'，其非墨家者，則稱之曰'别士'。皇子無考，《莊子·達生》篇云：'齊有皇子告敖者。'《列子·湯問》篇論'火浣布'云：'皇子以爲無此物。'疑即此人。《漢書·藝文志》天文家有《皇公雜子星》二十二卷，恐未必出一人。貴衷者，衷，中也，其説蓋如'子莫執中'耶？田子，田駢也，主張法

治,故曰貴均。列子者,鄭人禦寇。今所傳《列子》八篇,似是僞作。料子無考。別囿者,《呂氏春秋·去宥》篇云:'夫人有所宥者,固以晝爲昏,以白爲黑,以堯爲桀,宥之爲敗亦大矣。……故凡人必別宥然後知,別宥則能全其天矣。'汪繼培云:'"宥"與"囿(原誤作"圖")"通,《呂覽》之説,蓋本料子。'按,《莊子·天下》篇述宋銒、尹文學説云:'接萬物以別宥爲始。'料子疑即尹文或其弟子。"(《飲冰室專集》之八十)王蘧常踵任公之説,又有補正,今節録其自爲發明處:"《禮記·禮運》篇:'孔子曰:"大道之行也,與三代爲英,丘未之逮也,而有志焉。大道之行也,天下爲公,選賢與能,講信修睦。故人不獨親其親,不獨子其子,使老有所終,壯有所用,幼有所長,矜寡孤獨廢疾者皆有所養,男有分,女有歸。貨惡其棄於地也,不必藏於己;力惡其不出於身也,不必爲己。是故謀必而不興,盜竊亂賊而不作,故外户而不閉,是謂大同。"'云云。此貴公之説也。……《呂覽·不二》篇:'陳駢貴齊。'齊亦均也。……道家以清虛爲治,故曰貴虛。料子無考,梁任公年丈疑即尹文,或其弟子。顧實以爲即宋銒,'料'古音讀'小'(料有小訓),故與宋爲幽冬陰陽聲對轉。古人姓名,往往隨方音而轉,無一定之用字也。"(《諸子學派要詮》)羅焌云:"'貴衷'猶孟子所云'子莫之執中','別囿'猶莊子所云'宋銒之別宥',衷中、囿宥,聲同字通。……料子當即銒子,即莊子之宋銒,又稱宋榮子也。宋銒稱銒子,猶匡章之稱章子、田盻之稱盻子也。漢隸'金'旁作'釒','斗'或作'卂','开'或作'开',此'料'必爲'銒'字奪誤。"(《諸子學述》)三家所説外,今爲補叙如下:列子貴虛,《列子·天瑞》:"或謂子列子曰:'子奚貴虛?'"田子貴均,《尹文子·大道下》:"田子讀書曰:'堯時平。'"《莊子·天下》:"慎到、田駢、彭蒙……齊萬物以爲首。""平"、"齊"皆"均"也。皇子無聞,其貴中者,《子華子·執中》篇云:"聖人貴中,君子守中,中之爲道也幾矣。"皇子或其一派歟?

②"而"或即爲"不"字之訛。《春秋繁露·天道施》:"聖人見端而知本。"注云:"他本'而'誤作'不'。"孫詒讓《札迻》校《鄧析子·無厚》篇"非其道不道而諂"云:"'不'當作'而'。篆文'不'作'𣎵','而'作'𦓃',相似而誤。"皆"不"、"而"易訛之證。

③《爾雅》"天、帝、皇、后、辟、公"皆釋作"君",蓋因君爲萬民主,故曰大。其下云"大"諸字,解皆見《爾雅注疏》,兹引如下。《爾雅注》:"《詩》曰:'我受命溥將。'又曰:'亂如此幠。'……'爾土宇昄章。'……廓落、宇宙、穹隆、至極,亦爲大也。"《爾雅疏》:"弘者,含容之大也。《周書·洛誥》云:'武王弘朕恭。'廓者,《方言》云:'張小使大謂之廓。'宏者,《書曰》:'若保宏父。'介者,《方言》云:'東齊海岱之閒謂之介。'純者,《魯頌·閟宮》云:'天錫公純嘏。'夏者,《方言》云:'自關而西秦晉之閒,凡物之壯大而愛偉之,謂之夏。'……冢者,舍人曰:'冢,封之大也。'《大雅·緜》篇云:'乃立冢土。'……郭氏讀'幠'爲'至',故云'至極'。"

④ 李守奎《尸子譯注》:"平易:當是先秦某一學派諸子的主張,疑前文'料子貴別囿'前脱'□子貴平易'。"説近是。此或爲"知一則應物變化"(《吕氏春秋·論人》)之義,謂世閒物有異名,人有異行,事有異變,人君當平其變易,執一以守之,如此釋方合於"一實"。

⑤ 又見《困學紀聞》卷八、《繹史》卷一一五。孫星衍輯本《序》云:"其引《爾雅》'天帝后皇之屬十有餘名'可證叔孫通、梁文增補之詁。"李慈銘辯之云:"孫氏語未明晰,尸子在戰國初,此文明引《雅》詁,正可證《爾雅》之爲周公作,何反云'可云叔孫通增補'耶?"按,孫説本張揖《上廣雅表》:"聞昔在周公……著《爾雅》一篇,以釋其義。……今俗所傳三篇《爾雅》,或言仲尼所增,或言子夏所益,或言叔孫通所補,或言沛郡梁文所考。"孫説爲上。若今本《爾雅》成書於尸子前,是書所引當不至於"君"、"大"合一且有缺漏。尸子時已有《爾雅》一書,後世乃不斷增補方成今本。又"一實"之説,《劉子·九流》:"九家之學,雖旨趣有深淺,辭有詳略,倚儷形反,流分乖隔,然皆同其妙理,俱會治道,迹雖有殊,歸趣無異。"

贖人。吴任臣《字彙補》引《廣澤》篇云:"贖人也。"案《吕氏春秋·察微》篇云:"魯國之法,魯人爲人臣妾於諸侯,有能贖之者,取其金於府。子貢贖魯人於諸侯,來而讓,不取其金。孔子曰:'賜失之矣,自今以往,魯人不贖人矣。取其金則無損於行,不取其金則不復贖人矣。'子路拯溺者,其人拜之以牛,子路受之。孔子曰:'魯人必拯溺者矣。'孔子見之以細,觀化遠也。"又見《淮南子·齊俗訓》《道應訓》。《尸子》所云"贖人",疑亦謂此事也。①

【疏證】

① 吳任臣之時《尸子》早已佚,似不能見。《字彙補》乃字書,"贖人也"乃釋字之文。《説文》:"貲,小罰以財自贖也。"本書《治天下》篇:"在囹圄,其走大吏也,不愛資財。""贖人也"正以釋此處"資"字,或爲吳氏誤記。然汪氏所引子貢贖人事,又恰與本章章旨合,姑存疑。

【章説】

此章全文皆論不當以私害公,《爾雅疏》所引舉例言諸家學説名雖異,而其核心則俱爲廣澤天下之民;舉例言諸字名雖異,而其俱有"大"義,此爲實現"公"之理論基礎。孫星衍分爲兩篇,一爲《廣》,一爲《廣澤》,非也;汪氏合爲一篇,甚是。

綽子

堯養無告,《莊子·天道》篇:"堯曰:'吾不敖無告,不廢窮民,苦死者,嘉孺子而哀婦人。'"①禹愛辜人,《説苑·君道》篇:"河間獻王曰:'禹出見罪人,下車問而泣之。'"《莊子·則陽》篇:"至齊,見辜人焉。"《釋文》:"辜,罪也。"李云:"謂應死人也。"②湯武及禽獸,③此先王之所以安危而懷遠也。聖人於大私之中也爲無私,"堯養"以下見《長短經·大私》篇,無"湯武及禽獸"句。案,《吕氏春秋·異用》篇云:"湯之德及禽獸。"④《簡選》篇云:"武王行賞及禽獸。"⑤是湯武及禽獸之證也。其於大好惡之中也爲無好惡。舜曰:"南風之薰兮,可以解吾民之愠兮。"舜不歌禽獸而歌民。⑥《文選·琴賦》注引《尸子》曰:"舜作五弦之琴以歌《南風》:'南風之薰兮,可以解吾民之愠。'"是舜歌也。"《禮記·樂記》疏云："《聖證論》引《尸子》及《家語》難鄭云：'昔者舜彈五弦之琴,其辭曰:南風之薰兮,可以解吾民之愠兮;南風之時兮,可以阜吾民之財兮。'"疑《尸子》本止二語,而肅合《家語》稱之也。又見《史記·樂書》索隱。《韓非子·外儲説左上》："有若曰：'昔者舜鼓五弦,歌《南風》之詩,而天下治。'"《韓詩外傳》四引《傳》曰："舜彈五弦之琴,以歌《南風》,而天下治。"《淮南子·詮言訓》云："舜彈五弦之琴,而歌《南風》之詩,以治天下。"又《泰族訓》云："舜爲天子,彈五弦之琴,歌《南風》之詩,而天下治。"《越絕書》十三："范子曰：'舜彈五弦之琴,歌《南風》之詩,而天下治。'"《新語·無爲》篇云："昔舜治天下也,彈五弦之琴,歌《南風》之詩。"《風俗通·聲音》篇云："《尚書》：'舜彈五弦之琴,歌《南風》之詩,而天下治。'"湯曰："朕身有罪,無及萬方；萬方有罪,朕身受之。"《墨子·兼愛下》："湯曰：'惟予小子履,敢用玄牡,告於上天后曰：天今大旱,即當朕身。履未知,得罪於上下。有善不敢蔽,有罪不敢赦,簡在帝心。萬方有罪,即當朕身；朕身有罪,無及萬方。'"《論語·堯曰》篇作："朕躬有罪,無以萬方；萬方有罪,罪在朕躬。"《吕氏春秋·順民》篇又作："余一人有罪,無及萬夫；萬夫有罪,在余一人。"與《周語上》内史過引《湯誓》同。湯不私其身而私萬方。文王曰："苟有仁人,何必周親？"《墨子·兼愛中》云："昔者武王將事泰山,隧傳曰：'泰山,有道曾孫周王有事。大事既獲,仁人尚作,以祇商夏,蠻夷醜貉,雖有周親,不若仁人,萬方有罪,維予一人。'此言武王之事。"《論語·堯曰》篇作："雖有周親,不如仁人,百姓有過,在予一人。"按,此以爲文王語,與《墨子》異。文王原脱二字,據《長短經》補。不私其親而私萬國。先王非無私也,所私者與人不同也。"湯曰"以下見《長短經·大私》篇。

【疏證】

① 《僞古文尚書·大禹謨》舜戒禹曰："不虐無告,不廢困窮。"疏："不苛虐鰥寡孤獨無所告者,必哀矜之。"

② 《吴越春秋·越王無余外傳》："（禹）南到計於蒼梧而見縛人,禹拊其背而哭。益曰：'斯人犯法,自合如此,哭之何也？'禹曰：'天下有道,

民不罹辜;天下無道,罪及善人。吾聞一男不耕,有受其飢;一女不桑,有受其寒。吾爲帝,統治水土,調民安居,使得其所。今乃罹法如斯,此吾德薄不能化民證也,故哭之悲耳。'"《後漢書·陳蕃傳》:"禹巡狩蒼梧,見市殺人,下車而哭之曰:'萬方有罪,在予一人。'"

③孫星衍:"《文選·賢良詔》注引作'湯之德及鳥獸矣'。"

④《呂氏春秋·異用》:"湯見祝網者,置四面,其祝曰:'從天墜者,從地出者,從四方來者,皆離吾網。'湯曰:'嘻!盡之矣,非桀其孰爲此也。'湯收其三面,置其一面,更教祝曰:'昔蛛蝥作網罟,今之人學紓,欲左者左,欲右者右,欲高者高,欲下者下,吾取其犯命者。'漢南之國聞之曰:'湯之德及禽獸矣。'"事又見《新書·禮》、《諭誠》、《史記·殷本紀》、《新序·雜事》、《金樓子·興王》。《大戴禮記·保傅》:"湯去張網者之三面而二垂至。"

⑤此節引之文。

⑥《禮記·樂記》鄭玄注云:"南風,長養之風也。以言父母之長養己,其辭未聞也。"則鄭玄之時未見《南風》之辭。其時《尸子》未佚,以鄭玄之鴻博,似不能云"未見"。且早期典籍皆載名而不載其辭,則《南風》之辭似爲王肅之僞撰。《尸子》載舜歌以下,或皆乃魏黄初中妄續補入。證據如下:其一,此文説"舜不歌禽獸而歌民",是貶抑禽獸之語,而上云"湯武及禽獸",則湯武之德尚於舜,與《仁意》篇"禹湯之功不足言"尊舜而小湯不合。《長短經·大私》篇不引"湯武及禽獸"與"舜不歌禽獸而歌民",或正以二義相悖也。其二,上言"禹愛辜人",實就下文湯曰"朕身有罪,無及萬方;萬方有罪,朕身受之"變化而來。其文最早見《國語·周語》,作:"《湯誓》曰:'余一人有罪,無以萬夫;萬夫有罪,在余一人。'"次見《論語·堯曰》,不云出處。其後《呂氏春秋·順民》篇、《論衡·感應》篇以爲湯禱桑林語,《墨子·兼愛中》以爲武王祠泰山語,《韓詩外傳》三、《説苑·貴德》篇以爲周公語,《列女傳·賢明》篇以爲武王伐紂語。僞《古文尚書·湯誥》、《泰誓中》皆襲用之。"萬夫有罪,在予一人"言民衆之有罪以朕不能興之,後世以訛傳訛,因變爲愛及罪人之事。其三,此文釋"周親"爲"周王之親",李慈銘云:"此解'周親'爲別義。"與常解不同。

松柏之鼠不知堂密之有美樅。《爾雅·釋山》、《釋木》注又疏,《類聚》八十九。①

【疏證】

① 又見《增修互注禮部韻略》卷一("有"下有"一"字),《韻府群玉》卷一八,《通雅》卷四三,《天中記》卷五四,《圖書編》卷三〇,《洪武正韻》卷一,《繹史》卷一一五,《康熙字典》卷七,《續通志》卷一七六,《佩文齋廣群芳譜》卷七一,《淵鑑類函》卷四一三、四三二,《子史精華》卷一三六、一四一,《駢字類編》卷二二八。又朱彝尊《曝書亭集》卷四五:"松柏之鼠不可語以堂密之有美樅。"亦用《尸子》。鼠,鼯鼠。《爾雅·釋山》:"山如堂者,密。"《説文》:"密,山如堂者。"《禮記·檀弓上》注:"堂,形四方而高。"《説文》:"樅,松葉柏身木也。"《藝文類聚》卷九五引郭璞《鼯鼠贊》:"鼯之爲鼠,食烟栖林。"鼯鼠之性,善栖林間,超騰而飛。見有松柏之木,以爲世間無能勝於此者,則安逸不遷。殊不知幽山之中,有樅者更勝松柏。松柏,鼯鼠之所私也。

【章説】

上章論天子懷公心,此章論天子懷私心,天子私於天下,則私心即公心也,名異而實同。"綽子"難解,或綽裕其民之謂。

處道

孔子曰:"欲知則問,欲能則學,欲給則豫,欲善則肆。"①國亂,則擇其邪人而去之,則國治矣;胸中亂,則擇其邪欲而去之,則德正矣。②天下非無盲者也,美人之貴,明目者衆也;天下非無聾者也,辨士之貴,聰耳者衆也;天下非無亂人也,堯舜之貴,可教者衆也。

【疏證】

①《荀子·非十二子》:"不知則問,不能則學。"《國語·晉語一》:

"豫而後給。"《大戴禮記·衛將軍文子》:"孔子曰:'欲能則學,欲知則問,欲善則訊,欲給則豫,當是如偃也得之矣。'"《孔子家語·弟子行》"訊"作"詳"。

②《管子·心術上》:"去欲則宣,宣則靜矣。"

孔子曰:"君者,盂也;民者,水也。盂方則水方,盂圓則水圓。""君"下原本有"子"字,衍。《後漢書·吕强傳》引云:"君如杅,民如水。杅方則水方,杅圓則水圓。"章懷注云:"'杅'字亦作'盂'。"《韓非子·外儲説左上》引:"孔子曰:'爲人君者,猶盂也,民猶水也。盂方水方,盂圓水圓。'"《荀子·君道》篇云:"君者,槃也,槃圓而水圓;君者,盂也,盂方而水方。"①上何好而民不從?②昔者勾踐好勇而民輕死,③靈王好細腰而民多餓。夫死與餓,民之所惡也,君誠好之,百姓自然,而况仁義乎?《管子·法法》篇云:"凡民從上也,不從口之所言,從情之所好者也。上好勇則民輕死,上好仁則民輕財,故上之所好,民必甚焉。"《七主七臣》篇云:"主好本則民好墾草萊,主好貨則人賈市,主好宫室則工匠巧,主好文采則女工靡。夫楚王好小腰而美人省食,吴王好劍而國士輕死。死與不食者,天下之所共惡也,然而爲之者,何也?從主之所欲也。而况愉樂音聲之化乎?"《韓非子·二柄》篇云:"越王好勇,而民多輕死;楚靈王好細腰,而國中多餓人。"《晏子·外篇》同。《墨子·兼愛中》云:"昔者楚靈王好士細腰,靈王之臣皆以一飯爲節,脅息然後帶,扶牆然後起。比期年,朝有黧黑之色。是其故何也?君説之故,臣能之也。昔王勾踐好士之勇,教馴其臣和合之。焚舟失火,試其士曰:'越國之寶盡在此。'越王親自鼓其士而進之,士聞鼓音破碎,亂行蹈火而死者,左右百人有餘。越王擊金而退之。是故子墨子言曰:'乃若夫少食惡衣,殺身而爲名,此天下百姓之所皆難也。若苟君説之,則衆能爲之。况兼相愛交相利,與此異矣。'"《淮南子·主術訓》:"靈王好細腰,而民有殺режиму自飢也;越王好勇,而民皆處危爭死。"《楚策》:"莫敖子華曰:'昔者先君靈王好小要,楚士約食,馮而能立,式而能起。

食之可欲,忍而不入;死之可惡,就而不避。章聞之:"其君好發者,其臣抉拾。"君王直不好,若君王誠好賢,皆可得而致之。'"《荀子·君道》篇"靈王"作"莊王"。《尹文子》亦云:"楚莊愛細腰,一國皆有飢色。"《御覽》三百七十引《尹子》,孫本誤以爲《尸子》異文。桀紂之有天下也,四海之内皆亂,而關龍逢、王子比干不與焉,④而謂之皆亂,其亂者衆也;堯舜之有天下也,四海之内皆治,而丹朱、商均不與焉,⑤而謂之皆治,其治者衆也。"堯舜"以下見《御覽》八十。劉子《新論·從化》篇云:"楚靈王好細腰,臣妾爲之約食,餓死者多;越王勾踐好勇而揖鬥蛙,國人爲之輕命,兵死者衆。命者,人之所重;死者,人之所惡。今輕其所重、重其所惡者,何也?從君所好也。"又云:"唐堯居上,天下皆治,而四凶獨亂,猶曰堯治,治者多也;殷紂在上,天下皆亂,而三仁獨治,猶曰紂亂,亂者衆也。"皆本《尸子》此文。《長短經·勢運》篇注引"桀紂"以下作《慎子》,疑誤。故曰:"君誠服之,百姓自然;卿大夫服之,百姓若逸;官長服之,百姓若流。"⑥夫民之可教者衆,故曰"猶水"也。

【疏證】

①《劉子·從化》:"水之在器,器方則水方,器圓則水圓,是隨器之方圓也。"義同。《萬卷菁華前集》卷五八引文下有"上之化下,猶風之靡草",《後漢書·吕強傳》引《尸子》下有此文,乃吕強申説之辭,非《尸子》文。

②《禮記·緇衣》:"子曰:'民以君爲心,君以民爲體,心莊則體舒,心肅則容敬。心好之,身必安之;君好之,民必欲之。'"《樂記》:"爲人君者謹其所好惡而已矣。君好之則臣爲之,上行之則民從之。"《續資治通鑑長編》卷一二〇載宋仁宗問丁度事:"帝曰:'《尸子》言"君如杅,民如水",何也?'丁度對曰:'水隨器之方圓,若民從君之好惡,是以人君謹所好焉。'"

③《韓非子·外儲説左上》:"越王將復吴而試其教,燔臺而鼓之,使民赴火者,賞在火也;臨江而鼓之,使人赴水者,賞在水也;臨戰而使人絶頭剖腹,而無顧心者,賞在兵也。"《吕氏春秋·用民》:"勾踐試其民於寢

宮,民爭入水火,死者千餘矣,遽擊金而卻之。"

④《韓詩外傳》卷四:"桀爲酒池,可以運舟;糟丘,足以望十里,而牛飲者三千人。關龍逢進諫:'古之人君,身行禮義,愛民節財,故國安而身壽。今君用財若無窮,殺人若恐弗勝。君若弗革,天殃必降而誅必至矣。君其革之!'立而不去朝,桀囚而殺之。"事又見《說苑·雜言》、《新序·節士》。《新書·連語》:"比干、龍逢欲引而爲善則誅。"《漢書·東方朔傳》:"龍逢爲宗正。"又如《吳越春秋·夫差內傳》、《孔叢子·對魏王》等亦皆云"龍逢",則是以"關"爲姓。然《潛夫論·志氏姓》云:"董父實甚好龍……學擾龍以事帝舜,賜姓曰董氏,曰豢龍,封諸鬷川。……豢龍逢以忠諫,桀殺之。""豢龍逢"即"關龍逢",是以"豢龍"爲姓。《韓詩外傳》卷四:"紂作炮烙之刑,王子比干曰:'主暴不諫,非忠也;畏死不言,非勇也。見過即諫,不用即死,忠之至也。'遂諫,三日不去朝,紂囚殺之。"《荀子》記其刳腹而死,後世因僞七竅玲瓏之說。又古書皆以關龍逢、比干二人並列而云,然《漢書·古今人表》列關龍逢爲上下等,列比干爲上中等,未知何據。

⑤《尚書·益稷》:"無若丹朱傲,惟慢游是好。罔晝夜頟頟,罔水行舟,朋淫於家,用殄厥世。"商均之名,最早見《國語·楚語上》,舉不善者云:"堯有丹朱,舜有商均。"《史記·五帝本紀》:"舜子商均亦不肖。"但云不肖,其事迹則未聞。

⑥ 服者,用也,行也。"之"即下文之"德"、"義"、"禮"。人君行德義,百姓自然趨從;卿大夫行德義,百姓從之若人奔逸;官長行德義,百姓從之若水之流下。此皆隨教喻化,不待鞭策而成者也。

德者,天地萬物得也;義者,天地萬物宜也;禮者,天地萬物體也。① 使天地萬物皆得其宜、當其體者,謂之大仁。② "德者"以下見《長短經·政體》篇注,"當其體"下無"者"字。食所以爲肥也,壹飯而問人曰奚若,則皆笑之。夫治天下,大事也,今人皆壹飯而問奚若者也。"食所以爲肥"以下見《長短經·善亡》篇,末句作:"譬今人皆以壹飯而問人奚若者也。"善人以治天地則可矣,③我奚爲而人善？仲尼曰："得之身者得之民，失之身者失之民。不出於户而知天下，不下其堂而治四方，知反之於己者也。"《吕氏春秋·先己》篇云："哀公曰：'有語寡人曰："爲國家者，爲之堂上而已矣。"寡人以爲迂言也。'孔子曰：'此非迂言也。丘聞之："得之於身者得之人，失之於身者失之人。"不出於門户而知天下治者，其惟知反於己身者乎？'"《説苑·政理》篇又云："衛靈公謂孔子曰：'有語寡人爲國家者，謹之於廟堂之上而國家治矣，其可乎？'孔子曰：'可。愛人者則人愛之，惡人者則人惡之。知得之己者，亦知得之人。所謂不出於環堵之室而知天下者，知反之己者也。'"《孔子集語》引"惡人者"以下爲《尸子》。《老子》云："不出户，知天下；不窺牖，見天道。"《尸子》所本也。以是觀之，治己則人治矣。

【疏證】

① 此皆聲訓。德，《説文》："悳（古"德"字），外得於人，内得於己也。"《釋名》："德，得也，得事宜也。"《集韻》："德，行之得也。"《管子·心術上》："德者道之舍，物得以生，生知得以職道之精。"《禮記·樂記》："禮樂皆得，謂之有德。"《鄉飲酒禮》："德也者，得於身也。"《韓非子·解老》："得者，得身也。"義，《釋名》："誼（古"義"字），宜也，裁制事物使合宜也。"《禮記·中庸》："義者，宜也。"《尹文子·大道下》："義以宜之。"《韓非子·解老》："義者，謂其宜也。"禮，《釋名》："禮，體也，得事體也。"《淮南子·齊俗訓》："義者，循理而行宜也；禮者，體情制文者也。義者，宜也；禮者，體也。"

② 《文選·晉武帝華林園集詩》注引陸賈《新語》："義者，德之經，履之者聖也。"履者，禮也。此處亦單言義、德、禮者，以三者相爲表裏。義以成德，德而循禮，則至於仁、聖。仁者，聖之本；聖者，仁之名，亦名異實同。

③ 陶鴻慶《讀諸子札記》："'天地'當爲'天下'，承上文'治天下大事也'而言。'善人'謂使天下之人皆知向善也，故下云'我奚爲而人善'。"陶説是，此段云治天下之法，非是治天地也。

【章説】

三段皆論君主修内以化民，文勢相承。

神明

仁義聖智參天地。天若不覆,民將何恃何望?《文子·道原》篇云:"天之道,常生物而不有,成化而不宰。萬物恃之而生,莫之知德;恃之而死,莫之知怨。"地若不載,民將安居安行?聖人若弗治,民將安率安將?是故天覆之,地載之,聖人治之。①聖人之身猶日也,夫日圓尺,光盈天地;聖人之身小,其所燭遠。"聖人之身猶日"以下見《初學記》十七。《御覽》三兩見,一云:"聖人以日圓盈尺,光滿天下;聖人居高明燭,彌綸六合。"《天中記》一作:"聖人居室,彌綸六合,猶聖人之身小,其所燭遠矣。"《諸子彙函》又作:"聖人居室,而所燭彌綸六合。"疑皆誤。②《呂氏春秋·勿躬》篇云:"聖王之德融乎?若日之始出,極燭六合。"《韓非子·内儲説上》云:"夫日兼燭天下,一物不能當也;人君兼燭一國人,一人不能擁也。"聖人正己,而四方治矣。《御覽》四百一無"矣"字,下有"故曰天地之大府"一句。《初學記》十七作:"聖人中一正己也,故曰天地之府。"③上綱苟直,百目皆開;④德行苟直,群物皆正。政原作"正"。也者,正人者也。身不正則人不從。《論語·顔淵》篇:"孔子曰:'政者,正也。'"《子路》篇:"子曰:'其身正,不令而行;其身不正,雖令不從。'"是故不言而信,不怒而威,不施而仁。《文子·上仁》篇:"老子曰:'不言而信,不施而仁,不怒而威,是以天心動化者也。'"⑤有諸心而彼正,謂之至政。今人曰:"天下原脱。亂矣,難以爲善。"此不然也。夫飢者易食,寒者易衣,《孟子·公孫丑》篇云:"飢者易爲食,渴者易爲飲。"此亂而後易爲德也。⑥

以上諸篇並見魏徵《群書治要》,據他書補《勸學》篇三條,《仁意》篇二條,《廣澤》篇二條,《綽子》篇一條。

【疏證】

① 恃，依靠。望，冀望。居，居住。行，行走。率，遵循。將，施行。此三才治世之説也。《周易·説卦》："立天之道，曰陰與陽；立地之道，曰柔與剛；立人之道，曰仁與義。"天地之道作用於物而無私，聖人"則天之明，因地之性"（《左傳·昭公二十五年》）以理民，制禮樂，昌仁義，懷以德教，威以刑罰，使民安居祥處，得天地之和。《禮記·孔子閒居》："子夏曰：'三王之德參於天地，敢問何如斯可謂參於天地矣？'孔子曰：'奉三無私以勞天下。'子夏曰：'敢問何謂三無私？'孔子曰：'天無私覆，地無私載，日月無私照。'"人君治天下能謹奉無私之旨，化均天下之民，則可謂之聖人，則其德可比於天地矣。

② 又見《繹史》卷一一五，與《天中記》引同。《太平御覽》卷三、《淵鑑類函》卷二、《佩文韻府》卷四三之一引"猶日"上無"之"字。日圓盈尺，《淵鑑類函》卷二作"日光盈尺"。夫，《分類字錦》卷一六、《子史精華》卷九一、《佩文韻府》卷一〇八皆誤作"天"。圓，《分類字錦》誤作"圍"。"聖人居室，彌綸六合"即"聖人之身小，其所燭遠"之義，蓋《天中記》誤以爲皆《尸子》佚文，乃誤合一處。

③ "中一"二字難解。"故曰天地之大府"上無啓此句之文，與下義亦不相承，若非衍文，則上有缺文。

④ 《説文》："綱，維紘繩也。""目"爲網眼，捕魚者提挈其綱則網目皆張。《尚書·盤庚上》："若網在綱，有條而不紊。"《韓非子·外儲説右下》："善張網者引其綱，不一一攝萬目而後得。"《白虎通義·三綱六紀》："羅網之有紀綱而萬目張。"義同。

⑤ 《説苑·修文》云："孔子曰：'……不言而信，不動而威，不施而仁，志也。'"以爲孔子語，又見《孔子家語·六本》。此言聖人之治事也，修其德則下自化。《周易·繫辭上》："默而成之，不言而信，存乎德行。"《韓詩外傳》卷四："知刑敬之本，則不怒而威，不言而信，誠德之主也。"《淮南子·主術訓》："聖人事省而易治，求寡而易贍，不施而仁，不言而信，不求而得，不爲而成。塊然保真，抱德推誠，天下從之，如響之應聲、景之像形，其所修者本也。"

⑥《新書·過秦下》:"寒者利短褐而飢者甘糟糠,天下嗷嗷,新主之資也。此言勞民之易爲仁也。"《群書治要》卷四五引《昌言》:"大治之後,有易亂之民者,安寧無故,邪心起也;大亂之後,有易治之世者,創艾禍災,樂生全也。"

卷　下

【一】天地四方曰宇，往古來今曰宙。《世說·排調》篇注、《莊子·齊物論》釋文。首句任本作"上下四方"，《升庵外集》一作"上下四旁"。按，《文子·自然》篇："老子曰：'往古來今謂之宙，四方上下謂之宇。'"《淮南子·齊俗訓》同。《莊子·庚桑楚》篇釋文引《三蒼》亦云："四方上下爲宇，往古來今曰宙。""上下四方"之訓皆本《文子》。①

【疏證】

① 此引文又見宋人王十朋撰《東坡詩集注》卷一三、施元之注《蘇詩》卷六。《鄭侯生集》卷三三作"上天下地曰宇"。

此句古書多見，而出處不一，除上《文子》引老子語、《三蒼》外，《後漢書·馮衍傳》注："《尹文子》曰：'四方上下曰宇。'"遼僧行均《龍龕手鑑》卷一："《尹文子》云：'四方上下曰宇。'"又云："《尹文子》云：'往古來今曰宙也。'"是以爲《尹文子》有此語。《初學記》卷一云出《纂要》，宋任廣《書叙指南》卷一三又云出《河圖挺佐輔》。

"宇宙"古有兩釋，一即上文以空間爲"宇"，以時間爲"宙"，一則皆就空間言之，以"天"爲"宇"，以"地"爲"宙"。《周書·文帝紀》："其俗謂天曰宇，謂君曰文，因號宇文。"此"天"爲"宇"之解。《後漢書》范曄注引《倉頡篇》："舟輿所届曰宙。"《說文》："宙，舟輿所極覆。"此"地"爲"宙"之解。上《初學記》引《纂要》又云："或謂天地爲宇宙。"《太玄·摛第》："闔天謂之宇，闢宇謂之宙。"《鶡冠子·天權》："合膊同根，命曰宇宙。"陸佃注："闔天之謂宇，闢宇之謂宙，二者相須而立，故曰合膊同根。"是《鶡冠子》亦主"天地"說。此皆"天地"爲"宇宙"之解。顧炎武論曰："宙，《說文》：

'宙,舟輿所極覆也。'此解未明。《淮南子·覽冥訓》:'燕雀佼之,以爲不能與之爭於宇宙之間。'高誘注:'宙,棟梁也。'似合'宙'字從'宀',本是宫室之象,後人借爲往古來今之號耳。"(《日知録》卷三二)"宙"從"宀",則與宫室相關,後人兩説,皆由此引申而出。又《子華子·孔子贈》:"其知徐徐,其樂于于,夫是之謂宇。……由是以生,由是以紀,由是以虧,由是以成,夫是之謂宙。宇者,情相接也;宙者,理相通也。"申"宇宙"之大理,與字義無關。

唐人注書喜用"天地"説,楊倞注《荀子》引《三蒼》作"四方上下爲宇宙",一字之差而語意迥别。《史記·司馬相如列傳》正義:"張云:'天地四方曰宇,往古來今曰宙。'許慎云:'宙,舟輿所極覆也。'按,許説'宙'是也。"《漢書·司馬相如傳》顔師古注:"張揖曰:'怪物,奇禽也。天地四方曰宇,古往今來曰宙。'師古曰:張説'宙'非也。許氏《説文解字》云:'宙,舟輿所極覆也。'"是司馬貞、顔師古皆主"天地"説。惟李善注《文選》,兩説兼用之。

【二】日五色,至陽之精,象君德也。五色照耀,君乘土而王。《御覽》三、《事類賦·日賦》注、《路史後紀》七注。《御覽》八百七十二引《禮斗威儀》云:"君乘土而王,其政太平,則日五色無主。"宋均曰:"五行之色不主於一也。"此"五色照耀"二句,疑非《尸子》本文。①

【疏證】

①《御覽》八七二所引本自《開元占經》卷五,同卷又引《京房易傳》語:"聖主在上,則日五色備。"《後漢書·郎顗傳》:"日者,太陽,以象人君。政變於下,日應於天。"《太平御覽》卷三引《禮統》曰:"日者,實也,形體光實,人君之象。"

此條《天中記》卷一、《格致鏡元》卷二與下條連引,中無"五色照耀君乘土而王"九字,《尸子》書明時已亡,不可據此認爲九字本無。《晉書·天文志》:"日爲太陽之精,主生養恩德,人君之象也。人君有瑕,必露其慝以告示焉。故日月行有道之國則光明,人君吉昌,百姓安寧。人君乘土而王,其政太平,則日五色無主。"合《禮斗威儀》觀之,則兩句文義本一脈相承,此條論理,下句舉例,雖在同章,未必承接。或《天中記》、《格致鏡元》以爲兩句本在一處,以加九字則文勢不貫而妄删之。

又此條與下條恐皆非《尸子》本文,以日色配君之説乃讖緯思想,漢人妄構,不當在《尸子》中。又《開元占經》卷六、卷八引《禮斗威儀》:"君乘水而王,其政升平,則日黄中而黑暈;君乘火而王,其政煩平,則日黄中而赤暈;君乘木而王,其政升平,則日黄中而青暈;君乘金而王,其政象平,則日黄中而白暈。"北方水,其色黑;南方火,其色赤;東方木,其色青;西方金,其色白。五行思想肇於鄒衍,尸佼必不能用之。

【三】少昊金天氏,邑於窮桑,日五色,互照窮桑。①《御覽》三、《事類賦》注、《路史後紀》七注、《天中記》一、《海録碎事》一。②

【疏證】

① 少昊,黄帝之子,以金德故,號曰金天氏。《漢書·律曆志下》:"少昊,《帝考德》曰:'少昊曰清。'清者,黄帝之子清陽也。是其子孫,名摯,立土生金,故爲金德,天下號曰金天氏。"邑於窮桑,以其生於窮桑,乃居之。《金樓子·興王》:"少昊帝金天氏,一號窮桑,二曰白帝。朱宣帝黄帝之子,姬姓,母曰女節。黄帝時有大星如虹,下流華渚,意感生少昊於窮桑。"《尚史》卷二引《帝王世紀》:"初降居江水,有聖德,邑於窮桑,以登帝位,都曲阜,故又謂之窮桑氏。"《册府元龜》卷一三:"少昊邑於窮桑,後徙曲阜。"注:"窮桑,在魯城北。""曲阜,今魯城中。"

② 句又見《玉海》卷一九五、《淵鑑類函》卷四九,"少昊"下無"金天氏","互照"下無"窮桑"。《山堂肆考》卷二只無"窮桑"二字。《繹史》卷六與《海録碎事》所引同,"互"俱作"丕"。《能改齋漫録》卷六、《玉海》卷一九五引《田俅子》:"少昊金天氏,邑於窮桑,天開,日五色,丕照窮桑。"《路史後紀》卷一六:"'日五色'亦見《田俅子》。"

【四】使星司夜,①月司時,②猶使雞司晨也。③《類聚》一。

《書鈔》一百五十引《尸子》云："使星司夜,使月司使。"又引《天子候》云:"使星司夜,使月司時,猶雞能司晨也。""天子"當作"尸子","候"亦"使"之誤。《文選・陸士衡〈擬今日良宴會〉》注引："使雞伺晨。"《海錄碎事》一與《類聚》同。④

【疏證】

① 星司夜,"星"謂二十八宿也。《尚書・堯典》:"曆象日月星辰。"孔云:"日月所會與四方中星俱是二十八宿。舉其人目所見,以星言之;論其日月所會,以辰言之,其實一物。"宋劉温舒《素問入式運氣論奧・論五天之氣》云:"自房至畢十四宿為陽,主晝;自昴至心十四宿為陰,主夜,通一日也。"二十八宿分掌晝夜,合之正一日,則星掌晝夜之更迭,故云"星司夜"。

② 月司時,《鬻子・湯政》:"月一盈一虧,月合月離以數紀。""月合"即"盈","月離"即"虧",謂以月之盈虧記日。鐘鼎、典籍多有以"既生魄"、"既死魄"、"旁生魄"、"旁死魄"、"既旁死魄"記載日期者,"魄"或作"霸",《說文》:"霸,月始生魄然也。"王國維《生霸死霸考》:"古者蓋分一月之日為四分:一曰初吉,謂自一日至七八日也;二曰既生霸,謂自八九日以降至十四五日也;三曰既望,謂十五六日以後至二十二三日;四曰既死霸,謂自二十三日以後至於晦也。"

③ 此段似是云仿天治世之法,與下一七五條不同。

④ 又見《繹史》卷一一五。

【五】虹霓為析翳。《文選・西都賦》注、《薦禰衡表》注。按,《爾雅・釋天(原作"文")》:"霓為挈貳。"注云:"霓,雌虹也,見《離騷》。挈貳,其別名,見《尸子》。"疏云:"挈貳,其別名也,文見《尸子》。"是"析翳"當為"挈貳"。孫氏志祖云:"析翳、挈貳,蓋一也,聲轉耳。"①

【疏證】

① 又見《天中記》卷三、《格致鏡元》卷四、《繹史》卷一五一、《淵鑑類函》卷一一、《子史精華》卷五、《佩文韻府》卷八之二。

孫星衍輯本"挈貳其別名"與"虹霓爲析翳"分爲兩條，汪氏以兩條義同合爲一條。按，依孫氏爲上。古者虹、霓有別，《開元占經》卷九八引《漢書・天文志》如淳注："雄曰虹，雌曰霓。又曰色著爲虹，色微爲霓。"又引《蔡氏月令章句》曰："虹，螮蝀也，陰陽交接之氣著於形色者也。雄曰虹，雌曰霓。"又引《春秋緯》："虹霓見，雨即晴，旱即雨。注云：'謂久雨，虹見即晴；久旱，霓見即雨也。'"是"虹"、"霓"本異。《文選注》"虹霓爲析翳"，是以"析翳"爲"虹霓"之總名。而依《爾雅注》："霓，雌虹也，見《離騷》。'挈貳'其別名，見《尸子》。"是以"挈貳"單稱"霓"。《尸子》一書多訓詁之語，此蓋因尸佼強調"正名"，故辨物之別，明分示之。若合兩條爲一，是自昧於名也。

【六】慧星爲欃槍。《開元占經》五。①

【疏證】

① 此見《開元占經》卷八五，"欃"作"攙"。文又見《爾雅・釋樂》。

【七】春爲忠。東方爲春。春，動也。是故鳥獸孕寧，草木華生，萬物咸遂，忠之至也。《類聚》三。"寧"疑"字"。①《御覽》十九作"鳥獸孕，榮華生，萬物遂。"《五行大義》一引云："東者，動也，震氣故動。"《尚書大傳》云："東方者何也？動方也，物之動也。何以謂之春？春出也，物之出也，故曰東方春也。"《漢書・律曆志》云："少陽者，東方。東，動也。陽氣動，物於時爲春。春，蠢也。物蠢生，乃動運。"《禮記・鄉飲酒義》云："東方者春，春之爲言蠢也，産萬物者聖也。"《白虎通・五行》篇云："春之爲言偆，偆，動也，位在東方。"《釋名》云："春，蠢也，動而生也。"②

【疏證】

① "寧"字不通，或爲"字"誤，或爲"育"誤。"寧"或作"甯"，與"育"亦形近。

② 此並以下三季之釋，又見《天中記》、《廣博物志》、《繹史》、《佩文

齋廣群芳譜》、《淵鑑類函》、《分類字錦》等,下不俱引。

【八】夏爲樂。南方爲夏。夏,興也;南,任也。①是故萬物莫不任興,蕃殖充盈,樂之至也。《類聚》三、《御覽》廿二。《尚書大傳》云:"南方者何也?任方也。任方者,物之方任。何以謂之夏?夏者,假也。假者,吁荼萬物而養之外也,故曰南方夏也。"《律曆志》云:"太陽者,南方。南,任也。陽氣任養物,於時爲夏。夏,假也。物假大,乃宜平。"《禮記》云:"南方者夏,夏之爲言假也。養之、長之、假之,仁也。"《白虎通》云:"夏之言大也,位在南方。"《釋名》云:"夏,假也。寬假萬物,使生長也。"

【疏證】

① 南,上古音屬泥母侵部,任爲日母侵部,泥娘歸日(章炳麟説),二字音同。《廣雅·釋言》:"南,壬,任也。"壬象人懷妊之行,故有孕育義。

【九】秋爲禮。西方爲秋。秋,肅也。萬物莫不肅敬,禮之至也。《類聚》三、《御覽》廿四、五百廿三。《文選·張景〈陽雜詩〉》注"莫不"作"草木",誤。《五行大義》一"肅敬"下有"恭莊"二字,"至"作"主",誤。《尚書大傳》云:"西方者何也?鮮方也。鮮,訊也。訊者,始入之貌。始入者何以謂之秋?秋者,愁也。愁者,物方愁而入也。故曰西方者秋也。"《律曆志》云:"少陰者,西方。西,遷也。陰氣遷,落物,於時爲秋。秋,韇也。物韇斂,乃成孰。"《禮記》云:"西方者秋,秋之爲言愁也。愁之以時,察守義者也。"《白虎通》云:"秋之爲言愁也,其位西方。"《釋名》云:"秋,緧也。緧迫品物,使時成也。"①

【疏證】

① 《玉燭寶典》卷七引"秋,肅也,萬物莫不肅敬"。《説文》:"天地反物爲秋,其位西方。"物出曰生物,春也;物凋曰反物,秋也。秋,清母幽部;肅,心母覺部。幽覺旁轉,古音相近。猶"湫"之音椒(《左傳·昭公十三年》釋文引徐邈音)、"鰍"有七六反一音也。

【一〇】冬爲信。北方爲冬。冬,終也;北,伏方也。是故萬物至冬皆伏,貴賤若一,美惡不減,信之至也。《御覽》廿七。"減"本作"成",據《天中記》五、《廣博物志》四改。"至"字據《五行大義》一補。"伏方也",《五行大義》作"伏也",又引云:"冬,終也,萬物至此終藏也。"①《廣韻·二冬》、《史記·五帝紀》索隱引云:"北方者,伏方也。"《尚書大傳》云:"北方者何也?伏方也,萬物之方伏。物之方伏則何以謂之冬?冬者,中也。中也者,萬物方藏於中也。故曰北方冬也。"《律曆志》云:"太陰者,北方。北,伏也。陽氣伏於下,於時爲冬。冬,終也。物終藏,乃可稱。"《禮記》云:"北方者,冬。冬之爲言中也。中者,藏也。"《白虎通》云:"冬之爲言終也,其位在北方。"《釋名》云:"冬,終也。物終成也。"又《尚書大傳》:"北方,冬也。"下云:"陽盛則吁荼萬物而養之外也,陰盛則呼吸萬物而藏之内也。故曰:吁吸也者,陰陽之交接,萬物之終始。"《尸子》任"美惡不減"下有"陰陽交接,萬物之始生"二句,蓋涉《大傳》而誤。

【疏證】

① 《玉燭寶典》卷一〇"北"下有"方"字,無"是故"二字,"減"作"代"。條八"南,任也",此處文當類,或"北"下脱"方"字,或"伏"下衍"方"字。《御覽》"成"即"代"之譌,後人以義不通而改爲"減"。"北"、"伏"古音同在幫母職部。

【一一】晝動而夜息,天之道也。①《文選·陶淵明〈雜詩〉》注。

【疏證】

① 天道運行無止,在晝則日出入於湯谷、崦嵫,在夜則月運而星旋,故天之道不當謂"夜息"。此論人道也,人之道隨日出而勞作,隨月出而休息,故"天之道"者,法天之道也。

自條一至條十二皆與天象相關,故汪氏附於一處。

【一二】八極之内有君長者,①東西二萬八千里,南北二萬六千里。故曰:天左舒而起牽牛,地右闢而起畢昴。②《御覽》卅

七、《事類賦・地賦》注。任本云"闢"一作"開"。③《山海經・中山經》云："天地之東西二萬八千里,南北二萬六千里。"亦見《管子・地數》篇、《輕重乙》篇,《呂氏春秋・有始覽》,《淮南子・墜形訓》。又《御覽》卅六引《河圖括地象》曰:"八極之廣,東西二億三萬三千里,南北二億三萬一千五百里。夏禹所治,四海内地,東西二萬八千里,南北二萬六千里。"又云:"地廣,東西二萬八千,南北二萬六千。有君長之州有九阻,中土之文德及而不治。"

【疏證】

① 《駢字類編》卷一〇二:"《尸子》'八極之内有君長'之注:'極,窮也,地之窮盡處也。東極之山曰開明門,南極之山曰暑門,西極之山曰閶闔門,北極之山曰寒門,東北方士之山曰蒼門,東南海母之山曰陽門,西南編駒之山曰白門,西北不周之山曰幽都門。'"注本《淮南子・墜形訓》。又《駢字類編》卷一一五,第四句見一一七,第五句見一二〇,分別引《尸子》云:"西極之山曰閶闔門,西南編駒之山曰白門,西北不周之山曰幽都門,南極之山曰署門,北極之山曰寒門。"則將注文誤爲正文。

② 《說文》:"物,萬物也。牛爲大物,天地之數起於牽牛,故從牛,勿聲。"《爾雅注》:"牽牛斗者,日月五星之所終始,故謂之星紀。"《文選・司馬相如〈長門賦〉》:"觀衆星之行列兮,畢昴出於東方。"吕向注:"畢昴晨見東方,至秋時也。"《天原發微》卷四下引《河圖括地象》:"天左動起於牽牛,地右動起於畢。"

③ 又見《通鑑地理今釋》卷一,"闢"作"闊"。"天左舒"兩句又見《困學紀聞》卷九、《玉海》卷一五、《山堂肆考》卷一五、《天中記》卷一、《廣博物志》卷一、《淵鑑類函》卷二三、《分類字錦》卷五。丘濬《南溟奇甸賦》有"天左舒而起牽牛,地右闢而起昴畢"句,上接"古往今來之宙,上下四方之宇",則似亦本於《尸子》。

【一三】八極爲扃。①《文選・左太冲〈雜詩〉》注。

【疏證】

① 此與上條當在同篇同段。

【一四】凡水，其方折者有玉，其圓折者有珠。清水有一作"出"。黃金，龍淵有一作"生"。玉英。《類聚》八，《御覽》五十八、七十、八百三、八百五，《文選·蜀都賦》、《吳都賦》、《文賦》、《顏延年〈贈王太常詩〉》注。《山海經》注一、二，《穆天子傳》二注"淵"作"泉"。《玉篇·玉部》"瑛"字注云："美石，似玉。《尸子》：'龍淵，玉光也；水精，謂之玉瑛也。'"《淮南子·墜形訓》云："水圓折者有珠，方折者有玉。清水有黃金，龍淵有玉英。土地各以其類生。"①

【疏證】

① 只有首句者，又見王十朋《東坡詩集注·次韻錢穆父王仲至同賞田曹梅花》、《事類賦》卷九、《六家詩名物疏》卷八、《山堂肆考》卷一八六、《本草綱目》卷八、顏文選《洛丞集·在江南贈宋五之問》注、《佩文韻府》卷七之三。《古今合璧事類備要續集》卷六"折"作"毓"。兩句俱引之者，又見《記纂淵海》卷一、《天中記》卷九、《山堂肆考》卷二二、《圖書編》卷三〇、《繹史》卷一一五。《事類賦》卷七，朱鶴齡《李義山詩集注·玉山》"圓折"上無"其"字。《古今事文類聚前集》卷一七"水清"作"清者"，無"龍淵"句。《白孔六帖》卷六"水"上無"凡"字，"清水"下有"者"字，"龍淵"句無，卷七單引"水方折者有玉"。

【一五】朔方之寒，冰厚六尺，木皮三寸。北極左右有不釋之冰。《初學記》三兩引"冰"，一作"地凍"，與《廣志》相涉而誤。《書鈔》一百五十六，《御覽》卅四。《淮南子·墜形訓》云："北方有不釋之冰。"《漢書·晁錯傳》云："胡貉之地，木皮三寸，冰厚六尺。"①

【疏證】

①《初學記》卷三一作："尸子曰：'朔方之氣，冰厚六尺，木皮三寸。'"一作："尸子曰：'朔方之寒，地凍厚六尺。北極左右有不釋之冰。'"汪氏合兩條為一條。《歲時廣記》卷四引無"木皮三寸"。《楚辭·招魂》："魂兮歸來，北方不可止些。曾冰峨峨，飛雪千里些。"《藝文類聚》卷九五引東方朔《神異經》："北方有曾冰萬里，厚百丈。"《周髀算經》卷下之一：

"極下不生萬物,北極左右,夏有不釋之冰。"

此條與上條相關文句皆見於《淮南子‧墬形訓》,是以汪氏兩條相承。

【一六】寒,凝冰裂地。《文選‧上林賦》注。《春秋繁露‧循天之道》篇云:"是故陰陽之會,冬合北方而物動於下,夏合南方而物動於上。上下之大動皆在日至之後。爲寒則凝冰裂地,爲熱則焦沙爛石。氣之精至於是。"①

【疏證】

①《淮南子‧詮言訓》:"夫寒之與暖相反。大寒地坼冰凝,火弗爲衰其暑;大熱鑠石流金,火弗爲益其烈。寒暑之變,無損益於己,質有之也。"陸機《演連珠》:"虐暑熏天,不減堅冰之寒;涸陰凝地,無累陵火之熱。"《劉子‧大質》:"火之性也,大寒慘悽,凝冰裂地,而炎氣不爲之衰;大熱煊赫,焦金爍石,而炎氣不爲之熾者,何也?有自然之質而寒暑不能移也。"

汪氏以此條與上條皆言寒,故同置於此。然據上引《淮南子》、《春秋繁露》等書觀之,此似言物之質不爲他物所變,與上條或不在一處。

【一七】荆者非無東西也,而謂之南,其南者多也。①《文選‧魏都賦》注。

【疏證】

① 又見《七國考‧楚國》,"多"作"分"。楚國或稱南國,《禮記‧樂記》云《武》樂奏"四成而南國是疆",注云:"四奏象南方荆蠻之國侵畔者服也。"《左傳‧成公十六年》云晋楚將戰,晋侯卜之,得《復》:"南國蹙。"以南國稱楚也。然所以稱"南"者,似非以"南者多"之故,因其地理位置在南。《國語‧周語上》:"宣王既喪南國之師。"韋昭注:"南國,江漢之間也。《詩》曰:'滔滔江漢,南國之紀。'"《戰國策‧楚策一》:"荆宣王問群臣曰:'吾聞北方之畏昭奚恤也,果誠何如?'"楚國相較於燕、趙、晋、齊諸

國,地處南方,故稱之爲南國。《七國考》以"多"爲"分",恐即意改之。

【一八】傅巖在北海之洲。①《書·說命》正義、《史記·殷本紀》集解。《墨子·尚賢下》云:"傅說居北海之洲,圜土之上,衣褐帶索,庸築乎傅巖之城。武丁得而舉之,立爲三公。"

【疏證】

①《尚書·說命上》孔傳:"傅氏之巖在虞虢之界,通道所經,有澗水壞道,常使胥靡刑人築護。"與此說不同。《水經注·河水》:"(沙澗水)北出虞山,東南徑傅巖,歷傅說隱室前,俗名之爲聖人窟。孔安國傳:'傅說隱於虞虢之間。'即此處也。"從孔說。羅泌辯云:"大縣國,夏封之,在虞虢之間,有傅虚、傅巖、傅說之祠,古之北虞,今隸平陸,地多傅姓。《尸子》云:'傅巖在北海之洲。'妄也。"(《路史》卷二七)亦不用《尸子》說。

【一九】赤縣州者,實爲昆侖之墟。其東則漓水皛山,左右蓬萊。文有脫誤。玉紅之草生焉,食其一實而醉,臥三百歲而後寤。《御覽》卅八、四百九十七。《論衡·難歲》篇云:"鄒衍論之,以爲九州之内五千里,竟合爲一州,在東南位,名曰赤縣州。"《史記·孟子荀卿列傳》作"中國名曰赤縣神州"。此所稱赤縣州與鄒衍說不同。①

【疏證】

①《太平御覽》卷四九七"醉卧"上無"而"字,卷三八"赤縣州者"作"赤縣神州",無"其東則漓水皛山,左右蓬萊"。又見《佩文韻府》卷四九之五,首作"昆侖之墟,玉紅之草生焉",下同。《淵鑑類函》卷二七、《駢字類編》卷一四一皆本《御覽》卷三八,"寤"皆作"醒"。玉紅之草生焉,《類函》作"土紅芝草生焉",《類編》作"土紅芝生焉","土"乃"玉"之訛,"芝"乃"之"之訛。除《御覽》卷四九七外,諸書皆以玉紅之草屬昆侖之虛,則"其東"句或爲誤入此處。宋竇苹《酒譜》引作:"赤縣洲者,是爲昆侖之墟,其漓而浮爲蓬芽,上生紅草,食其一實,醉三百年。"明沈沈《酒概》同,訛脫甚矣。

大九州之説乃鄒衍所造，尸子早於鄒衍，不當有此説，則此似不爲《尸子》文。《藝文類聚》卷六：“張衡《靈憲圖》曰：‘昆侖東南有赤縣之州，風雨有時，寒暑有節。’”《初學記》卷八：“《河圖括地象》曰：‘天有九道，地有九州。天有九部、八紀，地有九州、八柱。昆侖之墟，下洞含右；赤縣之州，是爲中則。”皆以赤縣神州與昆侖之墟有別。酈道元稱：“同名異域，稱謂相亂，亦不爲寡。至如東海方丈，亦有昆侖之稱；西洲銅柱，又有九府之治。”(《水經注·河水一》)大九州説，本爲虚構，況傳言失指，圖影失形，豈可究辯。

【二〇】泰山之中有神房、阿閣、帝王録。《初學記》五，《御覽》卅九、一百八十四、一百八十五。①

【疏證】

① 又見《六家詩名物疏》卷五四、《天中記》卷八。《初學記》卷五、《太平御覽》卷一八四、一八五引皆無"帝王録"，《廣博物志》卷五、《繹史》卷一一五、《淵鑑類函》卷二七同。晏殊孫晏袤補《類要》卷四引《尸子》云："泰山中有神房、阿閣、三十六天之一也。"《太平寰宇記》卷二一無"山"字，"房"、"阿"乙。乾隆間修《山東通志·山川志》所載同(此雖乾隆間修，而以明嘉靖年間陸鈛等所修《山東通志》爲本，則其所説有自)，惟"天"上多"洞"字。三十六天之説乃後世道家增益，早期三十六天之説未聞。據《魏書·釋老》："二儀之間有三十六天，中有三十宫。"泰山在三十六天之列，神房、阿閣，在三十宫之列。至張君房《雲笈七籤》所載三十六天，已是雜合儒道之説而成。尸子之時不當有三十六天之説，"三十六天之一也"或本是《尸子》注文而誤入正文。

《佩文韻府》卷七四之三引《尸子》："泰山上有三峰：東曰日觀，雞鳴時見日出。西曰秦觀，可望長安，始皇登此西望，故名。又西曰越觀，可望會稽，一名月觀，以與日觀相對。"《御製詩集》卷四、卷二四亦云出《尸子》。文又見《明一統志》，惟云出《山東通志》，不云出《尸子》。文中云秦觀以始皇西望而得名，始皇晚出，不當在《尸子》中。然楊烱《唐上騎都尉高君神道碑》云：“神房、阿閣，太山横日觀之峰。”其所作或本《尸子》"泰山之中有神房、阿閣、帝王録"與此條。則此條似不可直斥爲妄。或其本文僅有"泰山上有日觀"之字，後世因而增益其説爲今本矣。姑存疑。

自條十三至條二〇皆與地理相關，故汪氏附於一處。

【二一】燧人上觀辰星、下察五木以爲火。《類聚》八十、《御覽》八百七十、《路史前紀》五注引云："遂人察辰心而出火。"又《發揮》一論"遂人改火"云："昔者遂人氏作觀乾象，察辰心而出火；作鑽燧，別五木以改火。"《風俗通‧皇霸》篇引《含文嘉》云："燧人始鑽木取火，炮生爲熟，令人無腹疾，有異於禽獸，遂天之意，故曰燧人也。"《論語‧陽貨》篇"鑽燧改火"馬融注曰："《周書》：'月令有更火，春取榆柳之火，夏取棗杏之火，季夏取桑柘之火，秋取柞楢之火，冬取槐檀之火。'一年之中，鑽火各異木，故曰改火也。"①

【疏證】

①《藝文類聚》、《太平御覽》引"辰星"皆作"星辰"，當乙之。又見《天地瑞祥志》卷十六、《六家詩名物鈔》卷二〇、《事物紀原》卷一〇、《繹史》卷一、《淵鑑類函》卷三五九。《韓非子‧五蠹》："有聖人作，鑽燧取火，而民悦之，使王天下，號之曰燧人氏。"《世本》："燧人鑽木造火。"云燧人鑽木取火者又見《藝文類聚》卷八〇引《禮含文嘉》、《白虎通義‧德論上》、《中論‧治學》、譙周《古史考》。《太平御覽》卷七八、八六九引《河圖》："伏犧禪於伯牛，鑽木作火。"《管子‧輕重戊》則以爲"黃帝作鑽鐩生火"，與此説不同。《淮南子‧天文訓》："壬午冬至，甲子受制，木用事，火煙青。七十二日，丙子受制，火用事，火煙赤。七十二日，戊子受制，土用事，火煙黄。七十二日，庚子受制，金用事，火煙白。七十二日，壬子受制，水用事，火煙黑。七十二日而歲終，庚子受制。"亦改火之事。

【二二】燧人之世，天下多水，故教民以漁。《廣韻‧九魚》、《初學記》廿二、《御覽》八百卅三、《書鈔》十、《路史前紀》五。①

【疏證】

① 除《廣韻》外，字書多引之，若《古今韻會舉要》、《龍龕手鑑》、《五音集韻》、《洪武正韻》等，當皆本《廣韻》。又見《事物紀原》卷九，《山堂肆考》卷一四四，《繹史》卷一，《御定佩文韻府》卷六之一、卷八五之二。

【二三】虙犧氏之世，天下多獸，故教民以獵。《廣韻·廿九葉》、《御覽》八百卅二、《書鈔》十、《路史後紀》一。《漢書·律曆志下》云："帝太昊作網罟，以田漁，取犧牲，故天下號曰炮犧氏。"《尚書序》孔穎達疏云："古者以聖德伏物，教人取犧牲，故曰伏犧。字或作'宓犧'。"《漢書·古今人表》作"宓羲"，顏師古注云："'宓'本亦作'虙'。"①

【疏證】

① 又見《五音集韻·葉部》、《古今韻會舉要·葉部》、《康熙字典·犬部》、《事物紀原》卷九，《繹史》卷三，《佩文韻府》卷八五之二。《周易·繫辭下》："古者包犧氏之王天下也……作結繩而爲網罟，以佃以漁，蓋取諸《離》。""佃"即"田獵"。《說文》："網，庖羲所結繩，以田以魚也。"以捕魚、獵物之網皆伏羲所爲。《太平御覽》卷八三四引《古史考》："庖犧作卦觀像而作網。"《抱朴子內篇·對俗》："太昊師蜘蛛而結網。"未有云燧人者。又《太平御覽》卷八三四引《世本》："芒作網。"宋衷注曰："芒，庖犧之臣。"《路史》卷一〇引《世本》："伏羲臣芒氏作羅。或作句芒。""芒"即"芒氏"。一云伏羲作，一云伏羲臣作，蓋傳聞有異。《素履子·履仁》："大羅氏作網罟，除禽獸之害。"《禮記·郊特牲》："大羅氏，天子之掌鳥獸者也。"是別爲一說。

【二四】伏羲始畫八卦，列八節而化天下。《書鈔》一百五十三。《易·繫辭下》傳云："古者包犧氏之王天下也，仰則觀象於天，俯則觀法於地。觀鳥獸之文與地之宜，近取諸身，遠取諸物，於是始作八卦，以通神明之德，以類萬物之情。"《御覽》七十八引《春秋內事》云："伏羲氏始畫八卦，定天地之位，分陰陽之數，推列三光，建分八節，以文應瑞，凡二十四消息禍福,以制吉凶。"《風俗通·皇霸》篇引《含文嘉》云:"伏者,別也,變也;戲者,獻也,法也。伏羲始別八卦,以變化天下。天下法則,咸伏貢獻,故曰伏羲也。"①

【疏證】

① 又見《繹史》卷三、《淵鑑類函》卷一二。孔安國《尚書序》、《風俗通義·皇霸》皆用《繫辭下》文。《管子·輕重戊》:"虙戲作造六峜以迎陰陽,作九九之數以合天道,而天下化之。"《漢書·律曆志》:"伏羲畫八卦。"《叙傳》:"伏羲畫卦。"《全後漢文》卷九七《資中古碑伏羲贊》:"伏羲蒼精,初造工業,畫卦結繩,以理海内。"《中論·治學》:"太昊觀天地而畫八卦。"《藝文類聚》卷五七引成公綏《故筆賦》:"慕羲氏之畫卦。"《太平御覽》卷七二八引《古史考》:"庖羲作卦,始有筮。"據古史考證,八卦源於商代數占。早期未有"- -"、"——"之形,乃以偶數爲陰,奇數爲陽,其後方演爲八卦。徐中舒云:"八卦是數字的簡化,先有數占,後有八卦。"(徐中舒《數占法與周易的八卦》,載《古文字研究》第十輯。)張立文云:"雖然通行本陰陽卦畫'——、- -'不是殷周時期卦畫的原型,但顯然脱胎於殷周的數字卦畫,則是不可否認的。"(張立文《帛書周易注譯》,中州古籍出版社 1992 年版。)故伏羲造八卦之説雖不可信,然八卦之原型亦所來甚早。

【二五】神農氏治天下,欲雨則雨。①五日爲行雨,旬爲穀雨,旬五日爲時雨。正四時之制,萬物咸利,故謂之神。一作"故謂之神雨",一作"故曰神雨",並誤。《類聚》二、《御覽》十八、百七十二,《路史後紀》三注、《餘論》二(原作"一"),《事類賦·雨賦》注。《書鈔》十七引"立四時之制",一百五十三"制"作"序"。《天中記》四又作"節",並即此"正四時之制"。②

【疏證】

① 神農欲雨則雨之説未聞,《春秋繁露·求雨》篇、《藝文類聚》卷一〇〇引皆有《神農求雨書》,則在早期傳説中,神農似能致雨。又據《神仙

傳》赤松子爲雨師,而赤松子乃神農臣,其類於或曰伏羲作網,或曰伏羲臣芒作網也。

② 又見《玉海》卷一九五、《玉芝堂談薈》卷一九、《淵鑑類函》卷七。《北堂書鈔》卷一五三引"神農氏治天下,立四時之序",《月令輯要》卷一、《淵鑑類函》卷一二同。《路史後紀》三"氏治"作"之理",《天中記》卷三、《月令輯要》卷一、《子史精華》卷四同,《駢字類編》無"之"字。《四書逸箋》卷六"氏治天下"作"之時"。又《格致鏡元》卷四引作《淮南子》,蓋因涉《主術訓》"神農之治天下也……甘雨時降,五穀蕃植"而誤。

【二六】神農氏夫負妻戴以治天下。①堯曰:"朕之比神農,猶旦與昏也。"②《御覽》七十八。《路史後紀》三"治"作"有",末句作"猶民之於晁旦也"。《升庵外集》卅七、《繹史》四作"猶昏之仰旦也"。③

【疏證】

①《吕氏春秋‧愛類》:"神農之教曰:'士有當年而不耕者,則天下或受其飢矣;女有當年而不績者,則天下或受其寒矣。'故身親耕,妻親績,所以見致民利也。"

② 此段雖爲贊神農之辭,然觀其語氣,亦褒堯之能自謙也。《墨子》不言神農,《孟子‧滕文公上》言"有爲神農之言者許行",孟子貶之,則儒家似亦不宗神農。《莊子‧繕性》:"德又下衰,及神農、黄帝始爲天下,是故安而不順。德又下衰,及唐、虞始爲天下,興治化之流,澆淳散朴,離道以善,險德以行……後民始惑亂,無以反其性情而復其初。"是揚神農而貶堯舜,亦與此不同。疑此或承法家之思想,《商子‧算地》:"神農教耕而王,天下師其智;湯武致強而征,諸侯服其力也。"《畫策》:"神農之世,公耕而食,婦織而衣,刑政不用而治,甲兵不起而王。神農既没,以強勝弱,以衆暴寡,故黄帝作爲君臣上下之儀,父子兄弟之禮,夫婦妃匹之合,内行刀鋸,外用甲兵,故時變也。由此觀之,神農非高於黄帝也,然其名尊者,以適於時也。"法家主張世變治異,古之聖王明此,理國治民之道

不一。故法家於神農、黃帝、湯武皆尊之，以其所行"適於時"。

③ 又見《天中記》卷一一，《少室山房筆叢》卷一一引上句。

【二七】神農氏七十世有天下，豈每世賢哉！牧民易也。
《御覽》七十八。《路史後紀》四云："尸子之言，記爲孔子。"《吕氏春秋·慎勢》篇云："神農十七世有天下，與天下同之也。"此云"七十世"，未知孰是。①

【疏證】

① 又見《路史》卷一三、《古微書》卷一三、《繹史》卷四。《禮記·祭法》疏引《春秋命曆序》云："炎帝號曰大庭氏，傳八世，合五百二十歲。"此云炎帝，亦是神農，《左傳·昭公十八年》疏："先儒舊説，皆云炎帝號神農氏，一曰大庭氏。"《詩譜序》疏云："大庭，神農之別號。"則此言神農傳八世，又與《尸子》、《吕氏春秋》異。《吕氏春秋·侈靡》篇云："書之帝八，神農不與存，爲其無位，不能相用。"言神農不在帝位，故不能以五行之位觀之。然《封禪》又云："神農氏封泰山，禪云云。"既封泰山，則是即帝位之證。古史之事，本多揣摩虛誇之語，難以盡考。

【二八】子貢問孔子曰："古者黃帝四面，信乎？"孔子曰："黃帝取合己者四人，使治四方，不謀而親，一作"不計而耦"，誤。不約而成，大有成功，此之謂四面也。"《御覽》七十九、三百六十五，《天中記》十一。《吕氏春秋·本味》篇云："賢主之求有道之士，無不以也；有道之士求賢主，無不行也。相得然後樂。不謀而親，不約而信，相爲殫智竭力，犯危行苦，志歡樂之，此功名所以大成也。故黃帝立四面，堯舜得伯陽、續耳，然後成。"高誘注："黃帝使人四面出求賢人，得之，立以爲佐，故曰立四面也。"《臣軌·同體章》云："軒轅氏有四臣，以察四方。故《尸子》云：'黃帝四目。'""目"字疑誤。《魏志》黃初六年注《魏略》載詔曰："昔軒轅建四面之號。"①

【疏證】

① 又見《廣博物志》卷九。《孔子集語》卷上"問"下無"孔子","古者"作"昔","不謀而親"作"不計而耦",無"大有成功"。《尚史》卷二、《繹史》卷五"問"下皆有"於"字。《淵鑑類函》卷二五九無"不謀而親,不約而成"。《鶡子·數始》:"昔者黃帝年十歲知神農之非,而改其政,使四面,從五聖。"《文子·審名》:"黃軒四面,非有八目。夔之一足,非有獨脛。"帛書《十六經·立命》:"昔者黃宗(帝)……方四面。"《管子·五行》篇云:"昔者黃帝……得奢(注:"一本作蒼。")龍而辯於東方,得祝融而辯於南方,得大封而辯於西方,得后土而辯於北方。"

此段之旨,與孔子論"夔一足"(見《韓非子·外儲説左下》)同,恐是"正名"之義。

【二九】黃帝斬蚩尤於中冀。《事物紀原》十。《逸周書·嘗麥解》云:"赤帝分正二卿,命蚩尤於宇少昊。蚩尤乃逐帝,爭於涿鹿之河,九隅無遺。赤帝大懾,乃説於黃帝,執蚩尤,殺之於中冀,以甲兵釋怒。"①

【疏證】

① 庾信《哀江南賦》:"斬蚩尤於中冀。"《廣博物志》卷九引《玄女兵法》:"克蚩尤於中冀。"均言黃帝。《帝王世紀》:"炎帝戮蚩尤於中冀,名其地曰絶轡之野。"則以爲是炎帝,蓋以《逸周書》赤帝請黃帝伐蚩尤,因説爲炎帝。《易林·坤之臨》:"蚩尤敗走,死於魯首。"《初學記》卷九引《歸藏·啟筮》:"蚩尤出自羊水,八肱,八趾,疏首,登九淖以伐空桑,黃帝殺之於青丘。"則傳聞異辭。

【三〇】四夷之民,有貫匈者,①有深目者,②有長肱者,黃帝之德嘗致之。③《山海經》六注。《路史後紀》五注"肱"作"股","嘗"作"皆"。案,"肱"當作"股"。《竹書紀年》云:"黃帝五十九年,貫匈氏來賓,長股氏來賓。"《山海經·海外西經》:"長股之國在雄常北,被髮,一曰長脚。"貫匈國見《海外南經》,深目國見《海外北經》。④

【疏證】

① 《山海經・海外南經》:"貫匈國在其東,其爲人匈有竅。"郭注引《異物志》:"穿匈之國,去其衣則無自然者,蓋似效此貫匈人也。"

② 《山海經・海外北經》:"深目國在其東,爲人舉一手一目。"一手、一目之形與"深目"不合,《淮南子・墜形訓》載有"一臂民"、"一目民",《山海經》説似有誤。《漢書・西域傳》:"自宛以西至安息國……其人皆深目多須髯。"白種人多深目厚髯,"深目"或本於此。

③ 《淮南子・墜形訓》:"海外三十六國,自西北至西南方,有修股民……自西南至東南方……穿胸民……自東南至東北方……自東北至西北……深目民。"貫匈、深目、長肱分居三方,而獨缺東北至西北方之民。《淮南子・覽冥訓》:"黃帝治天下……諸北儋耳之國,莫不獻其貢職。"吳任臣《山海經廣注》引《冠編》:"黃帝五十九,歷貫胸、長股、深目、儋耳,莫不來賓。"乃加"儋耳"以合"四夷"。未知《尸子》本即三夷抑或有脱文也。

又《管子・任法》:"黃帝之治天下也,其民不引而來,不推而往。"此段雖論黃帝之德,然其本義或屬釋名。

④ 又見《路史》卷一四、《廣博物志》卷八、《尚史》卷二、《繹史》卷五、趙殿成《王右丞集箋注・送高判官從軍赴河西序》。

【三一】堯有建善之旌。《初學記》廿。任本"建"作"進"。①

【疏證】

① 又見《錦繡萬花谷後集》卷一八、《橘山四六》卷九孫雲翼注、《淵鑑類函》卷一四〇。建善之旌,或作"進善之旌"(《史記・孝文本紀》),或作"進善之旍"。(《大戴禮記・保傅》,《玉篇》:"旍同旌。")《孝文本紀》集解:"應劭曰:'旌,幡也。堯設之五達之道,令民進善也。'如淳曰:'欲有進善者,立於旌下言之。'"

【三二】堯立誹謗之木。《史記·孝文本紀》索隱、《後紀》十一注。案，《呂氏春秋·自知》篇云：「堯有欲諫之鼓，舜有誹謗之木，湯有司過之士，武王有戒慎之鞀。」《淮南子·主術訓》作：「堯置敢諫之鼓，舜立誹謗之木，湯有司直之人，武王立戒慎之鞀。」《鄧析子·轉辭》篇同。《史記·孝文本紀》云：「古之治天下，朝有進善之旌、誹謗之木。」《集解》：「應劭曰：『旌，幡也。堯設之五達之道，令民進善也。』服虔曰：『誹謗之木，堯作之橋梁，交互柱頭。』」服、應以旌木並屬堯，蓋本《尸子》。①

【疏證】

① 又見《續古今考》卷八三、《古音餘》卷五、《康熙字典》卷二八。《新語·保傅》：「有進善之旌，有誹謗之木，有敢諫之鼓。」（又見《大戴禮記·保傅》、《白虎通義·諫諍》）《說苑·反質》：「禹立誹謗之木，欲以知過也。」《後漢書·張皓傳》：「堯舜立敢諫之鼓，三王樹誹謗之木。」《晉書·郭舒傳》：「堯立誹謗之木，舜置敢諫之鼓。」《劉子·貴言》：「堯設招諫之鼓，舜樹誹謗之木，湯立司過之士，武王置誡慎之鼗。」《金樓子·立言》：「誹謗之木，唐虞之道興。」或言堯，或言舜，或言禹，或言三王，傳聞異辭。《管子·桓公問》：「堯有衢室之問。」《古今注·問答釋義》：「程雅問曰：『堯設誹謗之木，何也？』答曰：『今之華表木也。以橫木交柱頭，狀若花也，形似桔槔，大路交衢，悉施焉。或謂之表木，以表王者納諫也，亦以表識衢路也。秦乃除之，漢始復修焉，今西京謂之交午也。』」誹謗之木設於大路交衢，故謂之「衢室之問」。

【三三】堯南撫交阯，北懷幽都，東西至日月之所出入，有餘日而不足於治者，恕也。《荀子·王霸》篇注。《墨子·節用中》云：「堯治天下，南撫交阯，北降幽都，東西至日所出入，莫不賓服。」賈誼《新書·修政語上》：「堯教化，及雕題、蜀、越，撫交阯，身涉流沙，地封獨山，西見王母，訓及大夏、渠叟，北中幽都，及狗國，與人身而鳥面，及焦僥。好賢而隱不逮，強於行而蓄於志。率以仁而恕，至此而已矣。」①

【疏證】

① 交阯、幽都泛指極南、極北之地。《韓非子·十過》:"昔者堯有天下,飯於土簋,飲於土鉶,其地南至交阯,北至幽都,東西至日月之所出入者,莫不賓服。"(又見《説苑·反質》)《孔子家語·五帝德》:"(高陽之時)北至幽陵,南暨交阯,西陷流沙,東極蹯木,動靜之類,小大之物,日月所照,莫不砥屬。"《淮南子·主術訓》:"(神農之時)南至交阯,北至幽都,東至湯谷,西至三危,莫不服從其化。"或曰高陽,或曰神農,傳聞異辭。

此句主旨論人君能恕,或爲《恕》篇佚文。

【三四】人之言君天下者,瑤臺九累,而堯白屋;①黼衣九種,而堯大布;②宮中三市,而堯鷦居;③珍羞百種,而堯糲飯菜粥;④騏驎青龍,而堯素車玄駒。⑤《初學記》九,"衣"作"黻",又廿四。《御覽》八十、《文選·辨命論》注、《路史後紀》十一注,首句作"人君之有天下","玄駒"作"樸馬"。⑥案,"素車樸馬"見哀二年《左傳》。《淮南子·精神訓》云:"人之所以樂爲人主者,以其窮耳目之欲而適躬體之便也。今高臺層樹,人之所麗也,而堯樸桷不斲,素題不枅;珍怪奇異,人之所美也,而堯糲粢之飯,藜藿之羹;文繡狐白,人之所好也,而堯布衣掩形,鹿裘禦寒。養性之具不加厚,而增之以任重之憂。故舉天下而傳之於舜,若解重負。然非直辭讓誠,無以爲也。"⑦

【疏證】

①《淮南子·本經訓》:"桀紂爲璇室瑤臺。"高注:"璇、瑤,石之似玉,以飾室臺也。"九累,九層,此虛指,言其多也。《漢書·王莽傳》:"開門延士,下及白屋。"顏注:"白屋,謂庶人以白茅覆屋者也。"程大昌《演繁露·白屋》:"古者宮室有度,官不及數,則居室皆露本材,不容僭施采畫,是爲白屋而已。"二説不同。《韓非子·五蠹》:"堯之王天下也,茅茨不剪,采椽不斲,糲粢之食,藜藿之羹,冬日麂裘,夏日葛衣,雖監門之服養,不虧於此矣。"據此,當以程大昌説爲上。

②《文選·韋孟〈諷諫詩〉》:"黼衣朱黻。"李善注引應劭説:"黼衣,

衣上畫爲斧形，而白與黑爲采。"黼衣形制既定，似不當言九種。清鈔本晏殊《類要》卷九引"種"作"重"，義較爲上，或涉下"百種"而訛，"九重"言所穿之多也。《韓非子·喻老》："錦衣九重，廣室高臺。"《左傳·閔公二年》："衛文公大布之衣。"杜注："大布，粗布。"黼衣以絲製之羅綺爲之，大布以麻製之粗布爲之。

③ 古有宮中立市之制，見《周禮·天官》，此云宮中能立三市，極言宮室之大也。《莊子·天地》："聖人鶉居而鷇食。"郭注："鶉居謂無常處也。又云：如鶉之居，猶言野處。"《爾雅翼》卷一五："鶉，鳥之淳者，其居易容，其欲易給，竄伏淺草之間，隨地而安。"

④《漢書·外戚傳下》："布服糲食。"注引孟康曰："糲，粗米也。"古粥多加以肉糜，此云"菜粥"，亦言其儉也。

⑤ 騏驥，良馬。《商子·畫策》："騏驥騄駬，每一日走千里，有必走之勢也。"《戰國策·齊策四》："君之廄馬百乘，無不被繡衣而食菽粟者，豈有麒麟騄耳哉？"青龍，良馬。《呂氏春秋·本味》："馬之美者，青龍之匹。"《周禮·夏官》："馬八尺以上爲龍。""玄駒"本義爲黑色小馬，此與"素車"同解，謂車、馬皆不加飾。

⑥ 又見《記纂淵海》卷八，《天中記》卷一一，《廣博物志》卷一〇，《繹史》卷九，《淵鑑類函》卷五一、三四九，《子史精華》卷一三六、一四六、一四七，《佩文韻府》卷三二之一、九〇之一，《駢字類編》卷九一、一三七，或全引，或節引。《法言·問明》篇宋咸注，《埤雅》卷八，《詩傳名物集覽》卷一惟引"堯鶉居"。清鈔本晏殊《類要》卷九"臺"誤作"累"，"種"作"重"。

⑦ 除上引《韓非子》外，《六韜·盈虛》："帝堯王天下之時，金銀珠玉不飾，錦繡文綺不衣，奇怪珍異不視，玩好之器不寶，淫佚之樂不聽，宮垣屋室不堊，甍桷椽楹不斲，茅茨遍庭不剪。鹿裘禦寒，布衣掩形，糲粱之飯，藜藿之羹。不以役作之故，害民耕織之時。削心約志，從事於無爲。"義亦相類，皆昭堯之儉也。

【三五】舜兼愛百姓，務利天下。其田歷山也，荷彼耒耜，耕彼南畝,與四海俱有其利;其漁雷澤也,旱則爲耕者鑿瀆,儉則爲獵者表虎。①故有光若日月,天下歸之若父母。《御覽》八十一。"儉"與"險"通。《後紀》十二注作"險",《困學紀聞》十作"狩"。②《文心雕龍·祝盟》篇云:"舜之祠田,云:'荷此耒耜,耕彼南畝,四海俱有。'利民之志,頗形於言矣。"《管子·版法解》云:"舜耕歷山,陶河濱,漁雷澤,不取其利,以教百姓,百姓舉利之。此所謂能以所不利利人者也。"

【疏證】

① 古之人善立表,《周禮·夏官·大司馬》:"虞人萊所田之野爲表,百步則一,爲三表,又五十步爲一表。"孫詒讓《正義》曰:"樹木爲表,標識步數,以正進退之行列也。"此立表以標識田地之數,今多以石爲之。《河渠書》:"天子以爲然,令齊人水工徐伯表。"索隱引小顏説:"表者,巡行穿渠之處而表記之,若今豎標表。"此謂立表記治理之處。《荀子·天論》:"水行者表深,表不明則陷。"謂立木於水側,上書其深淺之數,使人知而慎之。此處言舜於危險之處,立表以警之,示人有虎,昭舜之仁心也。

② 又見《天中記》卷一一、《廣博物志》卷一〇、《尚史》卷二、《繹史》卷一〇、《駢字類編》卷一一七。

【三六】舜事親養老,爲天下法。①其游也,得六人,曰雒陶、方回、續身、伯陽、東不識、秦不空,皆一國之賢者也。②《御覽》八十一。《書鈔》四十九作:"舜得友五人,曰雄陶、續耳、柏楊、東不識、秦不空,一國之賢人也。"③按,《陶潛集·聖賢群輔錄》云:"《戰國策》顏歜云:'堯有九佐,舜有七友。'"而《尸子》止載雄陶等六人,不載靈甫,是《尸子》本有六人。《前漢書·古今人表》上中有方回,上下有雒陶、續身、柏楊、東不訾、秦不虛。顏師古曰:"雒陶以下皆舜之友也。'身'或作'耳','虛'或作'字',並見《尸子》。"惟"靈甫"不見於表,蓋班氏亦本《尸子》。任本作"得七人",有靈甫,誤。《後紀》十二注"老"作"兄",而申之云,是則更有兄也。④梁氏玉繩云:"'兄'字蓋訛。"然《越絶書》言舜"兄狂弟傲",何也?

【疏證】

①《史記·五帝本紀》:"舜父瞽叟頑,母嚚,弟象傲,皆欲殺舜。舜順適不失子道,兄弟孝慈。欲殺不可得,即求嘗在側,舜年二十以孝聞。"此處言"爲天下法"者,即"欲殺不可得,即求嘗在側"。《孔子家語·六本》載"曾子耘瓜,誤斬其根"事,孔子即以舜之孝喻之。

②《說郛》卷五七上引皇甫謐《逸士傳》:"視其友則雄陶、方回、續牙、伯陽、東不訾、秦不空、靈甫之徒。"宋邵思《姓解》:"《姓苑》云'舜七友',其一曰'東不訾'。"惟不知所據《姓苑》爲何時著。《墨子·所染》:"舜染於許由、伯陽。"《吕氏春秋·本味》:"堯、舜得伯陽、續耳然後成。"注:"伯陽、續耳皆賢人,堯用之以成功也。"《淮南子·俶真訓》:"許由、方回、善卷、披衣得達其道。"注云:"許由、方回、善卷、披衣,皆堯時隱士。"均言堯時人,傳聞異辭。《後漢書·周磐傳》:"昔方回、支父嗇神養和,不以榮利滑其生術。"注引《列仙傳》:"方回,堯時隱人也。堯聘之,練食雲母,隱於五柞山。至夏啓末,爲人所劫,閉之室中,從求道,回化而去。"其餘五子事迹則未見。方回之徒既爲隱士,則不當用事,高誘注《吕氏春秋》云"堯用之以成功",誤也。

③又見《尚史》卷二三。《香祖筆記》卷九"身"作"牙",又誤"伯"後。《繹史》卷一〇"老"作"兄","身"作"牙"。《淵鑑類函》卷六五"六"作"五",缺"方回","身"作"耳"。

④自羅泌云舜有兄,其後明張萱(《疑耀》卷一)、陳禹謨(《駢志》卷二〇)、清王士禎(《香祖筆記》卷九)、程大中(《四書逸箋》卷五)皆據《尸子》持此説。

【三七】舜一徙成邑,再徙成都,三徙成國,其致四方之士。①堯聞其賢,徵之草茅之中。②與之語禮,樂而不逆;與之語政,至簡而易行;與之語道,廣大而不窮。於是妻之以媓,媵之以娥,九子事之,而托天下焉。③《類聚》十一。《御覽》八十一,又一百卅五引"堯妻舜以娥皇,媵之以女英",一百五十六"徵"作"舉"。

"其致四方之士",《天中記》十一作"四方之士歸之"。《後紀》十二《有虞氏紀》云:"語禮樂,詳而不孛;語政治,簡而易行;論道,廣大而亡窮。"全本《尸子》。此脱"詳"字,"至"作"治",疑《後紀》誤。④注又引《尸子》云:"妻以娥,媵以皇。娥皇,衆女之英。"《吕氏春秋·貴因》篇云:"舜一徙成邑,再徙成都,三徙成國,而堯授之禪位,因人之心也。"《管子·治國》篇云:"舜一徙成邑,二徙成都,參徙成國。舜非嚴刑罰、重禁令,而民歸之矣。去者必害,從者必利也。"《莊子·徐無鬼》篇云:"舜有羶行,百姓悦之,故三徙成都,至鄧之虛,而十有萬家。堯聞舜之賢,舉之童土之地。"

【疏證】

① 邑、都古有三説,《左傳·莊公二十八年》:"凡邑有宗廟先君之主曰都,無曰邑。"《周禮·地官·小司徒》:"九夫爲井,四井爲邑,四邑爲丘,四丘爲甸,四甸爲縣,四縣爲都。"《左傳》"邑"、"都"大小同,《周禮》"都"、"國"同,皆不當。此當用《管子》説,《度地》:"百家爲里,里十爲術,術十爲州,州十爲都,都十爲霸國,不如霸國者國也。"《小匡》:"制五家爲軌,軌有長;六軌爲邑,邑有司。"邑爲三十家,都爲十萬家,國爲百萬家,"都"之人數與《莊子·徐無鬼》"十有萬家"合。

②《戰國策·趙策四》:"昔者堯見舜於草茅之中,席隴畝而蔭庇桑,陰移而授天下。"

③《尚書·堯典》:"帝曰:'我其試哉!女於時,觀厥刑於二女。'釐降二女於嬀汭,嬪於虞。"《孟子·萬章上》:"帝使其子九男二女,百官牛羊倉廩備,以事舜於畎畝之中。"《吕氏春秋·求人》:"堯傳天下於舜,禮之諸侯,妻以二女,臣以十子,身請北面朝之,至卑也。"《淮南子·泰族訓》:"四岳舉舜而薦之堯,堯乃妻以二女以觀其内,任以百官以觀其外。……乃屬以九子,贈以昭華之玉,而傳天下焉。"《史記·五帝本紀》:"堯乃以二女妻舜以觀其内,使九男與處以觀其外。"《金樓子·興王》:"四岳咸舉舜,堯於是降以女娥皇、女瑩配之妻舜,以觀其内,使九男與處,以觀其外。"

《尸子》以"娥"、"媓"爲二人,後世將"娥媓"合爲一人,其説不同。

又今人皆以娥皇、女英爲湘水之神,需辨明之。二人爲湘水之神説首見於《史記・秦始皇本紀》："（秦始皇）至湘山祠。逢大風,幾不得渡。上問博士曰:'湘君何神?'博士對曰:'聞之,堯女,舜之妻,而葬此。'"其後劉向《列女傳・有虞二妃》云:"有虞二妃者,帝堯之二女也。長娥皇,次女英。……舜陟方,死於蒼梧,號曰重華。二妃死於江湘之間,俗謂之湘君。"則已是成形之説。細審博士答秦始皇湘君之來,猶孔子答季桓子饋羊(見《國語・魯語下》)、東方朔答漢武帝騶牙(見《史記・滑稽列傳》)、劉向答漢宣帝竇瓽之尸(劉歆《上山海經表》),皆爲世人極不熟稔。羅泌據此直斥二人"歷世以爲堯女、舜妃者,由秦博士之妄對始"(《路史》卷四六)。《檀弓》云:"舜崩於蒼梧之野,蓋三妃未之從也。"舜有三妃,何以二妃獨葬江湘?且《禮記》云三妃未從舜南行,豈能葬於江湘?《今本竹書紀年》:"三十年,葬后育於渭。"朱右曾注:"《漢書・地理志》:'又扶風陳倉有黄帝孫舜妻盲冢祠。'案,'盲'、'育'字形相近。"盲即娥皇。扶風陳倉與江湘相去甚遠,則不得爲湘水之神明矣。考其致誤之由,《山海經・中山經》云:"洞庭山……帝之二女居之。"《九歌・湘夫人》:"帝子降兮北渚。"與堯"釐降二女於嬀汭"相類,後世因以訛傳訛,變二女爲湘君。

④《藝文類聚》無"其致四方之士","行"上無"易"字,《繹史》卷一〇、《淵鑑類函》卷四九同,《尚史》二誤作《吕氏春秋》文。《名疑》卷一節引之。《資治通鑑外紀》卷一:"一年所居成聚,二年成邑,三年成都。二十以孝聞,三十堯聞其賢,徵之草茅之中。與之語禮,樂而不逆道,廣大而不窮。堯妻二女以觀其内,任之百官以觀其外。"亦本《尸子》。

【三八】舜受天下,顔色不變;堯以天下與舜,顔色不變。①知天下無能損益於己也。《御覽》八十。《後紀》十二注作"堯以天下與舜,顔色不變;舜受天下於堯,亦顔色不變。知天下無損益於己也。"②

【疏證】

①《荀子・成相》:"堯不德,舜不辭。"楊注:"皆歸至公。"《孟子・滕文公下》:"非其道,則一簞食不可受於人;如其道,則舜受堯之天下不以爲泰。"

②《後紀》引下有"夫何爲哉"四字,乃羅氏之語,《天中記》卷一一引《後紀》誤將其認爲《尸子》正文。

【三九】務成昭之教舜曰:①"避天下之逆,從天下之順,天下不足取也;避天下之順,從天下之逆,天下不足失也。"②《荀子·大略》篇注。《後紀》十二"取"作"治"。③

【疏證】

① 《荀子·大略》:"舜學於務成昭。"《韓詩外傳》卷五作"務成子附",《新序·雜事五》作"務成子跗","跗"、"附"俱從"付"得聲,古字通用。據《荀子》、《尸子》,務成昭主要活動時期在舜時。《漢書·藝文志》有《務成子》十一篇,班云:"稱堯問,非古語。"《白虎通義·辟雍》:"帝堯師務成子。"《東方朔》云:"堯時爲務成子。"則其主要活動時期在漢代變爲堯時。

② 此與下文義相近。避逆從順即"從道",避順從逆即"反道"。從道則天下之民自爲歸附,違道則天下之民自爲棄之,故言"不足取"、"不足失",即下文之"如影如響",言得失之易也。《莊子·天運》務成子言於舜曰:"天有六極五常,帝王順之則治,逆之則凶。"可與此相參。(《天運》原作巫咸袑,"咸"乃"成"之形訛,"袑"通作"昭",馬王堆帛書《十問》作"巫成招"。説詳拙著《唐前〈莊子〉論稿》第十章,中華書局 2022 年版。)

③ 又見《漢藝文志考證》卷七、《天中記》卷一一、《廣博物志》卷一〇、《淵鑑類函》卷一二二。《玉海》卷五三引作:"務成昭之教舜曰:'避逆從順,天下不足取。'"《路史后紀》卷一二"昭"作"韶",古字通用。《帝學》卷一"取"作"定",《繹史》卷一〇"取"作"收"。

【四〇】舜云:"從道必吉,反道必凶,如影如響。"《御覽》八十一。①

【疏證】

① 又見《喻林》卷五。《記纂淵海》卷五八無"舜曰"二字,又誤作尹子語。

【四一】舜舉三后,而四死除。何爲四死:飢渴、寒暍、勤勞、鬥爭。①《御覽》八十一。下"四死"二字據孫本補。《書鈔》十一:"舉后稷,民除四死。"注謂"飢、寒、勤、苦",蓋本此。任本作"舜舉三后,而四凶除也",合"舜兩眸子"條爲一節,誤。《尚書·吕刑》云:"乃命三后,恤功於民。伯夷降典,折民惟刑;禹平水土,主名山川;稷降播種,農殖嘉穀。三后成功,惟殷於民。"《淮南子·人間訓》云:"古者溝防不修,水爲民害,禹鑿龍門,辟伊闕,平治水土,使民得陸處;百姓不親,五品不慎,契教以君臣之義,父子之親,夫婦之辨,長幼之序;田野不修,民食不足,后稷乃教之辟地墾草,糞土種穀,令百姓家給人足。故三后之後,無不王者。"按,《淮南》以禹、稷、契爲三后,與《吕刑》異,此三后未知何指。

【疏證】

①《説文》:"暍,傷暑也。"《博雅》:"暍,熱也。"此段之義,似論任賢則天下治。

【四二】古者,龍門未闢,吕梁未鑿。河出於孟門之上,大溢逆流,無有丘陵、高阜,滅之,名曰洪水。禹於是疏河決江,十年不窺其家,手不爪,脛不生毛,生偏枯之病,步不相過,人曰禹步。①《山海經》三注,《荀子·非相》篇注,《御覽》四十、八十二,《天中記》十一。"河出"句據《御覽》四十補,上作"龍門未鑿,吕梁未開"。《後紀》十三注"開"作"闢"。下云"河出孟門"爲二。《穆天子傳》四注"孟"作"盟"。"滅之"上,《繹史》十一有"盡皆"二字。"禹於是",《天中記》作"禹治水",《非相》篇注作"禹之勞十年"云云。任本"人"作"故"。②《吕氏春秋·愛類》篇云:"昔上古,龍門未開,吕梁未發,河出孟門,大溢逆流,無有丘陵、沃衍、平原、高阜,盡皆滅之,名曰鴻水。禹於是疏河決江,爲彭蠡之障,乾東土,所活者千八百國。"又《行論》篇云:"禹官爲司空,以通水潦,顔色黎墨,步不相過。"《莊子·天下》篇云:"禹親自操橐耜,而九雜天下之川。腓無胈,脛無毛。"《列子·楊朱》篇云:"禹纂業事讎,惟荒土功,子産不字,過門不入,身體偏枯,手足胼胝。"《法言·重黎》

篇云:"昔者姒氏治水土,而巫步多禹。"又按,《孟子·滕文公》篇云:"禹八年於外,三過其門而不入。"《史記·河渠書》引《夏書》曰:"禹抑鴻水十三年,過家不入門。"《夏本紀》及《漢書·溝洫志》同。《吴越春秋·越王無余外傳》又云:"禹勞身焦思以行,七年,聞樂不聽,過門不入。"俱與此異。③

【疏證】

①《尚書大傳》:"禹其跳。……其跳者,踦也。"《抱朴子内篇·登涉》:"禹步法:正立,右足在前,左足在後,次復前右足,以左足後右足併,是一步也。次復前右足,次前左足,以右足從左足併,是一步也。次復前右足,以左足從右足併,是三步也。如此,禹步之道畢矣。"跛者之行,前足既定,後足乃舉而併於前足,故云"步不相過"。

② 又見《尚書古文疏證》卷六下。《關中勝迹圖志》卷一〇、雍正間修《陝西通志》卷八"河出"下無"於"字。《尚史》卷三"闢"作"開"。《繹史》卷一一、乾隆間修《山東通志》卷一八"闢"作"開","滅之"上有"盡皆",當從《吕氏春秋》改。《淵鑑類函》卷二八二"窺"作"闚"。《太平寰宇記》卷四二引"吕梁未闢,河出孟門"。

③《淮南子·本經訓》:"龍門未開,吕梁未發,江淮通流,四海溟涬,民皆上丘陵,赴樹木。舜乃使禹疏三江五湖,闢伊闕,導瀍澗,平通溝陸,流注東海。鴻水漏,九州乾,萬民皆寧其性。"《泰族訓》:"禹鑿龍門,闢伊闕,決江濬河,東注之海。"《修務訓》:"禹沐浴霪雨,櫛扶風,決江疏河,鑿龍門,闢伊闕,修彭蠡之防淫。乘四載,隨山刊木,平治水土。"《史記·李斯列傳》:"禹鑿龍門,通大夏,疏九河,曲九防,決渟水致之海,而股無胈,脛無毛,手足胼胝,面目黎黑。"《鹽鐵論·相刺》:"禹戡洪水,身親其勞,澤行路宿,過門不入。當此之時,簪墮不掇,冠挂不顧。"《帝王世紀》:"(禹)乃勞身涉勤,不重徑尺之璧而愛日之寸陰,手足胼胝。故世傳禹病偏枯,足不相過,至今巫稱禹步是也。"《劉子·知人》:"禹爲匹夫,未有功名,堯深知之,使治水焉。乃鑿龍門,斬荆山,導熊耳,通鳥鼠,櫛奔風,沐驟雨,耳目黧黔,手足胼胝,冠絓不暇取,經門不及過,使百川東注於海,西被於流沙,生人免爲魚鱉之患。"又《水經注·河水》引《淮南子》:"龍門

未闢，呂梁未鑿，河出孟門之上，大溢逆流，無有丘陵、高阜，滅之，名曰洪水。大禹疏通，謂之孟門。"今本《淮南子》無，或本《尸子》。

【四三】山行乘樏，①**泥行乘蕝。**②《尚書·益稷》正義。《釋文》"泥"作"澤"，"蕝"音子絕反。《史記·河渠書》："山行即橋。"《集解》："徐廣曰：'橋，近遙反，一作欙。'《尸子》曰：'山行乘樏。'又曰：'行塗以楯，行險以撮，行沙以軌。'又曰：'乘風車。'音去喬反。"按，《索隱》云："撮，子芮反，又子絕反。"與"蕝"音同，是行險以撮，即泥行乘蕝，不得一書而兩見，其句法亦上下不類。又曰云云，當別引他書，而傳寫訛脫也。《路史餘論》九引："行塗以楯，行險以撮，行山乘樏，行沙乘軌。"《後紀》十三注："'撮'又作'撜'。"並仍《集解》誤。本《集解》："乘風車。"以"去喬"之音推之，當是乘蹻車。《十洲記》曰："蓬丘，蓬萊山也。昔禹治洪水畢，乘蹻車到此山。"案，四載之名，最爲參錯。《史記·夏本紀》云："陸行乘車，水行乘船，泥行乘橇，山行乘檋。"《集解》："徐廣曰：'橇，他書或作"蕝"，檋一作"橋"。'"《河渠書》引《夏書》曰："陸行載車，水行載舟，泥行蹈毳，山行即橋。"《集解》："徐廣曰：'橋一作欙。'"《索隱》云："毳，亦作'橇'。"《漢書·溝洫志》引《夏書》："陸行載車，水行乘舟，泥行乘毳，山行則梮。"《説文·木部》"樏"字下引《虞書》曰："予乘四載，水行乘舟，陸行乘車，山行乘欙，澤行乘䡅。"《尚書》僞孔傳云："水乘舟，陸乘車，泥乘輴，山乘樏。"此見於經史者也。其見於諸子者，《文子·自然》篇云："水用舟，沙用鳩，泥用輴，山用樏。"《淮南子·修務訓》襲之則云："水之用舟，沙之用鳩，泥之用輴，山之用蔂。"其《齊俗訓》又云："舟車楯㭉。"高誘注："水宜舟，陸地宜車，沙地宜鳩，泥地宜楯。"《呂氏春秋·慎勢》篇又云："水用舟，陸用車，塗用輴，沙用鳩，山用樏。"歷考諸書，惟舟車無異字，其山泥所用，則欙、樏、蔂、橋、撜、桐爲一類，橇、毳、蕝、䡅、楯爲一類，毳、鳩於他書無徵。《淮南》兩見，各用其一。《呂氏》以鳩與舟、車、楯、樏爲五，浮於四載之數，豈後人有所增竄耶？③

【疏證】

①《史記·河渠書》徐廣曰："橋，一作'欙'。欙，直轅車也。"《尚書注

疏》引應劭說："桐，或作'樏'，爲人所牽引也。"引如淳說："桐謂以鐵如錐，頭長半寸，施之履下以上山，不蹉跌也。"引韋昭說："桐，木器也，如今轝牀，人轝以行也。"按，水行乘舟、陸行乘車者，取其速也。若以"樏"爲車屬，行山徒以減其勞苦，與便捷不相關。古之木屐，前後各有兩齒，防止滑跌與蹦濺，本以泥行用之。《釋名·釋衣服》："屐，掎也。爲兩足掎，以踐泥也。"顏師古《急就章》注："屐者，以木爲之而施兩齒，所以踐泥。"用以行山，則齒有撐，有固定之用。《宋書·謝靈運傳》："登躡常著木履，上山則去前齒，下山去其後齒。"則可以行山之證。陳祥道云："《書》曰：'予乘四載。'則所乘非所履者也。"(《禮書》卷一四五)然天子所履之石可稱"乘石"，則所履之屐稱"乘"亦無足怪焉。

②《漢書·溝洫志》注："孟康曰：'毳形如箕，擿行泥上。'如淳曰：'"毳"音茅蕝之"蕝"，謂以板置泥上以通行路也。'師古曰：'孟說是也。'"

③ 又見《玉海》卷七八。《通雅》卷一引"泥行乘蕝"。《御選唐詩·送張道士歸茅山謁李尊師》、《題五僧院》注引"山行乘樏"。汪氏云"撮"即"蕝"，下又云"蕝"、"楯"爲一類，是"撮"、"楯"同也，則郭注"行塗以楯，行險以撮"何止一書而兩見，竟爲一句而兩見也。《五百家注昌黎文集·杜相公太清宮十六韻紀事陳誠上李相公因和》引孫汝聽注："《尸子》曰：'行塗以輴，行險以欙。'"《集韻·桓部》、《薛部》引作"行險以撮"，是"欙"即"撮"也，則《史記集解》"行塗以楯，行險以撮，行沙以軌"或即本《尸子》文，惟不知何以一文兩出也。

【四四】禹治水，爲喪法曰：毀必杖，①哀必三年，②是則水不救也。③故使死於陵者葬於陵，死於澤者葬於澤，桐棺三寸，制喪三日。《宋書·禮志》二、《後漢書·王符傳》注。《淮南子·要略》云："墨子學儒者之業，受孔子之術，以爲其禮煩擾而不說，厚葬靡財而貧民，服傷生而害事，故背周道而用夏政。禹之時，天下大水，禹身執虆垂，以爲民先，剔河而道九歧，鑿江而通九路，辟五湖而定東海。當此之時，燒不暇撌，濡不給扢，死陵者葬陵，死澤者葬澤。故節財薄葬，閒服生焉。"又《齊俗訓》云:"三年之喪,是強人所不及也,而以僞輔情也;三月之服,是絕哀,而迫切之性也。夫儒墨不原人情之終始,而務以行相反之制。"高誘注:"三月之服,夏后氏之禮。"《韓非子‧顯學》篇云:"墨者之葬也,冬日冬服,夏日夏服,桐棺三寸,服喪三月,世以爲儉而禮之。"《墨子‧公孟》篇:"公孟子謂子墨子曰:'子以三年之喪爲非,子之三日之喪亦非也。'"按,"三日"皆"三月"之訛。《御覽》五百五十五"制喪三日"下有"舜西教乎？七戎道死,葬於南巴之中,衣衾三領,款木之棺,葛以緘之"一段,洪氏頤煊云:"《王符傳》注引'舜西教於西戎'以下本有'墨子曰'三字,《御覽》誤合爲一條。"④

【疏證】

① 有喪者心衰體弱,故行必扶,毁必杖。

②《禮記‧三年喪》:"三年之喪,二十五月而畢。"《公羊傳‧閔公二年》:"三年之喪,實以二十五月。"皆云喪二十五月而畢。《白虎通義‧喪服》:"二十五月而大祥,飲醴酒,食乾肉。二十七月而禫,通祭宗廟,去喪之殺也。"《儀禮‧士虞禮》"中月而禫"鄭玄云:"中猶間也。禫,祭名也,與大祥間一月,自喪至此凡二十七月。"皆云大祥後兩月爲禫祭,惟王肅以爲大祥、禫皆在一月(見《禮記‧檀弓上》疏引),未知孰是。

③ 若喪者皆服三年,則治水乏工。

④ 又見《文選補遺》卷二一、《讀禮通考》卷八七。《路史》卷二二末有"亡得而逾",《四書逸箋》卷六作"毋得而逾"而無"桐棺三寸"四字。

按,《墨子‧節葬下》:"禹東教乎九夷,道死,葬會稽之山。衣衾三領,桐棺三寸,葛以緘之。"《呂氏春秋‧安死》:"禹葬於會稽,不變人徒。"《淮南子‧齊俗訓》:"禹葬會稽之山,農不易其畝。"禹死會稽而葬於會稽,是自行其法也。

【四五】禹興利除害,爲萬民種也。①《文選‧求自試表》注。《淮南子‧修務訓》云:"禹耳參漏,是爲大通,興利除害,疏河決江。"

【疏證】

①《尚書‧大禹謨》:"邁種德。"孔傳:"邁,行。種,布。"此處言大禹

布其德於萬民。又《莊子·天運》篇：「自爲種而天下耳。」奚侗《莊子補注》云：「'種'借作'重'，謂重己而輕人也。」於此處亦通。言禹爲萬民所重也。

【四六】禹長頸鳥喙，面貌一作"面目顏色"。亦惡矣，天下從而賢之者，一作"天下獨賢之"。好學也。《初學記》九，又十九。《御覽》八十二、三百六十五、三百六十九、三百八十二。"烏"並作"鳥"，今據《緯略》七。劉子《新論·命相》篇亦云："夏禹長頸鳥喙。"①

【疏證】

① 又見韓愈《雜説》樊汝霖注、《錦繡萬花谷續集》卷五、《喻林》卷九五、《天中記》卷二一、《山堂肆考》卷一六五、《淵鑑類函》卷四八，"烏"皆作"鳥"。《淵鑑類函》卷二五五亦作"鳥"，"從而賢之者"作"獨貴之"。卷二五九仍作"烏"，"學"上無"好"字。

此段云"好學"，或在《勸學》篇。

【四七】湯問伊尹曰："壽可爲耶？"伊尹曰："王欲之，則可爲；弗欲，則不可爲也。"①《類聚》十八。

【疏證】

① 此語頗不可解，《尸子》論湯，皆以其德，而此涉方術之説，陷於詭誕。《漢書·董仲舒傳》："堯舜行德則民仁壽，桀紂行暴則民鄙夭。"《新書·修政語下》："周成王曰：'寡人聞之，聖王在上位，使民富且壽云。若夫富，則可爲也；若夫壽，則不在於天乎？'粥子（按，即鬻子）曰：'唯。疑請以上世之政，詔於君王。政曰：聖王在上位，則天下不死軍兵之事，故諸侯不私相攻而民不私相鬥闘、不私相殺也。故聖王在上位，則民免於一死而得一生矣。聖王在上，則臣積於道，而吏積於德，而民積於用力。故婦爲其所衣，丈夫爲其所食，則民無凍餒矣。聖王在上，則民免於二死而得二生矣。聖王在上，則君積於仁，而吏積於愛，而民積於順，則刑罰廢矣，而民無大過之誅。故聖王在上，則民免於三死而得三生矣。故聖

王在上，則使民有時，而用之有節，則民無厲疾。故聖王在上，則民免於四死而得四生矣。故聖王在上，則使盈境内興賢良以禁邪惡，故賢人必用而不肖人不作，則已得其命矣。故夫富且壽者，聖王之功也。'周成王曰：'受命矣。'"言君王能修德政，民不死於戰爭、飢寒、刑罰、疾厲，則自得其壽。此處或與之義類，蓋湯非問己之壽而問民之壽也。王禹稱《壽域碑》："民之壽夭繫君之政教，其猶影響耳。"所喻或本此。

【四八】湯之德及鳥獸矣。《文選·賢良詔》注、《四子講德論》注。《呂氏春秋·異用》篇云："湯見祝網者，置四面，其祝曰：'從天墜者，從地出者，從四方來者，皆離吾網。'湯曰：'嘻，盡之矣！非桀，其孰爲此也？'湯收其三面，置其一面，更教祝曰：'昔蛛蝥作網罟，今之人學紓，欲左者左，欲右者右，欲高者高，欲下者下。吾取其犯命者。'漢南之國聞之曰：'湯之德及禽獸矣。'"①

【疏證】
① 此或即《綽子》"湯武及禽獸"之變文。

【四九】湯之救旱也，一作"殷湯救旱"。乘素車白馬，著布衻，一作"布衣"，無"著"字。按，"衻"與"斾"同。①身嬰白茅，以身爲牲，禱於桑林之野。②當此時也，弦歌鼓舞者禁之。③《類聚》八十二，《初學記》九，《御覽》卅五、八十三、八百七十九、九百九十六。《書鈔》九"禁"作"止"。④《呂氏春秋·順民》篇云："湯克夏而正天下，天大旱，五年不收。湯乃以身禱於桑林，曰：'余一人有罪，無及萬夫；萬夫有罪，在余一人。無以一人之不敏，使上帝鬼神傷民之命。'於是剪其髮，䥶其手，以身爲犧牲，用祈福於上帝。民乃甚悅，雨乃大至。"亦見《墨子·兼愛下》。

【疏證】
① "衻"義不通，字當作"茷"，汪氏自注"'衻'與'斾'同"，本《左傳·定公四年》疏"茷，即斾也"，二字古音同屬月部。考今本《初學記》、《北堂

書鈔》、《太平御覽》皆作"布",此處"素車白馬"與條三四"素車玄馬"類,"布衣"與"大布之衣"同,則作"布"義爲上。汪氏作"芘",未知據何版本。

②商湯禱辭有兩説,除汪氏引《吕氏春秋》外,《荀子·大略》篇云:"湯旱而禱曰:'政不節與?使民疾與?何以不雨至斯極也?宫室榮與?婦謁盛與?何以不雨至斯極也?苞苴行與?讒夫興與?何以不雨至斯極也?'"又見《説苑·君道》、《後漢書·鐘離意傳》。《論衡·感虚》:"湯遭七年旱,以身禱於桑林,自責以六過,天乃雨。"事亦同。《淮南子·主術訓》:"湯之時七年旱,以身禱於桑林之際,而四海之雲湊,千里之雨至。"《帝王世紀》:"湯自伐桀後,大旱七年,殷史上曰:'當以人禱。'湯曰:'吾所爲請雨者,民也。若以人禱,請自當。'遂齋戒,剪髮斷爪,以己爲牲,禱於桑林之社,而大雨方數千里。"

③《竹書紀年》:"二十年,大旱,夏桀卒於亭山,禁弦歌舞。""二十四年,大旱,王禱於桑林,雨。"

④又見《天地瑞祥志》卷二〇、《記纂淵海》卷五、《海録碎事》卷二,倪璠纂注《庾子山集》卷六、《九經古義》卷三、《竹書統箋》卷五、《尚史》卷四、《繹史》卷一一、卷一四、《淵鑑類函》卷四〇、卷五四、卷四一一、《佩文韻府》卷四九之四、《韻府拾遺》卷一八。《古今合璧事類備要别集》卷五六、《全芳備祖後集》卷一三引誤注作出《史記》。《天地瑞祥志》"旱也"之"也"無,"乘"字無,"著布芘"作"布衣","茅"誤作"芧","牲"作"特","禱於桑林之野"無,"舞"作"儛","禁之"作"禁也"。《淵鑑類函》卷二二脱"白茅以身"四字。黄叔琳《文心雕龍輯注》卷二引與湯禱辭"政不節與"併在一起。《通志》卷三上有"素車白馬,嬰以白茅,身爲犧牲,禱於桑林之社",當亦本《尸子》。

【五〇】武王伐紂,魚辛諫曰:"歲在北方,不北征。"①武王不從。②《荀子·儒效》篇注。任本下"北"字作"利","從"作"聽"。③《荀子》云:"武王之誅紂也,行之日以兵忌,東面而迎太歲。"

【疏證】

①汪氏引《荀子》,又見《淮南子·兵略訓》,"太歲"作"歲"。"歲在

北方"頗難解,古人以歲星爲吉星,其所在則國必昌。歲在北方,象殷之盛也,故不利征伐。以商爲北,則周爲南也。然就地理位置觀之,周在商之西。且歲星自北半球觀之,不能見於北方。《國語·周語下》伶州鳩對周景王語,言武王放紂之時:"歲在鶉火。"《宋書·符瑞志上》亦云:"周文王始受命,歲星在鶉火。至武王伐紂十三年,歲星復在鶉火。"鶉火在南,乃周之分野,故歲星在南則周當興;大火在東,乃宋之分野,宋乃殷後,故歲星在東則不利伐紂。以此言之,似《荀子》所載爲是。惟一曰歲在鶉火,一曰東面而迎太歲,傳聞異辭。又《藝文類聚》卷一〇引《春秋元命苞》:"殷紂之時,五星聚於房。房者,蒼神之精,周據而興。"注云:"周起於房,而五星聚之,得天下之祥。"所說又不同,則讖緯家傅會之言也。

②《荀子·儒效》載"東面而迎太歲"後有周公語:"刳比干而囚箕子,飛廉、惡來知政,夫又惡有不可焉?"按,太戊時,有桑穀生於庭,伊陟言不祥,太戊懼而修德,則桑穀枯;宋康王時,有雀生鸇於城陬,巫史以爲有霸王之相,康王喜而虐厲其民,卒喪其身。此段蓋言人君修德則禍轉爲福,不修德則福反爲禍。其時天雖有祥兆,然商紂不修德而殘毒臣民,福必不能勝禍,則伐之有何不可?

③ 又見《辨惑編》卷三、《天中記》卷二、《廣博物志》卷二、《繹史》卷二〇。《資治通鑑》卷一〇四"北"上有"可"字。《尚史》卷二五"從"作"聽"。《淵鑑類函》卷四"北方"之"北"作"利"。

【五一】武王親射惡來之口,親斫殷紂之頸,手污於血,不溫而食。當此之時,猶猛獸者也。①《荀子·仲尼》篇注。謝氏墉曰:"'溫'字誤,或是'盥'。"按,"盥"或作"濫",見《一切經音義》一。《路史·國名紀》四注"口"作"目","頸"作"頭"。任本"口"亦作"目","斫"作"斬","頸"作"首","者"作"然"。②

【疏證】

①《逸周書·克殷解》:"商辛奔内,登於廪臺之上,屏遮而自燔於火。……武王答拜,先入,適王所,乃尅射之三發而後下車,而擊之以輕

吕，斬之以黃鉞。折懸諸太白。"又見《史記·周本紀》、《金樓子·興王》。《墨子·明鬼下》："王手禽費中、惡來，衆畔百走。武王逐奔入宮，萬年梓株，折紂而繫之赤環，載之白旗，以爲天下諸侯僇。"《荀子·正論》："昔者武王伐有商，誅紂，斷其首，懸之赤旆。"《戰國策·趙策三》："武王羈於玉門，卒斷紂之頭而縣於太白者，是武王之功也。"《古今注》："武王以黃鉞斬紂，故王者以爲戒。"

　　武王與紂牧野之戰，早期多記其慘烈，且云武王之暴戾，而後世多不聞。《尚書·武成》："甲子昧爽，受率其旅若林，會於牧野。罔有敵於我師，前徒倒戈，攻於後，以北，血流漂杵。"《逸周書·克殷解》記懸紂首於太白之後又云："適二女之所，乃既縊。王又射之三發，乃右擊之以輕吕，斬之以玄鉞，懸諸小白。"又《世俘解》："遂征四方，凡憝國（謂斷其祭祀）九十有九萬，馘魔（謂割敵方戰死士兵之耳朵）億有七萬七千七百七十有九。"至漢代，司馬遷已不用血流漂杵之語，《新語·連語》言紂死後："紂之官位與紂之軀棄之玉門之外，民之觀者皆進蹴之，蹈其腹，麗其腎，踐其肺，履其肝，周武王乃使人帷而守之。"非止不懸紂首，且德及尸身也。考其演化之由，儒家主張興仁義之師，凡以義伐不義者，必不行不義之事。《孟子·盡心下》云："吾於《武成》取二三策而已矣，仁人無敵於天下，以至仁伐至不仁，而何其血之流杵也？"顧頡剛云："其實，《逸周書》卻爲比較早的材料，因孟子理想中的'仁義之師'，本爲歷史上不可能發生之事實，且戰國時，已將武王諸人聖人化，動輒以禹、湯、文、武爲法，故決不肯采用此等材料，立爲異説，受衆人的集矢；後至漢代經儒者鼓吹，更是神聖不可侵犯，《史記》中當然更不用這種未聖人化的材料了。"（見顧頡剛講述、辛毓南記錄《中國古代史料概述》，載《文史》2002年第4期。）

　　② 又見《尚史》卷五。"斫"，《正楊》卷一、《繹史》卷二〇誤作"砟"，蔣驥《楚辭·天問》注誤作"咋"。

　　【五二】武王已戰之後，三革不累，五刃不砥，牛馬放之歷山，終身弗乘也。《御覽》三百廿七。《書鈔》十五"三革"二句互轉。

《類聚》十四載沈約《齊武帝諡議》用此二語。《荀子·儒效》篇云："武王誅紂,反而定三革,偃五兵。"五兵猶五刃。《管子·小匡》篇云："定三革,偃五兵。"《齊語》作："定三革,隱五刃。"韋昭注："三革,甲、盾、胄也。五刃,刀、劍、矛、戟、矢也。"《禮記·樂記》云："馬散之華山之陽,而弗復乘;牛散之桃林之野,而弗復服。"《吕氏春秋·慎大覽》云："稅馬於華山,稅牛於桃林。馬弗復乘,牛弗復服。釁鼓旗,甲兵藏之府庫,終身不復用。"《淮南子·要略》、《說苑·指武》篇並云："縱馬華山,放牛桃林。"《商子·賞刑》篇又云："車休息不乘,縱馬華山之陽,縱牛於農澤。"①

【疏證】

① 又見《駢字類編》卷九〇。《淵鑑類函》卷五三引同《書鈔》。《詩經·周頌·時邁》："載戢干戈,載櫜弓矢。"《史記·周本紀》："縱馬於華山之陽,牧牛於桃林之虚,偃干戈,振兵釋旅,示天下不復用也。"《集解》:"孔安國曰:'桃林在華山東。'"《正義》:"《括地志》云:'桃林在陝州桃林縣西。'"又見《僞古文尚書·武成》、《新序·善謀》。

【五三】昔者武王崩,成王少,周公旦踐東宫,履乘石,祀明堂,假爲天子七年。① 原注:"乘石,王所登上車之石也。"《類聚》六。②《文選·百辟勸進今上箋》注"七"作"十",誤。《詩·靈臺》正義引袁準《正論》云:"《尸子》曰:'昔武王崩,成王少,周公踐東宫,祀明堂,假爲天子。'明堂在左,故謂之東宫。王者而後有明堂,故曰'祀明堂,假爲天子'。""明堂在左"以下,乃袁氏申釋語,任氏誤以"明堂在左"二句爲《尸子》本文。《淮南子·齊俗訓》云:"武王既没,殷民叛之。周公踐東宫,履乘石,攝天子之位,負扆而朝諸侯,放蔡叔,誅管叔,克殷殘商,祀文王於明堂,七年而致政成王。"《韓非子·難二》云:"周公旦假爲天子七年,成王壯,授之以政,非爲天下計也,爲其職也。"

【疏證】

① 周公曾稱王,錢塘《周公攝政稱王考》、林兆豐《周公稱王説》、廖平《經化》、顧頡剛《周公執政稱王——周公東征史事考證之二》、劉啓釪

《由周初諸〈誥〉的作者論"周公稱王"的問題》、杜勇《〈尚書〉周初八誥研究》等從地上、地下兩重文獻詳證之,今不贅述。按,《孔叢子‧雜訓》云:"殷人質而尊其尊,故立弟;周人文而親其親,故立子,亦各其禮也。"殷人尚尊,長者爲尊,故有商一朝,立弟與立子並存。自商湯迄於帝辛,凡三十帝,子繼父者十六帝,弟繼兄者十四帝。故周公稱王,亦殷代制度之遺。且其時成王尚幼,國亦未寧,周公稱王,本無可非者。後世嫡長子制既立,儒家又行君君臣臣之法,周公稱王一事遂漸埋而不彰。

② 又見張之象《鹽鐵論‧未通》注、《李義山詩集注‧送千牛李將軍赴闕五十韻》注、《繹史》卷二二、《尚史》卷二五、《淵鑑類函》卷二六。

【五四】昔周公反政,孔子非之曰:"周公其不聖乎?以天下讓,不爲兆人也。"①《長短經‧懼誡》篇。《魏志》二注:"許芝奏云:'周公反政。尸子以爲孔子非之,以爲周公不聖,不爲兆民也。'又輔國將軍等奏云:'臣聞符命不虛見,衆心弗可違。故孔子曰:周公其爲不聖乎?以天下讓,是天地日月輕去萬物也。是以舜向天下,不拜而受命。'"

【疏證】

① 王士禛云:"《長短經》第二十篇曰《懼誡》,引尸子曰……云云,此荒唐悠謬之論,乃孔子之所必誅。而托名聖人,真可謂無忌憚者。孟子'惡處士橫議'正謂是也。"(《居易錄》卷二六)按,《綽子》篇云:"先王非無私,所私者與人不同也。"舉文王"不私其親而私萬國"。此處之義,言爲王者當以天下爲私,周公能廣布德澤於萬民,而致政於成王,是不私萬國而私其親也。《廣澤》篇云:"孔子貴公。"此孔子論周公,正是以公心論之也。後世宗奉儒家者,拘泥於君臣之義,以尸子言孔子貴公則是之,言孔子非周公則非之,得其表而失其質。

自條二一至條五四乃論燧人至周公事,汪氏以時序之。

【五五】人之欲見毛嬙、西施,美其面也。①夫黄帝、堯、舜、湯、武美者,非其面也。人之所原脱。欲觀焉,其行也;欲聞焉,其言也。②而言之與行皆在《詩》、《書》矣。③《御覽》七十七。

【疏證】

①《管子·小稱》:"毛嬙、西施,天下之美人也。"《韓非子·顯學》:"毛嬙、西施之美,無益吾面。"《淮南子·修務訓》:"毛嬙、西施,天下之美人。"毛嬙事迹不可知。西施之事,《墨子·親士》云:"比干之殪,其抗也;孟賁之殺,其勇也;西施之沈,其美也;吳起之裂,其事也。"以比干等之事類推之,西施以美色見譽於世,亦因美色沉水被殺。《丹鉛餘録》卷一五引《吳越春秋》佚文稱:"吳亡後,越浮西施於江,令随鴟夷以終。"亦云沉江,而與伍子胥相傅會。其後《吳地記》、《越絶書》則轉而云西施與范蠡會,同游五湖而去,已啓後世才子佳人小説之端矣。

②《淮南子·説林訓》:"西施、毛嬙,狀貌不可同,世稱其好美,鈞也;堯、舜、禹、湯,法籍殊類,得民心,一也。"

③ 黃帝之言行不見《詩》、《書》。

【五六】黃帝曰合宮,有虞氏曰總章,殷人曰陽館,周人曰明堂,①此皆所以名休其善也。《初學記》十三、《類聚》卅八、《御覽》五百卅三、《隋書·宇文愷傳》、《唐會要》十一、《事物紀原》二、《後紀》十二注。②《禮記·月令》:"行慶施惠。"鄭康成注云:"慶謂休其善也。""休其善"蓋本此。

【疏證】

①《漢書·平帝紀》引應劭説:"黃帝曰合宮,有虞曰總章,殷曰陽館,周曰明堂。"《文中子·問易》:"黃帝有合宮之聽,堯有衢室之問,舜有總章之訪,皆議之謂也。"

② 又見《玉海》卷九五、《天中記》卷四二、《圖書編》卷一〇〇、《山堂肆考》卷一五八、《五禮通考》卷二七、《周易述》卷二〇、《繹史》卷一一五、《淵鑑類函》卷一五五、《佩文韻府》卷二二之三。《五禮通考》卷二四云出自《尸子·君治》篇,蓋本歸有光《諸子彙函》,歸有光臆測成文,故不可信。《宮室考》卷下、《日講禮記解義》卷三五、《欽定禮記義疏》卷四四皆增"神農曰天府"。"天府"見《周禮·春官》:"天府,掌祖廟之守藏與其禁

令。凡國之玉鎮、大寶器藏焉。若有大祭大喪，則出而陳之。"與明堂相近，後人乃妄構。

【五七】欲觀黃帝之行於合宮，觀堯舜之行於總章。①《文選·東京賦》注。任本"欲"上有"故"字，合上節誤。②

【疏證】

① 上條及應劭說只言虞舜稱"總章"，未言堯。《文中子》則稱之"衢室"，《北史·牛弘傳》："堯曰五府。"當皆後人妄增。

② 又見《玉海》卷一五五、《天中記》卷一三。《文選》注句下有"期一也"三字，當仍是《尸子》文，《玉海》卷九五、《分類字錦》卷二三並引之。《四六標準》卷九引上句。

【五八】有虞氏身有南畝，妻有桑田，神農並耕而王，所以勸耕也。《類聚》六十五、《御覽》八百廿二。《書鈔》八"王"作"食"，"耕"作"農"。按，《商子·算地》篇、《開塞》篇並云："神農教耕而王，天下師其知也。"《後紀》十二引上二句，注云《尹文子》，誤。《文子·上義》篇云："神農之法曰：'丈夫丁壯不耕，天下有受其飢者；婦人當年不織，天下有受其寒者。'故身親耕，妻親織，以爲天下先。"《商子·畫策》篇云："神農之世，公耕而食，婦織而衣。"《孟子·滕文公》篇許行爲神農之言，其云"賢者與民並耕而食"，即神農事也。①

【疏證】

① 又見《尚史》卷二，《繹史》卷四、卷一〇，《淵鑑類函》卷三五六。《路史》卷二一"身有南畝"、"妻有桑田"互乙，注云《尹文子》語。《廣博物志》卷四二引《孝經援神契》："神農耕桑得利，究年受福。"《白虎通義·耕桑》："王者所以親耕、后親桑者何？以率天下農蠶也。"《後漢書·禮儀上》引干寶《周禮注》："古之王者貴爲天子，富有四海，而必私置藉田，蓋其義有三焉：一曰以奉宗廟，親致其孝也；二曰以訓於百姓在勤，勤則不匱也；三曰聞之子孫，躬知稼穡之艱難，無違也。"《貴言》篇言"愚者爭於

明",反對"必耕而食,必織而衣",然"上何好而民不從"(《處道》),爲人君者爲天下立表,人君能身自耕稼則民亦勤於稼穡矣。

【五九】堯瘦,舜墨,禹胫不生毛,文王至日昃不暇飲食,故富有天下,貴爲天子矣。《御覽》七十七。原脱"瘦"字,據《後紀》十二注補。《意林》:"堯瘦,舜黑,皆爲民也。"當即此文。《文子·自然》篇云:"神農形瘁,堯瘦臞,舜黧黑,禹胼胝。"《淮南子·修務訓》云:"蓋聞傳書曰:'神農憔悴,堯瘦癯,舜霉黑,禹胼胝。'由此觀之,則聖人之憂勞百姓甚矣。"《尚書·無逸》云:"文王卑服,即康功田功,徽柔懿恭,自朝至於日中昃,不皇暇食用,咸和萬民。"①

【疏證】

①《喻林》卷七二、《繹史》卷一一五皆用《意林》。《路史》卷二一引"堯瘦舜黑"。《太平御覽》卷八〇引《鄧析子》:"古詩云:'堯舜至聖,身如脯腊。桀紂無道,肌膚二尺。'"《漢書·董仲舒傳》:"蓋聞虞舜之時,游於巖廊之上,垂拱無爲,而天下太平。周文王至於日昃不暇食,而宇内亦治。"《論衡·書解》:"文王日昃不暇食,周公一沐三握髮。"《風俗通義·過譽》:"文王日昃不暇食,周公坐而俟旦。"

按,此段與前尸子思想齟齬,前屢言爲明君者能身逸而國治,又言周公、鄭簡公之治政,酒肉不徹,鐘鼓不解。此云爲君者因操勞而劬瘁,不相合。

【六〇】昔者舜兩眸子,①是謂重明,②作事成法,出言成章。《荀子·非相》篇注,《御覽》八十一,又三百六十六"眸"作"瞳"。《史記·項羽本紀》集解"明"作"瞳",誤。《後紀》十二注。③

【疏證】

①《荀子·非相》:"堯舜參眸子。"楊注:"參眸子謂有兩瞳之相參也。"《文子·命相》:"舜目重瞳。"《論衡·骨相》同。《藝文類聚》卷一一引《孝經援神契》:"舜龍顔重瞳。"《尚書大傳》:"舜四瞳子。"《太平御覽》卷八一引《春秋演孔圖》:"舜目四瞳,謂之重明。"一目雙眸,兩目四瞳,所云同。

②《宋書·符瑞志》："(舜)母曰握登，見大虹意感而生舜於姚墟，目重瞳子，故名重華。"《白虎通義·聖人》："舜重瞳子，是謂玄景。上應攝提，以象三光。"《初學記》卷九引《春秋元命苞》："舜重瞳子，是謂滋涼。"宋均注："滋涼，有滋液之潤，且清涼光明而多見。"所說不同。

③《路史》卷二一、《廣博物志》卷二五、《古微書》卷三皆《尸子》、《淮南子》並引。《路史》、《古微書》"眸"作"童"。

【六一】文王四乳，①是謂至仁。②《御覽》四百十九。案，《淮南子·修務訓》云："堯眉八彩，九竅通洞，而公正無私，一言而萬民齊。舜二瞳子，是謂重明，作事成法，出言成章。禹耳參漏，是謂大通，興利除害，疏河決江。文王四乳，是謂大仁，天下所歸，百姓所親。皋陶馬喙，是謂至信，決獄明白，察於人情。"亦見《白虎通·聖人》篇，所載較備。

【疏證】

①《文子·命相》："文王四乳。"又見《尚書大傳》、《論衡·骨相》、《劉子·命相》。《春秋繁露·三代改制質文》："文王形體博長，有四乳。"《易緯是類謀》："有文之王，四乳是舒。"鄭玄注："有文之王，周文王。文王之表四乳，是舒也。"《潛夫論·五德志》："太妊夢長人感已，生文王，厥相四乳。"又見《金樓子·興王》。

②《治天下》篇云聖王畜天下猶父母之愛子。乳者，母所以哺子也，文王四乳，則能廣哺萬民，故曰"至仁"。《易林·訟之乾》："文王四乳，仁愛篤厚。子畜十男，無有夭折。"《藝文類聚》卷一二引《春秋元命苞》曰："文王四乳，是謂含良。蓋法酒旗，布恩舒明。"注云："酒者，乳也。能乳天下，布恩之謂也。"一云至仁，一云含良，名異而實同。

【六二】夫堯舜所起，至治也；湯武所起，至亂也。問其成功孰治，則堯舜治；問其孰難，則湯武難。①《御覽》七十七。

【疏證】

①舜承於堯，古書載同。惟堯所繼，《史記》稱承自摯，而云摯不善，

此云起自至治,用《易傳》"神農氏没,黄帝、堯、舜氏作"文,以堯繼黄帝言之。《神明》篇云:"夫飢者易食,寒者易衣,此亂而後易爲德也。"此又云湯武起於亂世而難治,義相悖。

【六三】人戴冠躡履,譽堯非桀,敬士侮慢,故敬侮之譽毁,知非其取也。《御覽》八十。《莊子·大宗師》篇云:"與其譽堯而非桀也,不如兩忘而化其道。"又《外物》篇云:"與其譽堯而非桀,不若兩忘而閉其所譽。"①

【疏證】

① 四庫本《御覽》作:"人戴冠躡履,譽堯非桀,而士或侮慢之,知毁譽非其取也。"孫星衍輯本作:"人戴冠履,莫譽堯非桀,敬士侮慢。故敬慢之,譽毁者非其取也。"今從任氏本論之,"敬士侮慢"之"慢"或爲别字,與"士"相對,爲位卑者。考其句義,蓋言人戴冠躡履者,同也,而譽堯非桀者,以其行異也;敬士侮慢者,以其位異也。人敬則譽之,不敬則毁之,均非可取。此與《廣澤》篇論人易弇於私同。又"之"字疑衍文,或爲别字。此言敬侮與毁譽皆不可取,"敬侮"、"譽毁"爲並列結構,中間不當以"之"字連屬。

自條五五至條六二雜論諸王事,故汪氏承其下。此條雜堯、桀,堯以承上,桀以啓下。

【六四】昔夏桀之時,至德滅而不揚,帝道掩而不興,①容臺振而掩覆,②犬群而入泉,③麑銜藪而席隩,④美人婢首墨面而不容,⑤曼聲吞炭内閉而不歌。⑥飛鳥鎩翼,走獸決蹄,⑦山無峻幹,澤無佳水。⑧《御覽》八十二、《路史·發揮》六。按,此文亦見《淮南子·覽冥訓》,"容臺"句上有"植社槁而埓裂"一句,"犬群"下有"嗥"字,"泉"作"淵","麑"作"豕","藪"作"蓐","隩"作"澳","婢"作"挐","決蹄"作"廢脚","佳"作"洼"。《御覽》此條有注,皆本高誘《淮南》注,今不録。⑨

【疏證】

①《淮南子》注："興,舉也。"

②《淮南子》注："容臺,行禮容之臺。言不能行禮,故天文振動而敗也。"《竹書紀年》："帝癸三年,築傾宮,毀容臺。"

③《淮南子》注："言將滅壞,犬失其主,故嗥而入淵也。一說:言犬禍也。"《淮南》"群"下有"嗥"字爲上,與下句皆六字成文。

④《淮南子》作:"豕銜蓐而席澳。"注云:"豕銜其蓐席入之澳,言豕禍也。一說:銜蓐自藏。"

⑤《淮南子》注："挈首,亂頭也。草與髮并編爲挈首,不修容飾也。"

⑥《淮南子》注："曼聲,善歌也。見世亂衰將滅,故吞炭自敗音聲,閉氣不復動也。"按,夏桀淫於美色,先亂於妹喜,後伐岷山又得琬、琰二女,世又言使男女雜處,爲長夜之飲。故美人自丑其面,曼聲自毀其音,恐入於夏宮也。

⑦《淮南子》注："鍛翼,縱翼也。廢脚,跛蹇也。言桀無道,田獵煩數,鳥獸悉被創夷也。"

⑧《淮南子》注："峻幹,美材也。洼水,渟水。言山澤不以時也。"

⑨ 向宗魯校《淮南子》云："《御覽》八十二引《尸子》文,下稱'又曰'者三,其二皆見本書,蓋《淮南》之文誤作'又曰'耳。故其注皆與高注同,非真《尸子》文也。汪輯《尸子》亦誤收,羅氏《路史》亦從《御覽》轉引,非見原書也。"向說近是。《御覽》引《尸子》除卷一九"春爲發生"自注"《爾雅》以爲四時之别名也"外皆無注,而引《淮南子》多並高誘注引之,此似不當引《尸子》而用《淮南子》注,而不爲説明。

【六五】桀爲璿室、瑶臺、象廊、玉牀,①權天下,虐百姓。於是湯以革車三百乘伐於南巢,②收之夏宮。天下寧定,百姓和輯。《御覽》八十二、《後紀》十四注。《淮南子·本經訓》云："晚世之時,帝有桀紂,爲璿室、瑶臺、象廊、玉牀。紂爲肉圃、酒池,燎焚天下之財,罷苦萬民之力,刳諫者,剔孕婦,攘天下,虐百姓。於是湯乃以革車三百乘伐桀於南巢，放之夏臺；武王甲卒三千，破紂牧野，殺之於宣室。天下寧定，百姓和集，是以稱湯武之賢。"《御覽》此條亦用高誘注。

【疏證】

①《晏子春秋内篇·諫下》："夏之衰也，其王桀背棄德行，爲璿室、玉門。"《新序·刺奢》："桀作瑶臺，罷民力，殫民財。"《列女傳·孽嬖傳》："（桀）造瓊室、瑶臺以臨雲雨。"《三國志·魏志·楊阜傳》："桀作璇室、象廊。"《博物志·異聞》："（桀）爲石室、瑶臺。""瓊室"、"璇室"、"石室"皆"璿室"之異名。《史記·龜策列傳》："紂有諛臣，名爲左強，誇而目巧，教爲象郎，將至於天。又有玉牀、犀玉之器。"言"象廊"、"玉牀"爲紂作，傳聞異辭。

②《新語·慎微》："若湯武之君，伊吕之臣……以寡服衆，以弱制強，革車三百，甲卒三千，征敵破衆，以報大讎。"《淮南子·主術訓》："湯革車三百乘，困之鳴條，擒之焦門。"《泰族訓》："湯武革車三百乘，甲卒三千人，討暴亂，制夏商，因民之欲也。"

【六六】昔者桀紂縱欲長樂，以苦百姓。珍怪遠味，必南海之蕈，①北海之鹽，②西海之菁，③東海之鯨。此其禍天下亦厚矣。《御覽》八十二、八百六十五。《後紀》十四注、《天中記》四十六"蕈"並作"薑"。④

【疏證】

① 此舉四海之異物，"鹽"、"菁"、"鯨"皆指實物，"蕈"爲總名，當以作"薑"爲上。《吕氏春秋·本味》："陽樸之薑。"注："陽樸，地名，在蜀郡。"潘尼《釣賦》："南夷之薑。"《齊民要術》卷三云："中國土不宜薑，僅可存活，勢不滋息。種者，聊擬藥物小小耳。"薑不耐寒、旱，故南方氣候宜種之。

② 古時産鹽之地，齊海鹽最富，《尚書·禹貢》載青州貢鹽。然西北之地池鹽味最美，《吕氏春秋·本味》："大夏之鹽。"注："夏，澤名。或曰山名，在西北。"《漢書·地理志》載西北隴西、金城、安定、北地四郡皆産

鹽。此文云"北海",或就廣大北方地區言之。

③《爾雅翼》卷六:"蔓菁,南北通有之,北土種之尤多。"菁性喜寒,故北方宜種之。今日中國之種此者,以西藏昌都、四川阿壩等處最多,正合"西海"之稱。《呂氏春秋·本味》:"具區之菁。"注:"具區,澤名,吳越之間。"吳越在東南,與此不同。疑《呂氏春秋》之"菁"乃指"菘",二者形相近,然一宜寒、一宜暖也。

④ 又見《饌史》,《喻林》卷六五,《説略》卷二五,《弇州四部稿》卷一七一,《讀書紀數略》卷五二,《繹史》卷一四,《淵鑑類函》卷三一三、卷三九一,《佩文韻府》卷六四之一,《韻府拾遺》卷二三,"葷"皆作"薑"。

【六七】六馬登糟丘,方舟泛酒池。《御覽》七百六十八。《韓詩外傳》四:"桀爲酒池,可以運舟。糟丘,足以望十里,而牛飲者三千人。"《論衡·語增》篇云:"紂沈湎於酒,以糟爲丘,以酒爲池,牛飲者三千人。"①

【疏證】

①《史記·殷本紀》引《六韜》:"紂爲酒池,回船糟丘,而牛飲者三千餘人爲輩。"《新序·節士》:"桀爲酒池,足以運舟。糟丘,足以望七里,一鼓而牛飲者三千人。"又《新語·本行》:"酒池可以泛舟,糟丘可以望遠。"蓋本《尸子》。

【六八】伯夷、叔齊飢死首陽,無地故也;桀放於歷山,①紂殺於郍宮,②無道故也。有道無地則餓,有地無道則亡。《御覽》八十二。任本"宮"作"京","有道"上有"故曰","則餓"作"則飢"。③

【疏證】

①《淮南子·修務訓》:"(湯)整兵鳴條,困夏南巢,譙以其過,放之歷山。"注:"歷山蓋歷陽之山。"按,《尚書·仲虺之誥》:"成湯放桀於南巢,惟有慚德。"《國語·魯語》:"桀奔南巢。"《史記·夏本紀》:"桀走鳴條,遂放而死。"《正義》引《括地志》:"廬州巢縣有巢湖,即《尚書》'成湯伐

桀,放於南巢'者也。"兩説不同。歷陽之山在今安徽馬鞍山和縣,南巢在今安徽巢湖市,兩地相近。《帝王世紀》云:"湯來伐桀,以乙卯日,戰於鳴條之野。桀未戰而敗績,湯追至大涉,遂禽桀於焦,放之歷山。乃與妹喜及諸嬖妾同舟浮海,奔於南巢之山而死。"云"浮海",則是以歷山爲齊之歷山,乃妄合二説構之。

② 《國語·魯語》:"桀奔南巢,紂踣於京。""京"指商都亳。此云"鄗宮",指周都鎬京。《淮南子·本經訓》:"武王甲卒三千,破紂牧野,殺之於宣室。"注云:"宣室,殷宮名。一曰:宣室,獄也。"《氾論訓》云:"桀囚於焦門,而不能自非其所行,而悔不殺湯於夏臺;紂居於宣室,而不反其過,而悔不誅文王於羑里。"桀、紂對比,桀囚焦門,紂囚宣室,是以紂未自焚,而武王囚之。由此論之,宣室或乃鎬京之宮名,武王既禽紂,乃拘於鎬京,紂不自省,故殺紂於鎬宮。

按,上條五一言武王伐紂,"親斫殷紂之頸",亦指斫之於紂宮。又條六五云商湯伐桀於南巢而收之夏宮,夏宮指桀所在宮室,亦與此説不同。此條或非《尸子》文。

③ 《喻林》卷一六引同《御覽》。桀放於歷山,嘉靖年間修《山東通志》卷五作"放之歷城"。

【六九】魯哀公問孔子曰:"魯有大忘,徙而忘其妻,有諸?"孔子曰:"此忘之小者也。昔商紂有臣曰王子須,務爲諂,使其君樂須臾之樂,而忘終身之憂;《御覽》四百九十注云:"《家語》同。"棄黎老之言,而用姑息之謀。"《繹史》廿。①《升庵外集》卅引:"紂棄黎老之言,而用姑息之語。"注:"姑,婦女也。息,小兒也。"《呂氏春秋·先識覽》云:"商王大亂,沈於酒德,辟遠箕子,爰近姑與息。"

【疏證】

① 又見《孔子集語·易者》,引作:"子曰:'昔紂有臣曰王子須,務爲諂,使其君樂須臾之樂,而忘終身之憂。"《喻林》卷七六引《御覽》"問"下有"於"字。《尚史》卷二四"諂"下有"諛"字,末句作"棄黎老而用姑息"。

《古今事文類聚别集》卷一八、《古今合璧事類備要續集》卷三四引誤作《家語》,《類聚》"徙"下有"宅"字,"使"作"事"。《說苑·敬慎》、《孔子家語·賢君》孔子以夏桀爲例。

【七〇】孔子謂子夏曰:"商,汝知君之爲君乎?"子夏曰:"魚失水則死,水失魚猶爲水也。"孔子曰:"商,汝知之矣。"《類聚》十一、《御覽》七十七、六百廿。①

【疏證】

① 《御覽》卷六二〇未引,有《荀子·王制》"君舟也,庶人水也,水能行舟,亦能覆舟"句,汪氏誤蓋以此。《類聚》、《御覽》、《海録碎事》卷九上、《喻林》卷一〇九、《天中記》卷一一、《淵鑑類函》卷四〇引皆無"謂子夏"三字,惟《淵鑑類函》卷一二二有之。《記纂淵海》卷五七引誤注作《墨子》。《貞觀政要·君臣鑑戒》引魏徵對太宗語:"孔子曰:'魚失水則死,水失魚猶爲水也。'"蓋本《尸子》。

【七一】費子陽謂子思曰:①"吾念周室將滅,涕泣不可禁也。"子思曰:"然今以一人之身,憂世之不治,而涕泣不禁,是憂河水濁而以泣清之也。"《類聚》卅五、《御覽》三百八十七。任本"清"作"澄"。② 按,此文亦見《孔叢子·抗志》篇。又《文子·符言》:"老子曰:'以數算之壽,憂天下之亂,猶憂河水之涸,泣而益之也。'"《淮南子·詮言訓》襲其文,"算"作"雜","涸"作"少"。

【疏證】

① 《孔叢子》宋咸注:"魯大夫家臣。"冢田虎注:"蓋魯費邑之士。"事迹未聞。

② 又見《春秋戰國異辭》卷二、《淵鑑類函》卷二六七。《喻林》卷五九兩引,一引《孔叢子》,一引《御覽》。

自條六四至此條亦以時序之。

【七二】人知用賢之利也，不能得賢，其何故也？夫買馬不論足力，而以白黑爲儀，必無走馬矣；買玉不論美惡，而原脫。以大小爲儀，必無良寶矣；舉士不論才，而以貴勢爲儀，則伊尹、管仲不爲臣矣。①《類聚》五十三。《意林》下四句作"舉士不論貴賤，則無士矣"。任本"買馬"之"買"作"市"。②

【疏證】

① 《勸學》篇"今非比志意也，而比容貌；非比德行也，而論爵列"與此所論同。《發蒙》篇云國之不治者三，其二爲"雖知用賢，求不能得"，下無申述之文，此段或在此篇。

② 《御覽》引上兩"而"字皆無，《喻林》卷六六、《繹史》卷一五五、《淵鑑類函》卷一四〇同。又《繹史》"何故"二字乙。

【七三】有醫竘者，秦之良醫也。爲宣王割痤，爲惠王治痔，①皆愈。張子之背腫，命竘治之，謂竘曰："背非吾背也，任子制焉。"治之遂愈。竘誠善治疾也，張子委制焉。②夫身與國亦猶此也，必有所委制，然後治矣。③原注："竘音叩。"《御覽》三百七十一、七百廿四、七百四十三。《天中記》卅四"命"作"請"。④

【疏證】

① 二王難解。下"張子"，《戰國策》、《韓非子》、《史記》等皆稱張儀爲"張子"，然張儀晚於尸子。李守奎《譯注》解作"張儀"，而以"宣王"爲楚宣王，"惠王"爲秦惠王，三人時間相近。據其解，則此文或爲尸子後學作，或本非《尸子》文而後人羼入。朱海雷《譯注》以"宣王"爲"秦宣公"，以"惠王"爲"秦惠公"，然二人在位相去逾百六十年，自不可通。且如其說，"張子"又不可明矣。

② 《國語·越語下》："上天降禍於越，委制於吳。"注："委，歸也。""制"通"治"，治本在己，歸其治則在人，則"委制"猶今之"全權代理"。

③ 《呂氏春秋·具備》載宓子賤治亶父，恐魯君聽讒言而使不能治，

故行掣肘之事而曉諭之。《治天下》篇鄭簡公使子産治鄭,云"子無人寡人之樂,寡人無入子之朝",言君臣各行其職。此處亦同其理,君既任其臣,則不能事事干預,使臣不能竭行其術。

④《御覽》卷三七一無"命竘治之",無"任"字,"竘誠"作"醫竘","身"上有"爲"字。卷七二四"治痔"作"療疾",《喻林》卷六八用此處文。卷七四三乃節引。《醫説》卷一引作:"醫竘者,秦之良醫也,莫知其姓。張子背腫,命竘治之。張子謂之曰:'非吾背也,任子治焉。'治之遂愈。夫身之與國而猶此也,必有所委然後治之。"又見《繹史》卷一一五、乾隆間修《陝西通志》卷六四、《淵鑑類函》卷三二二。

以上兩條論治國,上論諸人,無論賢愚,皆與治國相關,故汪氏承之。下條上段言治,承上;下段言馬,啓下。

【七四】我得民而治,則馬有紫燕、蘭池,①《文選·赭白馬賦》注。馬有秀騏、逢駹,②同上。《天中記》五十五合作:"馬有紫燕、蘭池、秀騏、逢駹。"馬有騏驎、徑駿。③《七命》注。按,文云"麟超龍翥",則"騏驎"字亦當從"鹿"。任本"徑"作"輕"。④

【疏證】

① 梁簡文帝《九日侍皇太子樂游苑》詩云:"紫燕躍武,赤兔越空。""紫燕"與"赤兔"對,蓋"紫"言其色,"燕"喻其飛如燕。顔延之《赭白馬賦》:"紫燕騈衡,緑蛇衛轂。"《西京雜記》:"文帝自代還,有良馬九匹……一名紫燕騮。"唐太宗《昭陵六駿贊》云"颯露紫":"紫燕超躍,骨騰神駿。"蘭池,本爲地名,據《晋書·地理志》,其地在隴西一帶,地産良馬。梁元帝《後園看騎馬》詩:"良馬出蘭池,連翩驅桂枝。"杜弼《檄梁文》:"蘭池、蒲梢之駔。"又謝莊《舞馬賦》:"軼蘭池而轢紫燕。"

②《説文》:"騏,馬青驪文如博棋也。""秀"言其骨骼俊秀,品質不凡。張衡《七辯》:"馴秀騏之駁駿。"張率《舞馬賦》:"齊秀騏而並末駉。"《説文》:"駹,馬淺黑色。"逢,大也。《禮記·儒行》:"衣逢掖之衣。"注:"衣掖下寬大也。"《詩經·小雅·車攻》:"四牡龐龐。"《出車》、《北山》等

有"四牡彭彭"，《說文》作"駖駖"。"彭"、"駖"古音屬陽部，"龐"、"逄"古音屬東部，東陽合韻。"逄"蓋言其馬奘大也。

③"騏驎"見條三四注。《說文》："駿，馬之良材者。"《史記·大宛列傳》："從蜀宜徑。"《集解》引如淳曰："徑，疾也。"

④《說略》卷三〇、《繹史》卷一一五、《格致鏡原》卷八四、《淵鑑類函》卷四三三、《佩文韻府》卷四之九、《分類字錦》卷五七、《韻府拾遺》卷四下與《天中記》同，皆合而爲一，惟《說略》無"我得民而治則"六字。《海錄碎事》卷二二上、《廣博物志》卷四六引次句。《玉芝堂談薈》卷二三引前與《說略》同，而後多"雞斯"、"嚙膝"。

【七五】夫馬者，良工御之，則和馴端正，致遠道矣；①僕人御之，則馳奔毀車矣。②民者，譬之馬也。堯舜御之，則天下端正；桀紂御之，則天下奔於歷山。③《御覽》七百四十六。"馳"，舊作"遲"，據任本改，孫作"逸"，誤。"奔於歷山"，孫作"奔放"。"良工"，孫作"王良"。按，本書《分》篇亦云："良工之馬，易御也。"《鹽鐵論·刑德》篇云："轡銜者，御之具也，得良工而調；法勢者，治之具也，得賢人而化。執轡非其人，則馬奔馳。"④

【疏證】

①《管子·形勢解》："造父，善馭馬者也，善視其馬，節其飲食，度量馬力，審其足走，故能取遠道而馬不罷。"《淮南子·主術訓》："造父之御，齊輯之於轡銜之際而急緩之於唇吻之和，正度於胸臆之中而執節於掌握之間，內得於心中，外合於馬志。是故能進退履繩而旋曲中規，取道致遠而氣力有餘，誠得其術也。"《劉子·賞罰》："王良之善御也，識馬之飢飽、規矩、徐疾之節，故鞭策不載而千里可期。"

②"馳奔"謂馬奔逸不能制。

③"歷山"指舜所耕地，喻賢者所在。

④《天中記》卷四一引同，而誤注爲《列子》文。《喻林》卷一五〇引《御覽》、四庫本《御覽》"良工"皆作"王良"。下條汪氏引《韓非子·難勢》

所喻同，或本《尸子》，則作"王良"爲上。又《呂氏春秋·適威》："先王之使其民，若御良馬，輕任新節，欲走不得，故致千里，善用其民者亦然。"

此兩條皆有馬，故附於一處。

【七六】車輕道近，則鞭策不用。鞭策之所用，遠道重任也。刑罰也者，民之鞭策也。《御覽》六百卅六、七百七十三，《書鈔》四十三，《後漢書·虞詡傳》注。《意林》"遠道重任"作"道遠任重"。《韓非子·難勢》云："勢之於治亂，本末有位也。而語專言勢之足以治天下者，則其智之所至者淺矣。夫良馬固車，使臧獲御之，則爲人笑；王良御之，而日取千里。車馬非異也，或至乎千里，或爲人笑，則巧拙相去遠矣。今以國位爲車，以勢爲馬，以號令爲轡，以刑罰爲鞭策。使堯舜御之，則天下治；桀紂御之，則天下亂，則賢不肖相去遠矣。夫欲追速致遠，不知任王良；欲進利除害，不知任賢能。此則不知類之患也。夫堯舜亦治民之王良也。"①

【疏證】

① 《書鈔》四三、《後漢書·虞詡傳》注皆只末句。《喻林》兩引，卷一一用《意林》，卷一○一用《御覽》。《淵鑑類函》卷一四八兩引，一用《御覽》，一用《書鈔》。《孔子家語·執轡》："閔子騫爲費宰，問政於孔子。子曰：'以德以法。夫德法者，御民之具，猶御馬之有銜勒也。君者，人也；吏者，轡也；刑者，策也。夫人君之政執，執其轡策而已。'"《書鈔》卷四三引《白虎通義》云："五刑者，五常之鞭策。"

上條以馬喻民，此條以刑罰喻民之鞭策，故相承。而云刑者，又啓下兩條。

【七七】爲刑者，刑以輔教、服不聽也。陳本《書鈔》四十三止"刑以輔教"四字，此據原本《書鈔·刑法部》。①

【疏證】

① 四庫本《書鈔》亦只"刑以輔教"四字，《淵鑑類函》卷一四八同。《僞古文尚書·大禹謨》禹戒皋陶："明於五刑，以弼五教。"《說苑·政理》："刑者，則

非王者之所得已也,是以聖王先德教而後刑罰。"《春秋繁露·天辨在人》:"刑者德之輔。"《書鈔》卷四三引《孝經鈎命訣》:"刑者,教也,質罪示終。"

【七八】秦穆公明於聽獄,斷刑之日,揖士大夫曰:"寡人不敏,教不至,使民入於刑,寡人與有戾焉。①二三子各據爾官,無使民困於刑。"繆公非樂刑民,②不得已也。此其所以善刑也。《御覽》六百卅六。"教不至"三字據《書鈔》四十四補。原本《書鈔》"斷刑之日"下有"朝不得言乃"五字。③

【疏證】

① 與,參與。《左傳·文公四年》:"以自取戾。"注:"戾,罪也。"與有戾,言民入於刑有罪,而秦穆公使民入於刑亦有罪。

② 上作"穆公",此作"繆公",二字雖古通,然一篇之中,不能兩出,當有一字爲後人所改也。

③《書鈔》作:"秦穆公明於聽獄,斷刑曰:'寡人不敏,教不至。'"《春秋戰國異辭》卷二二、《七國考》卷一二、《淵鑑類函》卷一五一、《佩文韻府》卷九一之三同。《困學紀聞》卷六同《御覽》。按,此與《綽子》篇"禹愛辜人"所喻同,皆君自省使民陷於罪之義。

【七九】夫知衆類,知我則知人矣。天雨雪,楚莊王披裘當戶曰:"我猶寒,彼百姓賓客甚矣!"乃遣使巡國中,一作"內"。求百姓賓客之無居宿、絕一作"餒"。糧者賑之,國人大悅。《類聚》五、《御覽》卅四、《書鈔》一百五十六。首十字據原本《書鈔·歲時部》補。賈誼《新書·諭誠》篇云:"楚昭王當房而立,愀然有寒色,曰:'寡人朝飢時,酒二酲,重裘而立,猶憯然有寒氣,將奈我元元之百姓何?'是日也,出府之裘,以衣寒者;出倉之粟,以賑飢者。"①

【疏證】

①《類聚》無"天"、"遣"二字,《古今事文類聚前集》卷一二、《古今合

璧事類備要前集》卷一一、《天中記》卷三、《左傳折諸》卷一一、《繹史》卷五七、《春秋戰國異辭》卷二七、《淵鑑類函》卷二一、《子史精華》卷五同。《御覽》亦無"天"、"遣使"、"絶"作"餒"。《記纂淵海》"楚莊王"上無"天雨雪",而在其下有"對雪"二字,《淵鑑類函》卷一六同。《佩文韻府》卷一四之一"遣使巡國中"只作"使"。唐余知古《渚宫舊事》卷一載:"莊王披裘當户曰:'我猶寒,彼百姓賓客甚矣。'乃使巡國中,賑百姓賓客無糧者。諸侯聞而畏之。"當用《尸子》文。按,此處"賓客",指別國諸侯在楚者(若爲公族子弟私豢門客,自有供食,不需國家賑濟),不在"國人"之内,或當據《渚宫舊事》補"諸侯聞而畏之"六字,義方賅備。《左傳·成公二年》子重引楚莊王語:"無德以及遠方,莫如惠恤其民,而善用之。"或此事所本。《處道》篇:"得之身者得之民,失之身者失之民。不出於户而知天下,不下其堂而治四方,知反之於己者也。"與此義類,或在一篇。

此兩條皆言王之愛民,汪氏乃附於一處。

【八〇】悦尼而來遠。《爾雅·釋詁》注。案,尼,近也。《韓非子·難三》:"葉公子高問政於仲尼,仲尼曰:'政在悦近而來遠。'"《尸子》蓋述此言。①

【疏證】

① 汪氏引《韓非子》又見《説苑·政理》、《孔子家語·辨政》,《説苑》"悦"作"附"。《禮記·學記》:"化民易俗,近者説服而遠者懷之。"《荀子·儒效》:"近者歌謳而樂之,遠者竭蹷而趨之。"《漢書·嚴助傳》:"近者親附,遠者懷德。"

"悦尼來遠"與上"百姓賓客"承,故汪氏置於一處。衆皆悦之,爲不私,乃啓下。

【八一】先王豈無大鳥怪獸之物哉?然而不私也。①《文選·西京賦》注。

【疏證】

①《孟子·梁惠王下》:"齊宣王問曰:'文王之囿,方七十里,有諸?'

孟子對曰：'於傳有之。'曰：'若是其大乎？'曰：'民猶以爲小也。'曰：'寡人之囿，方四十里，民猶以爲大，何也？'曰：'文王之囿，方七十里，芻蕘者往焉，雉兔者往焉，與民同之。民以爲小，不亦宜乎？臣始至於境，問國之大禁，然後敢入。臣聞郊關之內有囿方四十里，殺其麋鹿者如殺人之罪，則是方四十里，爲阱於國中。民以爲大，不亦宜乎？"言私與不私，與此處義同，或在《綽子》篇。

【八二】徐偃王好怪，① 没深水而得怪魚，入深山而得怪獸者，多列於庭。《山海經》一注。②

【疏證】

① 徐偃王事迹無考，《韓非子·五蠹》言其好行仁義而爲楚文王滅之，《淮南子·人間訓》以爲楚莊王滅之，《史記·秦本紀》又以爲周穆王滅之，《後漢書·東夷傳》則合《韓非子》、《史記》爲一，言周穆王遣楚文王滅之，周穆王、楚文王相去二三百年，自不可信。史載徐國爲吳王闔閭所滅，其時去楚文王近二百年，或徐偃王國滅後，又有復國之事，亦未可知。姑存疑。錢穆以爲徐偃王即宋王偃（《先秦諸子繫年》條九九附），恐非，宋王偃後於尸子，且其行與紂相仿，非爲仁君。

② 又見《尚史》卷二八、《繹史》卷二六，"好怪"下皆有"使人"二字。"好怪"承上"大鳥怪物"，"徐偃王"啓下。

【八三】徐偃王有筋而無骨。《山海經》十七注、《史記·秦本紀》集解、《後漢書·東夷傳》注、《荀子·非相》篇注、《文選·西征賦》注、《御覽》三百七十五。任本"無骨"下有"故曰偃也"四字，按，《集解》云："馴謂號偃，由此故曰偃也。"四字當是後人因馴語足成之，《後漢》注亦有"故曰偃"三字。①

【疏證】

① 又《帝範·閱武》注、《廣韻·没部》、《天中記》卷二三、《廣博物志》卷二五、《格致鏡原》卷一二。《錦繡萬花谷前集》卷三八引《荀子·非

相》:"徐偃王有筋無骨,不能俯視。"乃以《尸子》文誤入《荀子》。劉敞《啓疑》:"《傳》曰:'徐偃王有筋而無骨。'"亦用《尸子》而誤以爲《傳》文。《述異記》卷下:"徐君宫人生一大卵,棄於野。徐有犬名后倉,銜歸温之。卵開,内有一兒,有筋而無骨,後爲徐君,號曰偃王,爲政而行仁義。"即就此事演變而來。汪氏以此兩條皆云徐偃王,故置於一處。然此條實釋人名之由來,當與條六〇、六一在一處。

【八四】莒君好鬼巫而國亡。《水經注》廿六。下云"無知之難,小白奔焉。樂毅攻齊,守險全國"云云,乃酈氏歷舉莒事,孫本屬於《尸子》,誤。①

【疏證】

①《太平寰宇記》卷二四、《春秋地名考略》卷一二皆用《水經注》文。徐偃王乃好仁而亡者,故汪氏以此條承之。

【八五】天子忘民則滅,諸侯忘民則亡。①《書鈔》九。

【疏證】

①《荀子·君道》:"得其人則存,失其人則亡。"《孔子家語·入官》:"愛之則存,惡之則亡,長民者必明此之要。"皆論治國務在得民也。

【八六】娶同姓,①以妾爲妻,②變太子,③專罪大夫,④擅立國,⑤絶鄰好,⑥則幽。改衣服,易禮刑,⑦則放。《書鈔》四十三。"娶同姓"至"則幽",陳本《書鈔》缺。以《唐類函》七十八所載《書鈔》補。"國"誤"闕",據任本改。《荀子·王霸》篇:"公侯失禮則幽。"楊倞注云:"幽,囚也。《春秋傳》曰:'晉侯執衛侯,歸之於京師,置諸深室。'"⑧

【疏證】

①《左傳·僖公二十三年》:"男女同姓,其生不蕃。"正義:"禮取妻不取同姓,辟違禮而取,故其生子不能蕃息昌盛也。《晉語》曰:'同姓不婚,懼不殖也。'又曰:'異姓則異德,異德則異類,異類雖近,男女相及,以

生民也;同姓則同德,同德則同心,同心則同志,同志雖遠,男女不相及,畏黷故也。黷則生怨,怨亂育災,災育滅姓,是故取辟同姓,畏亂災也。'"故娶同姓者,《春秋》貶之。《公羊傳·哀公十二年》:"孟子卒。孟子者何?昭公之夫人也。其稱孟子何?諱娶同姓,蓋吳女也。"《穀梁傳》:"孟子者何也?昭公夫人也。其不言夫人何也?諱取同姓也。"

②《公羊傳·僖公三年》載陽谷會盟齊桓公曰:"毋以妾爲妻。"(《穀梁傳》載爲《僖公九年》葵丘會盟時。)以妾爲妻者,《春秋》貶之。《公羊傳·僖公八年》:"禘用致夫人,非禮也。夫人何以不稱姜氏?貶。曷爲貶?譏以妾爲妻也。"《穀梁傳·文公九年》:"秦人,弗夫人也,即外之弗夫人而見正焉。"注:"見不以妾爲妻之正。"

③《穀梁傳·隱公四年》:"《春秋》之義,諸侯與正不與賢也。"《公羊傳·隱公元年》:"立適以長不以賢。"又《僖公三年》載陽穀會盟齊桓公曰:"毋易樹子。"變太子者,《春秋》貶之。《左傳·襄公二十三年》:"毋或如東門遂,不聽公命,殺適立庶。"《公羊傳·僖公十年》:"獻公死,奚齊立。里克謂荀息曰:'君殺正而立不正,廢長而立幼。如之何,願與子慮之。'"晉廢重耳事,《穀梁傳》無直接貶抑,而於里克之稱中見之。《僖公八年》:"里克弑二君與一大夫,其以累上之辭言之,何也?其殺之不以其罪奈何?里克所爲殺者,爲重耳也。"

④專罪大夫謂無辜而殺大夫。事見《穀梁傳·僖公七年》,文云:"鄭殺其大夫申侯。稱國以殺者,殺無罪也。"《左傳》、《公羊傳》皆無貶抑之辭。

⑤"擅立國"即"諸侯專封"。《穀梁傳·僖公二年》:"楚丘者何?衛邑也。國而曰城,此邑也,其曰城,何也?封衛也。則其不言城衛,何也?衛未遷也。其不言衛之遷焉,何也?不與齊侯專封也。"("不予專封"説又見《公羊傳·僖公元年》、《僖公十四年》。)《左傳·僖公二年》"諸侯城楚丘而封衛焉"孔疏曰:"封者,聚土之名也。天子之建諸侯,必分之土地,立其疆界,聚土爲封以記之,故建國謂之封國。衛是舊國,今云封者,以其君死國滅,更封建之,故云封也。"封國乃天子之事,諸侯不得專之。《春秋繁露·王道》:"有天子在,諸侯不得專地,不得專封,不得專執。"

⑥《國語·齊語》管仲諫桓公曰:"君若欲從事於天下諸侯則親鄰

國。"又《晉語二》重耳曰："固國者在親衆而善鄰。"此當就假虞滅虢之事論之,虞君貪晉國之寶而假道,故《春秋》貶之。《公羊傳·僖公二年》："虞師、晉師滅夏陽。虞,微國也。曷爲序乎大國之上?使虞首惡也。曷爲使虞首惡?虞受賂假滅國者道,以取亡焉。"《穀梁傳·僖公五年》論曰："虞虢之相救,非相爲賜也。今日亡虢,而明日亡虞矣。"蓋鄰國之相救爲自然之禮,虞君非但不相救,反爲晉國助臂,故君子疾之。

⑦ 改衣服,易禮刑,此皆天子之事,諸侯如此,則懷叛逆之志,故放之。《禮記·大傳》："聖人南面而治天下,必自人道始矣。立權度量,考文章,改正朔,易服色,殊徽號,異器械,別衣服,此其所得與民變革者也。"《春秋繁露·三代改制質文》："王者必改正朔,易服色,制禮樂。"

⑧《繹史》卷一一五、《淵鑑類函》卷一四八"國"皆作"關"。《太平御覽》卷六三六引《司馬法》："娶同姓,以妾爲妻,變太子,專罪大夫,擅立,關絕,降交,則幽。"

按,此段文字頗類解《春秋》之文。

【八七】好酒忘身。《書鈔》廿一。按,此在《帝王部》,與"糟丘酒池"相屬,當謂桀紂也。①

【疏證】

① 又見《淵鑑類函》卷五六。《韓非子·說林上》："紹績昧醉寐而亡其裘。宋君曰:'醉足以亡裘乎?'對曰:'桀以醉亡天下,而《康誥》曰"毋彝酒"者,彝酒,常酒也。常酒者,天子失天下,匹夫失其身。'"《孔子家語·賢君》："昔者夏桀貴爲天子,富有四海,忘其聖祖之道,壞其典法,廢其世祀,荒於淫樂,耽湎於酒。佞臣諂諛,窺導其心,忠士折口,逃罪不言。天下誅桀而有其國,此謂忘其身之甚矣。"《抱朴子外篇》卷二："糟丘酒池,辛癸以亡。"汪氏云謂桀紂,是也。

【八八】障賢者死。《書鈔》十一。①

【疏證】

① 又見《淵鑑類函》卷五四。《發蒙》篇論進賢,或在此篇。

自條八四至此條皆與"亡"相關,故汪氏置於一處。此條又有"賢"字,乃啓下。

【八九】古有五王之相:秦公牙、吴班孫、尤夫人、冉贊、公子麋。《陶潛集·聖賢群輔録》下云:"乃謂之王,其貴之也。"蓋陶氏語。①

【疏證】

①《説郛》卷五七上、《讀書紀數略》卷二二斷作"吴班,孫尤,夫人冉贊",然未見"夫人"爲姓氏者,《戰國策·燕策三》有徐夫人,《漢書·郊祀志下》有丁夫人,皆以"夫人"爲名,故"夫人"當上屬。又,此或與條三六在同篇。又《説郛》、《讀書紀數略》并以"乃謂之王,其貴之也"爲《尸子》文。

【九〇】古者倕爲規矩準繩,①使天下效焉。《御覽》七百五十二。"倕"作"創","效"作"仿",據《事物紀原》七改。《一切經音義》廿五引《世本》:"倕作規矩。"《潛夫論·贊學》篇亦云:"巧倕之爲規矩準繩,以遺後工。"

【疏證】

①《説苑·君道》:"當堯之時……倕爲工師。"《廣雅》卷七注:"垂,舜臣。"《事物紀原》卷七云:"倕,黄帝時巧人。"所説不同,古史無徵,皆傅會之語。

【九一】造曆者,羲和之子也。《御覽》十六。《類聚》五作"造曆數者,羲和子也"。《廣韻·廿三錫》作"羲和造曆"。《尚書·舜典》疏引《世本》云:"容成作曆。"《史記·曆書》索隱云:"《系本》及《律曆志》:'黄帝使羲和占日,常儀占月,臾區占星氣,泠倫造律吕,大撓作甲子,隸首作算數。容成綜此六術而著調曆。'"①

【疏證】

① 又見《天中記》卷六。《事物紀原》卷一及《五音集韻》、《康熙字典》等字書、韻書引與《廣韻》同。《尚史》卷二三引與《御覽》同。《淵鑑類函》卷一二引與《類聚》同。按，造曆者，諸家所言不同，除汪氏引外，《尚書·堯典》："乃命羲和，欽若昊天，曆象日月星辰，敬授民時。"是以羲和造曆也，楊泉《物理論》同。《漢書·律曆志》："暨於黄帝，班示文章，重黎記注，象應著名，始終相驗，準度追元，乃立曆數。"《竹書紀年》："帝顓頊高陽氏十三年，初作曆象。"皆不同。考其原因，蓋古曆多變，終漢一朝，初用顓頊曆，成哀間劉歆用平術而廣之，成三統曆，孝章時張盛等爲四分曆，靈帝時會稽都尉劉洪更造乾象曆。曆書紛出，各有不同，故後世傳造曆者亦不同。

【九二】造冶者，蚩尤也。《御覽》八百卅三。《廣韻》卅五《馬》作"蚩尤造九冶"。①

【疏證】

①《五音集韻·馬部》、《韻府群玉》卷一一、《申鑑·政體》注、《音韻述微·馬部》、《駢字類編》卷一〇五引與《廣韻》同。《管子·地數》："葛盧之山發而出水，金從之，蚩尤受而制之，以爲劍鎧矛戟。……雍狐之山發而出水，金從之，蚩尤受而制之，以爲雍狐之戟、芮戈。"《吕氏春秋·蕩兵》："又曰：'蚩尤作兵。'蚩尤非作兵也，利其械矣。"（此蓋言古以木爲兵，蚩尤乃以鐵爲兵。《易·繫辭傳》言黄帝時："剡木爲弧，剡木爲矢。弧矢之利，以威天下。"《禮記·內則》"桑弧蓬矢"注："本太古也。"《路史》卷一〇引《太白陰經》云："伏羲以木爲兵，神農以石爲兵，蚩尤以金爲兵。"是上古以木爲兵之證。)《廣韻·庚部》引《世本》："蚩尤以金作兵器。"《藝文類聚》卷一一引《龍魚河圖》云："（蚩尤）造立兵杖、刀、戟、大弩。"蚩尤造兵，後世因以蚩尤爲兵神，有兵事則祀之。

【九三】造車者，奚仲也。①《文選·演連珠》注。案，《説文》云：

"車,夏后時奚仲所造。"《山海經·海內經》云:"奚仲生吉光,吉光是始以木爲車。"郭注:"《世本》云:'奚仲作車,此言吉光,明其父子共創作意,是以互稱之。'"

【疏證】

① 奚仲作車,文又見《墨子·非儒下》、《荀子·解蔽》、《吕氏春秋·君守》。

【九四】昆吾作陶。《御覽》八百卅三。《廣韻·六豪》作"夏桀臣昆吾作陶"。《玉海》九十一作"黄帝有陶正昆吾,作陶"。按,《一切經音義》十八:"《三蒼》:'陶,作瓦家也。舜始爲陶。'"《世本》云:"夏臣昆吾。"更增加也。《吕氏春秋·君守》篇云:"奚仲作車,蒼頡作書,后稷作稼,皋陶作刑,昆吾作陶,夏鯀作城。此六人者,所作當矣,然而非主道者。故曰:'作者憂,因者平。惟彼君道,得命之情。'"①

【疏證】

① 又見《六家詩名物疏》卷四六、《淵鑑類函》卷三五八。《事物紀原》卷九、《五音集韻·豪部》引與《廣韻》同。《玉海》卷一二五、《音韻述微·豪部》作:"夏昆吾作陶。"晏殊《類要》卷三二:"造陶者昆吾,造冶者蚩尤,造市者祝融,造曆者羲和。"(又見卷三七,"造冶者蚩尤"小字。)未云出處。其下接:"往古來今曰宙(原誤作吉),四方上下曰宇。"下又有"宛轉繩"三字,引《禮記正義》注之。三句置於一處(卷三七此三句與上下引文用"○"隔開),當所本同,或皆出於《尸子》。

【九五】皋陶擇羝裘以御之。《書鈔》一百廿九、《廣博物志》卅八。①

【疏證】

① 又見《格致鏡原》卷一六、《佩文韻府》卷二六之六。疑此條與上條二一至二四、九○至九四在同篇,皆論物之由來。

【九六】蒲衣生八年，舜讓以天下；①周王太子晋生八年，而服師曠。②《御覽》三百八十五。《莊子·應帝王》釋文引作"蒲衣八歲，舜讓以天下"，崔云："即被衣，王倪之師也。"《後紀》十二注"年"亦作"歲"，"讓"作"遜"，避濮安懿王諱也。③

【疏證】

①《太平御覽》卷四〇四引《莊子》逸篇："蒲衣八歲而爲舜之師。"嵇康《含白首賦序》："蒲衣幼齒，作弼夏后。"皇甫謐《高士傳》："蒲衣子者，舜時賢人也，年八歲而舜師之。"皆只云師之，未云讓天下事。

②《逸周書·太子晋》："晋平公使叔譽於周，見太子晋而與之言。五稱而三窮，逡巡而退，其言不遂。歸告公曰：'太子晋行年十五，而臣弗能與言。君請歸聲就、復與田，若不反，及有天下，將以爲誅。'平公將歸之，師曠不可，曰：'請使瞑臣往與之言，若能穮予，反而復之。'師曠見太子，稱曰：'吾聞王子之語，高於泰山，夜寢不寐，晝居不安，不遠長道，而求一言。'王子應之曰：'吾聞太師將來，甚喜而又懼。吾年甚少，見子而憯，盡忘吾度。'師曠曰：'吾聞王子，古之君子，甚成不驕。自晋始如周，行不知勞。'王子應之曰：'古之君子，其行至慎，委積施關，道路無限。百姓悅之，相將而遠，遠人來歡，視道如咫。'師曠告善。又稱曰：'古之君子，其行可則。由舜而下，其孰有廣德？'王子應之曰：'如舜者天，舜居其所，以利天下，奉翼遠人，皆得己仁，此之謂天。如禹者聖，勞而不居，以利天下，好取不好與，必度其正，是謂之聖。如文王者，其大道仁，其小道惠，三分天下而有其二，敬人無方，服事於商，既有其衆，而返失其身，此之謂仁。如武王者義，殺一人而以利天下，異姓同姓，各得其所，是之謂義。'師曠告善。又稱曰：'宣辨名命，異姓惡之。王侯君公，何以爲尊，何以爲上？'王子應之曰：'人生而重丈夫，謂之胄子。胄子成人能治上官，謂之士。士率衆時作，謂之曰伯。伯能移善於衆，與百姓同，謂之公。公能樹名生物，與天道俱，謂之侯。侯能成群，謂之君。君有廣德，分任諸侯而教信，曰予一人。善至於四海，曰天子；達於四荒，曰天王。四荒至，莫有怨訾，乃登爲帝。'師曠罄然。又稱曰：'溫恭敦敏，方德不改，聞物

□□,下學以起,尚登帝臣,乃參天子,自古誰?'王子應之曰:'穆穆虞舜,明明赫赫,立義治律,萬物皆作,分均天財,萬物熙熙,非舜而誰能?'師曠束蹢其足,曰:'善哉,善哉!'王子曰:'太師何舉足驟?'師曠曰:'天寒足跔,是以數也。'王子曰:'請入坐。'遂敷席注瑟。師曠歌《無射》曰:'國誠寧矣,遠人來觀。修義經矣,好樂無荒。'乃注瑟於王子,王子歌《嶠》曰:'何自南極,至於北極?絶境越國,弗愁道遠?'師曠蹶然起,曰:'瞑臣請歸。'王子賜之乘車四馬,曰:'太師亦善御之。'師曠對曰:'御吾未之學也。'王子曰:'汝不爲夫《詩》?《詩》云:"馬之剛矣,轡之柔矣。馬亦不剛,轡亦不柔。志氣麃麃,取予不疑。"以是御之。'師曠對曰:'瞑臣無見,爲人辯也,唯耳之恃,而耳又寡聞而易窮。王子,汝將爲天下宗乎?'王子曰:'太師,何汝戲我乎?自太昊以下,至於堯舜禹,未有一姓而再有天下者,夫木當時而不伐,天何可得?吾聞汝知人年之長短,告吾。'師曠對曰:'汝聲清汗,汝色赤白,火色不壽。'王子曰:'然。吾後三年,將上賓於帝所,汝慎無言,殃將及汝。'師曠歸,未及三年,告死者至。"一云"八",一云"十五",蓋傳聞異辭。劉向《列仙傳》稱太子晋即王子喬,然史載太子晋早夭,王子喬長壽,實非一人。詳參拙文《太子晋與王子喬的融合》,載《甘肅社會科學》2013年第3期。

③ 又見《困學紀聞》卷一〇、《天中記》卷二五。《說略》卷九、《玉芝堂談薈》卷四、《尚史》卷二八引上句,《名疑》卷一、《天中記》卷二〇、《繹史》卷一〇、《佩文韻府》卷五之三、《淵鑑類函》卷二七七引下句。左芬《萬年公主誄》:"蒲衣早智,周晉夙成。"或即用《尸子》。

【九七】虎豹之駒未成文,而有食牛之氣;鴻鵠之鷇羽翼未全,一作"合"。而有四海之心。賢者之生亦然。《意林》、《類聚》九十、《御覽》四百二、八百九十一、九百十六、《史記·陳涉世家》索隱。《事類賦·虎賦》注"未成文"上有"雖"字。《海錄碎事》七同,任本亦同。"駒"作"生"。《抱朴子·清鑑》篇云:"駮子有吞牛之容,鶚鷇有凌鷙之貌。"本此。①

【疏證】

①　此段古書多見，或引上句，或引下句，或全文引之，今總錄之。《記纂淵海》卷九八，《山堂肆考》卷一四二、卷二〇七，《淵鑑類函》卷四二九，《佩文韻府》卷七之四，《分類字錦》卷五七。《類聚》、《御覽》卷九一六無"之文"二字。《記纂淵海》卷四一、卷四二，《繹史》卷一一五，《格致鏡原》卷八二，《淵鑑類函》卷四一九同。"全"，《意林》、《御覽》卷九一六作"合"，《記纂淵海》卷四一、卷九七，《喻林》卷一七，《陸氏詩疏廣要》卷下之上，《六家詩名物疏》卷一三，《詩傳名物集覽》卷一同。有"雖"字者，又見《古今事文類聚後集》卷五，《九家集注杜詩·徐卿二子歌》注，蘇軾《京師哭任遵聖》施元之注、陳師道《贈寇國寶三首》任淵注，《花木鳥獸集類》卷下，《淵鑑類函》卷二四四。《佩文韻府》卷二六之二"駒"作"子"。晏殊《類要》卷二二未注出處，無"文"、"羽翼"三字。又敦煌卷子《勵忠節鈔·俊爽部》引此文作："虎豹未成文，以有食牛之心；鴻鶴在卵中，以有陵雲之勢。英雄處大，亦伏然也。"文與此差距較大，末兩句，屈直敏曰："'大'字，當作'代'，諱'世'字改，'代'復音誤作'大'。'伏'字，當爲'復'字之音誤。"（屈直敏《敦煌寫本類書〈勵忠節鈔〉研究》，民族出版社 2007 年版。後引屈説並出此書，不俱標。）此條云賢者生則有其質，汪氏所以承上條者，蓋以皆云幼而賢德。後世譬喻與此類者，《南史·王儉傳》袁粲贊王儉："栝柏豫章雖小，已有棟梁氣矣。"《北齊書·楊愔傳》楊昱贊楊愔："此兒駒齒未落，已是我家龍文。"後世譬喻與此相反者，《新序·雜事五》齊宣王謂閭丘邛曰："未有咫角驂駒而能服重致遠者也。"

上兩條皆與"幼"相關，故汪氏聯置。

【九八】仲尼曰："面貌不足觀也，先祖天下不見稱也，然而名顯天下，聞於四方，其惟學者乎！"陳本《書鈔》八十三，脱"然而"以上十九字，據原本《書鈔·禮儀部》補。《韓詩外傳》六："孔子曰：'可與言終日而不倦者，其惟學乎！其身體不足觀也，勇力不足憚也，族姓不足稱也，宗祖不足道也，而可以聞於四方而昭於諸侯者，其惟學乎！'"《説苑・建本》篇"宗祖"作"先祖"。《書鈔》引《尸子》，"觀"作"見"，"祖"作"視"。據二書改正。①

【疏證】

① 此未見他書徵引。汪氏引《韓詩外傳》事又見《説苑・建本》，文作"其身體不足觀也，其勇力不足憚也，其先祖不足稱也，其族姓不足道也"，則此文首處"天下"二字當衍文也。此段論學，或在《勸學》篇。

上條論賢者生具賢性，而孔子賢之聖者，汪氏以此相承。

【九九】家有千金之玉而不知，猶之貧也，良工治之，則富弇一國；身有至貴而不知，猶之賤也，聖人告之，則貴最天下。《御覽》四百七十二。一本兩"猶"字下並有"謂"字。《韓詩外傳》二："玉不琢不成器，人不學不成行。家有千金之玉不知治，猶之貧也，良工宰之，則富及子孫。君子學之，則爲國用。故動則安百姓，議則延民命。"①

【疏證】

①《喻林》卷四五引《御覽》同。此蓋言人生禀淑質而不自知，若學於聖人，則發其蒙昧。或在《勸學》篇。

【一○○】孔子曰："誦《詩》讀《書》，與古人居；讀《書》誦《詩》，與古人謀。"《意林》、《御覽》六百十六。任本"謀"作"稽"，誤。按，《金樓子・自叙》引此爲曾生語，"謀"作"期"。①

【疏證】

① 又見《困學紀聞》卷八、《唐韻正・尤部》、《繹史》卷八六之二、《尚史》卷八二。條五五云黃帝、堯舜、湯武之"言與行皆在《詩》、《書》"，行在《詩》、《書》，效其行則可謂與古人居矣；言在《詩》、《書》，聞其言則可謂與古人謀矣。此兩條或在一篇。《尸子》原作"謀"字，上古音"謀"明母之部，"詩"端紐之部，二字相韻。魏晉以後"謀"轉入幽部，故《金樓子》用之部"期"字以待之。任本作"稽"者，以"謀"不合時韻而改。

【一〇一】仲尼志意不立，子路侍；儀服不修，公西華侍；禮不習，子貢侍；辭不辨，宰我侍；亡忽古今，顏回侍；節小物，冉伯牛侍，曰："吾以夫六子自厲也。"①《集聖賢群輔錄》上、《廣博物志》廿。《晏子内篇·問上》云："仲尼居處惰倦，廉隅不正，則季次、原憲侍；氣鬱而疾，志意不通，則仲由、卜商侍；德不盛，行不厚，則顏回、騫、雍侍。"與此異。②

【疏證】

① 志意不立，謂行有所猶疑也。《論語·先進》："子路，行行如也。"《集注》："行行，剛強之貌。"子路剛強果斷，聞則行之，故子路在側能定其志意。《公冶長》："赤也，束帶立於朝，可使於賓客言也。"《先進》公西華自言其志："宗廟之事，如會同，端章甫，願爲小相焉。"相爲儐相，司儀之官。《公冶長》："子貢問曰：'賜也何如？'子曰：'女器也。'曰：'何器也。'曰：'瑚璉也。'"瑚璉乃宗廟祭祀之器，蓋言子貢長於佐祭之禮。《先進》："言語：宰我、子貢。"宰我乃言辭辯給之輩。"亡"，《小學紺珠》、《頖宮禮樂疏》、《讀書紀數略》、乾隆間修《山東通志》皆作"忘"，顏回聞一以知十（《公冶長》）。《先進》言冉伯牛有德行，則"節小物"或謂爲小利所惑而有虧於德耶？

② 又見《小學紺珠》卷五、《聖門人物志》卷四〇下、《焦氏類林》卷一、《説郛》卷五七上、《古微書》卷二五、《頖宮禮樂疏》卷二。《繹史》卷九五之一、《尚史》卷八三、《讀書紀數略》卷二一、乾隆間修《山東通志》卷一一之一"子貢"皆作"子游"。汪氏引又見《孔叢子·詰墨》。

【一〇二】閔子騫肥，子貢曰："何肥也？"子騫曰："吾出見其美車馬，則欲之；入聞先王之言，則又思欲之。兩心相與戰，今先王之言勝，故肥。"《御覽》三百七十八。任本無"其"字。《天中記》廿一無"思"字。①《韓詩外傳》二與此略同。《韓非子·喻老》篇則云："子夏見曾子，曾子曰：'何肥也？'對曰：'戰勝，故肥也。'曾子曰：'何謂也？'子夏曰：'吾入見先王之義，則榮之；出見富貴之樂，又榮之。兩者戰於胸中，未知勝負，故臞。今先王之義勝，故肥。'"《淮南子・精神訓》同。《原道訓》亦云："子夏心戰而臞，得道而肥。"

【疏證】

① 又見《喻林》卷四五、《詞林海錯》卷七、《繹史》卷九五之二。

【一〇三】子夏曰："君子漸於飢寒而志不僻，①侉於五兵而辭不懾，②臨大事不忘昔席之言。③"《荀子・大略》篇注。謝氏墉云："《廣韻》：'侉，痛呼也，安賀切。'宋本作'銙'，字書無考，今從元刻。"《升庵外集》十七"於"並作"以"。④《荀子》云："君子隘窮而不失，勞倦而不苟，臨患難而不忘細席之言。"楊倞注："'細'當讀爲'昔'。""昔席蓋昔所踐履之言。"

【疏證】

①《論語・公冶長》："君子固窮，小人窮斯濫矣。"《荀子・儒效》："（儒者）雖窮困凍餧，必不以邪道爲貪，無置錐之地而明於持社稷之大義。"君子不能必達，或有飢寒之時，然能恪守正道，不蹈於邪僻。

② 君子能以義降之而不能以死迫之。《荀子・榮辱》篇："義之所在，不傾於權，不顧其利，舉國而與之不爲改視，重死持義而不橈，是士君子之勇也。"《晏子春秋・内篇・雜上》載崔杼之難，"有敢不盟者，戟拘其頸，劍承其心"，而晏子喻以大義，後言"曲刃鈎之，直兵推之，嬰不革矣"，可謂"侉於五兵而辭不懾"者也。

③ 郝懿行《荀子補注》云："'細席'恐'茵席'之形訛，蓋'茵'假借爲'細'，'綱'又訛爲'細'耳。"王念孫説（《讀書雜志》）、俞樾説（《諸子平議》）並同。按，《説文》："席，籍也。""昔"爲"籍"之省，"細"爲"昔"之音訛。古師徒傳授皆端坐席上，故昔席之言，謂所受教之言。

④ 又見《尚史》八四、《佩文韻府》卷一〇〇。《繹史》卷九五之三"侉"作"銙"。

自條九八至此條，皆與孔子相關，故汪氏聯置。又以孔門多言仁義，啓下。

【一〇四】仁則人親之，義則人尊之，智則人用之也。《御覽》四百十九。《諸子彙函》"義則人尊之"下有"勇則人畏之"句。①

【疏證】

①《淵鑑類函》卷二七二引首句。《佩文韻府》卷六三之八引《尸子》曰："畜仁而不主仁，畜義而不主義，畜勇而不主勇，畜智而不主智。仁則人親之，義則人尊之，勇則人畏之，智則人用之。"條一一八引《尸子》："聖人畜仁而不主仁，畜知而不主知，畜勇而不主勇。"蓋以兩條合之，又從此條補"畜勇而不主勇"，以之補此條"勇則人畏之"。

孔子主仁，故汪氏以此條承之。

【一〇五】樹葱韭者，擇之則蕃。①仁義亦不可不擇也。②惟善無基，義乃繁滋，敬災與凶，禍乃不重。《意林》。③

【疏證】

①《齊民要術》卷二一云種葱："良地三剪，薄地再剪。"注云："不剪則不茂。"云種韭："剪如葱法。"葱韭不剪則葉少而不繁，則此處"擇"義恐同於"剪"。

② 此謂行仁義當有度。人之性鄙嗇，君子常行仁義，一日不行，則人以爲君子不仁不義。人之性亦懈惰，若君子見其困頓則周賑之，則人易耽於懈惰而不思進取。

③ 下句言多爲善行則生義，與仁義不可不擇義不同。四庫本《意林》此兩句隔開，《喻林》卷四一惟引上句，則其所依版本本非相連。《繹史》卷一一五引《意林》自"鹿馳"句至於"雞四夜"句，自注云："此段文意不相屬。"則所見本混淆更甚。

【一〇六】草木無大小，必待春而後生，人待義而後成。《意林》。①

【疏證】

①《喻林》卷二七引同。

【一〇七】十萬之軍無將,軍必大亂。夫義,萬事之將也。國之所以立者,義也;人之所以生者,亦義也。《御覽》二百卅七、四百廿一,《書鈔》六十四。《史記·司馬穰苴傳》索隱引云:"十萬之師無將,軍則亂。"①

【疏證】

① 又見《淵鑑類函》卷二七三。《職官分紀》卷三三誤作"尹子"。《列子·説符》:"桀紂唯重利而輕道,是以亡。……人而無義,惟食而已,是雞狗也。"《淮南子·主術訓》:"國之所以存者,仁義是也;人之所以生者,行善是也。國無義,雖大必亡;人無善志,雖勇必傷。"《文子·微明》:"君子非義無以生,失義則失其所以生。"

【一〇八】眾以虧形爲辱,君子以虧義爲辱。《文選·江文通〈上建平王書〉》注。《説苑·説叢》云:"君子雖窮,不處亡國之勢;雖貧,不受亂君之禄。尊乎亂世,同乎暴君,君子之恥也。眾人以毀形爲恥,君子以毀義爲辱。眾人重利,廉士重名。"①

【疏證】

①《吕氏春秋·貴身》:"辱莫大於不義,故不義,迫生也。"《韓詩外傳》卷一:"王子比干殺身以成其忠,柳下惠殺身以成其信,伯夷、叔齊殺身以成其廉。此三子者,皆天下之通士也,豈不愛其身哉?爲夫義之不立,名之不顯,則士耻之,故殺身以遂其行。"《論衡·齊世》:"語稱上世之人重義輕身,遭忠義之事,得己所當,赴死之分明也,則必赴湯趨鋒,死不顧恨。故弘演之節,陳不占之義,行事比類,書籍所載,亡命捐身,眾多非一。今世趨利苟生,棄義妄得,不相勉以義,不相激以行,義廢身不以爲累,行隳事不以相畏。"

【一〇九】賢者之於義,曰:"貴乎? 義乎?"曰:"義。"是故堯以天下與舜。曰:"富乎? 義乎?"曰:"義。"是故子罕以不受玉爲寶。①曰:"生乎? 義乎?"曰:"義。"是原脱。故務光投水而殣。②三者人之所重，而不足以易義。《御覽》四百廿一、《天中記》六。任本首句作"賢者之於天下"，"殣"作"没"。《淮南子·精神訓》云："晏子可迫以仁，而不可劫以兵；殖華可止以義，而不可縣以利。君子義死，而不可以富貴留也；義爲，而不可以死亡恐也。彼則直爲義耳，而尚猶不拘於物，又況無爲者矣。堯不以有天下爲貴，故授舜；公子札不以有國爲尊，故讓位；子罕不以玉爲富，故不受寶；務光不以生害義，故自投於淵。由此觀之，至貴不待爵，至富不待財。天下至大矣，而以與他人；身至親矣，而棄之淵外，此其餘無足利矣。"③

【疏證】

①《左傳·襄公十五年》："宋人或得玉，獻諸子罕，子罕弗受。獻玉者曰：'以示玉人，玉人以爲寶也，故敢獻之。'子罕曰：'我以不貪爲寶，爾以玉爲寶。若以與我，皆喪寶也。不若人有其寶。'"

②《韓非子·喻老》："湯以伐桀而恐天下言己爲貪也，因乃讓天下於務光，而恐務光之受之也，乃使人説務光曰：'湯殺君而欲傳惡聲於子，故讓天下於子。'務光因自投於河。"此用孟子"捨生而取義"之説。

③《淵鑑類函》卷二七三首"義"字作"天下"。

【一一〇】義必利。雖桀殺關龍逢，紂殺王子比干，猶謂義之必利也。①《文選·非有先生論》注、《運命論》注。

【疏證】

①關龍逢、王子比干雖死，而世猶稱之，能得世之稱即"利"也。

【一一一】箕子胥餘漆體而爲厲，披髮佯狂，以此免也。①《文選·非有先生論》注。《莊子·大宗師》釋文云："司馬云：'胥餘，箕子名也。見《尸子》。'崔同。又云：'《尸子》曰：箕子胥餘漆身爲厲，披髮佯狂。'或云：'《尸子》曰：比干也，胥餘，其名。'"

【疏證】

①清沈欽韓云："《韓詩外傳》三太公曰：'愛其人及屋上烏，惡其人

者憎其胥餘。'則胥餘正是爲奴之事，非箕子名也。崔譔又以胥餘爲比干名，亦非也。"(《漢書疏證》卷六)按，其説不確。《史記·司馬相如列傳》："留落胥餘，仁頻並閭。"《集解》引郭璞曰："並閭，棕也，皮可作索。""並閭"即今"棕櫚"。愛人者愛及屋上之烏，憎人者憎及園中之木，沈解既非，則説自不確。朱亦棟云："《莊子·大宗師》篇：'若狐不偕、務光、伯夷、叔齊、箕子、胥餘、紀他、申徒狄，是役人之役，適人之適而不自適其適者也。'明明另是一人，非箕子名也。考《秦策》：'箕子、接輿漆身爲厲，被髮爲狂，無益於殷楚。'與《尸子》語正同，是胥餘即接輿也，而以爲箕子之名，謬矣。"(《群書札記》卷五)成玄英《莊子疏》説同。按，莊子於箕子等人持貶抑之態，而於接輿持褒揚之態，則接輿固非胥餘。《初學記》卷一一引應劭《漢官儀》云："紂時胥餘爲太師。"傳箕子爲紂時太師，此胥餘即箕子也。郭象注引司馬説、崔説皆同，是當時主流之看法以胥餘爲箕子名。"或云"者，雖有其説，非主流也。

【一一二】莒國有名焦原者，①廣數尋，長五十步，臨百仞之溪，莒國莫敢近也。有以勇見莒子者，獨卻行齊一作"躋"。②踵焉。莒國莫之敢近，已獨齊踵焉，所以服莒國也。《思玄》注作"所以稱於世"，即下此"所以服一世也"。夫義之爲焦原也，亦高矣。是故賢者之於義也，必且齊踵焉，此所以服一世也。《御覽》四百十一。《文選·魏都賦》注、《思玄賦》注，又《長笛賦》"臨萬仞之溪"注"百仞"作"萬仞"。《後漢書·張衡傳》注。《初學記》八"有以勇"句作"有道士見於莒子"，蓋誤。③

【疏證】

①《太平寰宇記》卷二四："焦原在縣南三十六里，俗名橫山。尸子曰：'莒有焦原者，廣尋常五百步，臨百仞之溪，莒國莫敢近者，莒勇士登焉。'《漢志》謂之崢嶸谷，俗曰青泥巷，兩峽峻立如巷，故云。又《列子》云'伯昏瞀人登高山，臨百仞之淵'，即指此。"其地當在今莒南縣與莒縣接壤地，有陡山水庫，庫西有橫山村。"名"，《丹鉛餘錄》卷五、《唐音癸籤》

卷二一、卷一六,《喻林》卷三七,《文選》四庫本、胡刻本,《尸子》沈德潛輯本、孫星衍輯本皆作"石",蓋形近而訛。

《淮南子·主術訓》言孔子能"足躡郊菟",吳承仕引朱本有注,作:"菟,新生草。"吳氏以爲"草"下脱"駒"字,"草駒"即"聊駒"。疑"郊菟"即"焦原"也,"郊",古音宵部;"焦",古音緝部,旁轉可得。"兔"、"原",古音同屬元部。古名無定,隨音落筆。

② 作"躋"者,見《佩文韻府》卷三二之一。又或作"劑",見《後漢書》注、《繹史》卷一一六、《子史精華》卷七五、梁章鉅《文選旁證》卷一六。

③ 又見《李太白詩集注》卷三、《杜詩詳注》卷一九、《淵鑑類函》卷三三五。《北齊書·魏收傳》:"焦原作險,或削踵而不驚。"《隋書·盧思道傳》:"莒客之踵躋焦原,匹兹非險。"皆本《尸子》。

【一一三】中黃伯曰:①"余左執太行之獶,而右搏雕虎,②惟象之未與,吾心試焉。"一作"惟象之未試,吾或焉"。有力者,則又願爲牛,一作"惟象未與,吾試願爲牛"。欲與象鬥以自試。③今二三子以爲義矣,一作"自謂天下之義人也"。將惡乎試之?夫貧窮,④太行之獶也;疏賤者,義之雕虎也。而吾日遇之,亦足以試矣。《後漢書·張衡傳》注、《袁紹傳》注、《文選·西京賦》、《蜀都賦》、《思玄賦》、《七命》、《袁紹檄豫州》注、《山海經》六注、《御覽》三百八十六、八百九十一、《元和姓纂》一。《淮南子·繆稱訓》云:"中行穆伯,手搏虎。"疑即"中黃伯"。⑤

【疏證】

① 汪氏下引《淮南子·繆稱訓》高注:"中行繆伯,晉臣也,力能搏生虎。"中行繆伯即中行穆子,然中行氏不可簡稱爲中,且其人以德行聞,二者恐非一人。張衡《西京賦》:"東海黃公,赤刀粤祝,冀厭白虎,卒不能救。"《西京雜記》卷三云:"有東海人黃公,少時爲術,能制蛇殺虎。……秦末,有白虎見於東海,黃公乃以赤刀往厭之,術既不行,遂爲虎所殺。"亦以殺虎見聞,惟云其爲秦時人且以術勝虎,與此又不同。姑存疑。

② 雕，紋也。條九七："虎豹之駒未成文，而有食牛之氣。"有紋之虎威猛已成，云雕虎者，別於幼虎也。

③ 若作"有力者，則又願爲牛"，中黃伯語至"吾心試焉"，自"有力者"至"鬥以自試"爲釋中黃伯語。若作"惟象未與，吾試願爲牛"，中黃伯語當至"鬥以自試"。今注本皆云願試爲牛，以與象鬥。然與象鬥，何必扮作牛耶？此句多存歧文，蓋訛誤甚多。姑存疑。

④ "貧窮"下或脱一"者"字，與"疏賤者"相對。

⑤ 又見《海録碎事》卷八，《事類賦》卷二〇，《喻林》卷三七，《天中記》卷七、卷六〇，《唐音癸籤》卷二一，《丹鉛總録》卷一六，《繹史》卷一一六，《淵鑑類函》卷四二九，《子史精華》卷九七、卷一三六，《佩文韻府》卷三七之三、卷五二之一、卷一〇四。此段之義，人皆以中黃伯爲有力者，然中黃伯尤且不足於執獲搏虎，以未能與象鬥爲憾。今或自以爲得義矣，然處於貧窮疏賤之中，未必能自守焉。倘能日與貧窮疏賤而不失其義者，方可謂得義，貧窮疏賤不能離於身，則一日不可謂得義。

條一〇四、一〇五論仁義，其後專論義，故汪氏聯置。條一一一雖不論義，然箕子與關龍逢、比干皆商末賢者，故屬之。此條以中黃伯之勇喻義，故下轉爲論勇。

【一一四】人謂孟賁曰：①"生乎？勇乎？"曰："勇。""貴乎？勇乎？"曰："勇。""富乎？勇乎？"曰："勇。"三者人之所難，而皆不足以易勇，此其所以能攝三軍、服猛獸故也。《御覽》四百卅七、《漢書·東方朔傳》注、《天中記》廿七無"故"字。按，《吕氏春秋·知士》篇云："此劑貌辨之，所以外生樂、趨患難故也。"句法與此同，當從《御覽》，有"故"字是。②

【疏證】

① 《墨子·親士》："比干之殪，其抗也；孟賁之殺，其勇也；西施之沈，其美也；吴起之裂，其事也。"下條汪氏引《御覽》："勇士孟賁，水行不避蛟龍，陸行不避虎狼。發怒吐氣，聲響動天。至其死矣，頭身斷絶。"則

是其人以勇見聞,亦以勇見殺也。《史記·范睢蔡澤列傳》集解引許慎説:"孟賁,衛人。"後世若趙岐注《孟子》、高誘注《淮南》皆只云勇士,則其事迹已湮没無聞。

②《漢書·東方朔傳》無三"勇乎",《淵鑑類函》卷二八三同。《孟子·公孫丑上》正義引"謂"作"問"。

此條與條一〇九句法相類,當在其下。上條以中黄伯之勇喻義,條一〇九聯綴則以孟賁之用喻義,或在同篇。

【一一五】孟賁水行不避蛟龍,陸行不避虎兕。《史記·袁盎傳》索隱。①《御覽》四百卅七引《新序》曰:"勇士一呼,三軍皆辟易,士之誠也。夫勇士孟賁,水行不避蛟龍,陸行不避虎狼。發怒吐氣,聲響動天。至其死矣,頭身斷絶。夫不用仁而用武,當時雖快身,必無後。是以孔子勤勤行仁。"《莊子·秋水》篇云:"夫水行不避蛟龍者,漁父之勇也;陸行不避兕虎者,獵夫之勇也。"②

【疏證】

①《孟子·公孫丑上》正義引《索隱》"虎兕"乙。

②《新序·雜事四》:"勇士一呼,三軍皆辟,士之誠也。昔者楚熊渠子夜行,見寢石,以爲伏虎,關弓射之,滅矢飲羽。下視,知石也。射之,矢摧無迹。熊渠子見其誠心而金石爲之開。"又見《韓詩外傳》六。《淮南子·繆稱訓》:"勇士一呼,三軍皆辟,其出之也誠。"皆喻誠。此自"夫孟賁"以下述尚仁不尚武,故此處"勇士一呼,三軍皆辟易,士之誠也"恐不當引,文義不相屬。考《御覽》卷三八六引《説苑》:"勇士孟賁水行不避蛟龍,陸行不避虎狼。發怒吐氣,聲響動於天。"其引《新序》恐誤合兩處爲一。

【一一六】飛廉、惡來,①力角犀兕、勇搏熊羆也。《御覽》三百八十六。《史記·秦本紀》云:"蜚廉生惡來,惡來有力。"《晏子春秋·諫上》云:"費仲、惡來,足走千里,手裂兕虎。"

【疏證】

① 汪氏引《史記·秦本紀》下尚有"蜚廉善走"四字，是以惡來爲有力者，飛廉爲善走者。下引《晏子春秋》則稱二人俱有力且善走。《墨子·明鬼下》："紂有勇力之人費仲、惡來、崇侯虎，並指畫殺人。"《論衡·語增》："紂力能索鐵伸鉤，撫梁易柱，言其多力也。蜚廉、惡來之徒並幸受寵，言好伎力之主致伎力之士也。"是二人皆爲有力者。又《史記·秦本紀》云："周武王之伐紂，並殺惡來。是時蜚廉爲紂使北方，還，無所報，爲壇霍太山。"是武王伐紂時，飛廉未嘗死也。然《明鬼下》云周武王："與殷人戰乎牧之野，王手禽費中、惡來。"《説苑·雜言》："昔費仲、惡來、膠鬲，長鼻決耳，從紂之心，武王誅之。"《藝文類聚》卷一二引《帝王世紀》亦言周武王"與紂戰，紂師敗績，禽費仲、惡來"。何以《史記》所載獨異？考其緣由，蓋飛廉乃秦之祖，秦朝既得天下，則於祖先行迹有穢斑者皆抹殺之，故偽造"帝令處父不與殷亂"之書以輝耀飛廉不與紂惡也。太史公年代距秦較近，則仍其説。云善走者，爲使北方作鋪墊也。

【一一七】田成子問勇，顏歜聚之答也不敬。田子之僕塡劍曰："更言則生，不更則死。"歜聚曰："以死爲有智，今吾生是也。文有脱誤。是吾所以懼汝，而反以懼我。"《御覽》四百卅七。"田成子"、"顏歜聚"即《左傳》哀廿七年"陳成子"、"顏涿聚"也。"塡劍"未詳，孫本改"塡"爲"撫"。①

【疏證】

① 金其源《讀子管見》："《家語·困誓》'則塡如也'注：'塡，加也。'《易·觀》卦'觀其生'注：'生猶動出也。''塡劍'謂加劍於歜聚，即韓子所謂'援戈將擊之'也。'以死爲有智，今吾生是也'者，言我以不畏死爲明於事，今我動輒如此。常情懼死，故畏人之威脅，此乃我所以懼汝者，今汝反來懼我耶？"按，四庫本《家語》："塡，塞實貌也。冢雖高而塞實也。"《荀子·大略》篇作"嗔如也"，注云："嗔與塡同，謂土填塞也。"皆謂填塞，無云"加"者。"塡"當爲"搷"之借，《集韻·先韻》："搷，引也。""引劍"即

"拔劍"也。("搷"有"引"義者不見於載籍,疑"搷"爲"搯"之訛。真,小篆或作"𩔖";舀,小篆作"𦥔",二字形近。《説文》:"搯,捾也。《周書》曰:'師乃搯。'搯者,拔兵刃以習擊刺。《詩》曰:'左旋右搯。'"又或"搷"爲"揕"之形訛。《集韻》:"揕,刺也。")以死爲有智,今吾生是也"句則未審其義,姑不論。

【一一八】聖人畜仁而不主仁,畜知而不主知,畜勇而不主勇。昔齊桓公脅於魯君,而獻地百里;① 句踐脅於會稽,而身官之三年;"官",一本作"事"。按,作"官"是也。《越語》云:"與范蠡入官於吳,三年,而吳人遣之。"《韓非子·飾邪》篇云:"越王句踐與吳戰而不勝,身臣入官於吳。"《越絶書·請糴内傳》云:"越王去會稽,入官於吳,三年,吳王歸之。"又《外傳·記地傳》云:"女陽亭者,句踐入官於吳,夫人從道,產女此亭。"《吳越春秋·句踐入臣傳》云:"客官於吳。"《鶡冠子·世兵》篇云:"句踐不官,二國不定。"趙襄子脅於智伯,而以顔爲愧。② 一作"塊",並誤。其卒桓公臣魯君,句踐滅吳,襄子以智伯爲戮。此謂勇而能怯者也。《御覽》四百卅七、四百九十九。《諸子彙函》"畜仁"句下有"畜義而不主義"一句,"畜知"句在"畜勇"句下。③

【疏證】

① 《荀子·王制》:"桓公劫於魯莊。"《史記·齊太公世家》:"五年,伐魯,魯將師敗。魯莊公請獻遂邑以平,桓公許,與魯會柯而盟。魯將盟,曹沫以匕首劫桓公於壇上,曰:'反魯之侵地!'桓公許之。已而曹沫去匕首,北面就臣位。桓公後悔,欲無與魯地而殺曹沫。管仲曰:'夫劫許之而倍信殺之,愈一小快耳,而棄信於諸侯,失天下之援,不可。'於是遂與曹沫三敗所亡地於魯。諸侯聞之,皆信齊而欲附焉。七年,諸侯會桓公於甄,而桓公於是始霸焉。"即此脅魯君及下臣魯君之義。本脅於曹沫,此云脅魯君,以君對君言之也。

② 《史記·趙世家》:"晉出公十一年,知伯伐鄭。趙簡子疾,使太子

毋恤將而圍鄭。知伯醉，以酒灌擊毋恤。毋恤群臣請死之。毋恤曰：'君所以置毋恤，爲能忍詢。'然亦慍。"

③《天中記》卷二七誤注作吳子語，"官"作"宦"。《淵鑑類函》卷二七二引首句。《佩文韻府》卷六三之八引與《諸子類函》同，說見條一〇四。蓄者，愛也。主者，爲……所主。此言聖人通達應變，不泥於物，雖愛仁義而不爲仁義所制。荀子云："君子役物，小人役於物。"（《荀子·修身》）即此義也。

此條"畜勇"承上，論齊桓則啓下兩條。

【一一九】湯復於湯丘，①文王幽於羑里，②武王羈於玉門，③越王役於會稽，④秦穆公敗於殽塞，⑤齊桓公遇賊，⑥晉文公出走。⑦故三王資於辱，而五伯得於困也。⑧《御覽》四百八十六。任本"復"作"休"，孫本"役"作"栖"。

【疏證】

① 湯丘未聞。《史記·夏本紀》："夏桀不務德而武傷百姓，百姓弗堪，乃召湯而囚之夏臺。"《索隱》："獄名，夏曰鈞臺。皇甫謐云：'地在陽翟是也。'"《初學記》卷二二引《風俗通義》："夏曰夏臺，殷曰羑里，周曰囹圄。"皆以夏臺爲獄名。《淮南子·本經訓》言商湯"伐桀於南巢，放之夏臺"，注云："夏臺，大臺。"《藝文類聚》卷九三引《六韜》："武王登夏臺以臨殷民。"云"登"，則似爲地名。或夏臺本爲大臺之名，因爲湯所困躓處，後世乃名爲湯丘歟？又"復"、"休"皆與"資於辱"不合，疑"復"乃"縛"之音訛。

②《史記·殷本紀》載文王聞紂暴虐而嘆："崇侯虎知之，以告紂，紂囚西伯羑里。"《集解》引《地理志》曰："河內湯陰有羑里城，西伯所拘處。"文王囚羑里事，書多見，不俱錄。《吳越春秋·勾踐入臣外傳》："文王囚於石室，太公不棄其國。"注："此云石室，疑即所囚之室也。"

③ 紂時以玉爲門，《韓非子·喻老》："文王見詈於玉門，顏色不變。"《文選·吳都賦》注引《古書紀年》："紂作璇室，立玉門。"《新書·連語》載

紂之死,"紂之官位與紂之軀棄之玉門之外"。《戰國策·趙策三》:"文王之拘於牖里,而武王羈於玉門。"鮑彪注云:"此事不經見。"按,《呂氏春秋·首時》:"王季歷困而死,文王苦之,有不忘羑里之醜,時未可也。武王事之夙夜不懈,亦不忘玉門之辱。"注以武王不忘文王之恥解之,誤也。此處文王不忘羑里之醜與武王不忘玉門之辱相對成文,正《尸子》言武王爲紂所羈事,非謂文王也。

④ 上條汪氏注已多言之,今不贅述。

⑤《尚書大傳》:"秦穆公伐鄭,晉襄公帥師敗諸崤,還歸,作《秦誓》。"事詳《史記·秦本紀》。

⑥ 言曹沫劍挾齊桓公事,見上條注。

⑦ 驪姬讒重耳於晉獻公,重耳乃逾垣出逃,歷十九年方歸。詳見《史記·晉世家》。

⑧ 又見《正楊》卷一。《長短經·釣情》:"湯繫夏臺,文王囚羑里,重耳奔翟,齊小白奔莒,其卒霸王。由是觀之,何遽不爲福乎?"或本《尸子》。

【一二〇】鮑叔爲桓公祝曰:"使臣無忘在莒時,管子無忘在魯時,甯戚無忘車下時。"《御覽》七百卅六。又七百七十三"鮑叔"作"甯戚","臣"作"公",《事類賦》注同,無下"甯"字。任本"鮑叔"作"甯戚","使臣"作"願君"。《管子·小稱》篇云:"桓公、管仲、鮑叔牙、甯戚四人飲,飲酣,桓公謂鮑叔牙曰:'闔不起爲寡人壽乎?'鮑叔牙奉杯而起曰:'使公毋忘出如莒時也,使管子毋忘束縛在魯也,使甯戚毋忘飯牛車下。'桓公避席再拜曰:'寡人與二大夫能毋忘夫子之言,則國之社稷必不危矣。'"又見《呂氏春秋·直諫》篇、《新序》四。①

【疏證】

① 又見王琦注李白《笑歌行》詩,引同。《記纂淵海》卷七四、《四部叢刊》三編景宋本《御覽》卷七三六"臣"俱作"公",《管子》、《呂氏春秋》、《新序》皆謂桓公,則作"公"爲上。又影宋本、四庫本《御覽》"甯戚"皆誤

作"甯武子",蓋"戚"、"武"形近而訛,鈔者補"子"以通義。《後漢書·馮異傳》作:"管仲謂桓公曰:'願君無忘射鉤,臣無忘檻車。'齊國賴之。"事傳而訛也。

【一二一】爲令尹而不喜,退耕而不憂,此孫叔敖之德也。
《文選·謝靈運〈登池上樓詩〉》注。按,各本皆引作《尹子》,宋本作《尸子》。①

【疏證】
① 事本《論語·公冶長》:"令尹子文三仕爲令尹,無喜色;三已之,無慍色。"《莊子·田子方》、《呂氏春秋·知分》皆作孫叔敖事。二人皆楚人,令尹子文名不若孫叔敖,後世乃以孫叔敖代之,此傳說轉變之趨勢也。《荀子·堯問》:"孫叔敖曰:'吾三相楚而心愈卑,每益祿而施愈博,位滋尊而禮愈恭,是以不得罪於楚之士民也。'"亦一事之變。

【一二二】孔子至於勝母,暮矣,而不宿;過於盜泉,渴矣,而不飲。惡其名也。《文選·陸士衡〈猛虎行〉》注、《水經注》廿五。《史記·鄒陽傳》:"縣名勝母,而曾子不入。"《集解》:"駰案《漢書》云:'里名勝母也。'"《正義》、《鹽鐵論》皆云"里名"。《尸子》及此傳云"縣名",未詳也。《索隱》云:"《淮南子》及《鹽鐵論》云:'里名勝母,曾子不入,蓋以名不順。'《尸子》以爲孔子至勝母縣,暮而不宿,其說不同。"《後漢書·鍾離意傳》:"臣聞孔子忍渴於盜泉之水,曾參回車於勝母之閭,惡其名也。"注云:"《說苑》曰:'邑名勝母,曾子不入;水名盜泉,仲尼不飲。醜其名也。'《尸子》又載其言。"案,《說苑》在《說叢》篇,《淮南子》在《說山訓》,云:"曾子立孝,不過勝母之閭;墨子非樂,不入朝歌之邑;曾子立廉,不飲盜泉,所謂養志者也。"《後漢書·列女傳》:"樂羊子妻曰:'妾聞志士不飲盜泉之水。'"注引《論語撰考讖》曰:"水名盜泉,仲尼不漱。"《論衡·問孔》篇云:"孔子不飲盜泉之水,曾子不入勝母之閭,避惡去污,不以義恥辱名也。"①

【疏證】

① 又見《困學紀聞》卷一〇、《文章正宗》卷二二上、《繹史》卷八六之四、《李太白集注》卷一二、《淵鑑類函》卷一二九、《分類字錦》卷九。《喻林》兩引,卷八用《文選注》,卷八〇用《困學紀聞》。《水經注》卷二〇無"過"字,《駢志》卷二引同。《示兒編》卷一六作《列子》文。《天中記》卷一〇、《駢志》卷一一"勝母"下有"縣"字。《顏氏家訓・文章》:"昔者邑號朝歌,顏淵不舍;里名勝母,曾參斂襟。蓋忌夫惡名之傷實也。"《劉子・鄙名》:"水名盜泉,尼父不漱;邑名朝歌,顏淵不舍;里名勝母,曾子還軔;亭名柏人,漢后夜遁。何者?以其名害義也。"義並同。

【一二三】曾子每讀《喪禮》,泣下沾襟。《類聚》廿、卅五,《御覽》三百八十七、四百八十八,《文選・恨賦》注。①

【疏證】

① 又見張之象《鹽鐵論・孝養》注、《喻林》卷七九、呂維祺《孝經大全》卷一六、《繹史》卷九五之一、《淵鑑類函》卷二七一、《佩文韻府》卷三四之八。明郭良翰《問奇類林》卷二一誤作尹子語。《尚史》卷八三作"曾子孝於父母,每讀《喪禮》,泣下沾襟"。《淵鑑類函》卷二六七無"下"字。郭子章《聖門人物志》卷二四:"親沒,每讀《喪禮》,泣下沾襟,曰:'往而不可還者,親也,孝欲養而親不待。是故椎牛而祭,不如雞豚之待親存也。'"雖連貫群書而成,然文義一貫,則此句當爲曾子親沒之事。

曾子爲孔子弟子,承上;曾子以孝稱,啓下。

【一二四】孝己一夕五起,① 視衣之厚薄,枕之高卑,一作"下"。愛其親也。《書鈔》一百廿九、一百卅四,《御覽》四百十三、七百七。《文選・長笛賦》注首句作"孝己事親,一夜而五起"。《類聚》廿作"常以一夕五起",接"曾子"句下,"常以"乃"孝己"之誤。《秦策》:"陳軫曰:'孝己愛其親,天下皆欲以爲子。'"②

【疏證】

① 《太平御覽》卷八三引《帝王世紀》："高宗有賢子孝己，其母早死，高宗惑後妻言，放而死，天下哀之。"《荀子·大略》："虞舜、孝己，孝而親不愛。"《漢書·武五子傳》："孝己被謗。"皆言此事。《竹書紀年》載武丁二十五年："王子孝己卒於野。"則其被謗之後，乃流於野。《孔子家語·七十二弟子解》："高宗以後妻殺孝己。"云"殺"，以高宗聽讒言而使孝己死，雖非手殺之，因己而死，同於殺也。

② 《天中記》卷四八不云出《尸子》，"視"下有"親"字。《廣博物志》卷一八、《淵鑑類函》卷三七三"五"作"三"。《山堂肆考》卷九二作："殷高宗之子曰孝己，有孝行，事親一夜五起，視衣之厚薄，枕之高下也。其母早死，高宗惑後妻言，放之而死，天下哀之。"乃聯綴其事而成，《淵鑑類函》卷二四三襲之。《淵鑑類函》卷三七八"己"作"子"。引文如《類聚》者，見於《喻林》卷七九、《繹史》卷九五之一、《淵鑑類函》卷二七一、《佩文韻府》卷三四之八，《尚史》卷八三無"以"字。

【一二五】魯人有孝者，三爲母北，魯人稱之。彼其鬥則害親，不鬥則辱嬴矣，不若兩降之。① 《御覽》四百九十六。《韓非子·五蠹》篇云："魯人從君戰，三戰三北。仲尼問其故，對曰：'吾有老父，身死莫之養也。'仲尼以爲孝，舉而上之。"案，此即下莊子事。《韓詩外傳》十及《新序·義勇》篇並云"養母"，與《尸子》同。《韓子》以爲"養父"，非也。

【疏證】

① 嬴者，弱也。辱嬴，以嬴弱而爲世人辱之。降者，下也。兩降之，猶今言折中。此謂介於鬥與不鬥之間，親存則不鬥，親没則鬥之，既得孝稱，又得勇名。

【一二六】韓雉見申羊於魯，有龍飲於沂。韓雉曰："吾聞之，出見虎，搏之，見龍，射之，今弗射，是不得行吾聞也。"遂射之。《水經注》廿五。《御覽》六十三無"得"字。①

【疏證】

① 又見《喻林》卷三七、《廣博物志》卷四九、《駢志》卷一〇、《淵鑑類函》卷四三八、《駢字類編》卷二一八、《子史精華》卷九四、《佩文韻府》卷五六。《天中記》卷五六"沂"作"訴"。《繹史》卷一一六"飲"作"顧"。申羊，即申詳。《孟子·公孫丑下》："泄柳、申詳無人乎繆公之側，則不能安其身。"《孔叢子·居衛》有申詳問，宋咸注"子張之子"。韓雄未聞。《論語·公冶長》："子路有聞，未之能行，唯恐有聞。"即此聞則行之義。觀韓雄射龍，其人或與子路同以勇見稱之輩歟？

【一二七】荊莊王命養由基射蜻蛉，王曰："吾欲生得之。"養由基援弓射之，拂左翼焉，王大喜。《類聚》七十四"莊"作"襄"，誤。《御覽》七百四十五，又九百五十"欲"作"願"。①

【疏證】

① 又見《子史精華》卷一二〇、《佩文韻府》卷一〇二之三。《類聚》引無"生"字，《春秋戰國異辭》卷二七、《淵鑑類函》卷三二四皆同。《天中記》卷五七、《廣博物志》卷五〇、《駢志》卷一〇、《庾子山集注》卷一、《淵鑑類函》卷四四六"荊"皆作"楚"，義雖同，然《類聚》、《御覽》既作"荊"，則《尸子》本作"荊"。《繹史》卷一〇〇"欲生得之"作"不欲中之"。華希閔《廣事類賦》卷二一、卷四〇"蜻蛉"作"蜻蜓"，蜻蛉似蜻蜓而小，然古多混用。庾信《三月三日華林園馬射賦》："非有心於蜓翼。"即用此文。《渚宮舊事》卷一有"又使射蜻蛉，曰：'吾欲生得之。'由基開弓，拂其左翼"，亦用《尸子》，上承《淮南》所記養由基射白猿事。《爾雅翼》卷二五亦引此文而未注出處。

以上兩條言射，故汪氏置於一處。

【一二八】駙馬共爲荊王使於巴，①見擔酏者，問之："是何以？"②曰："所以酏人也。"於是請買之，金不足，又益之車馬。

已得之,盡注之於江。《御覽》四百十九、《天中記》五十九,"駙馬"疑"巫馬"之訛。③

【疏證】

① 汪氏下疑"駙馬"爲"巫馬"之訛者,以"駙馬"爲姓氏,孔子弟子有巫馬期。沈欽韓《漢書疏證》卷二九引此文後云:"蓋騎駙馬者謂之駙馬,同參乘之稱也。"以"駙馬"爲陪乘。當以汪説爲上,然"駙馬"非訛字也。駙,古屬侯部;巫,古屬魚部,旁轉可得。四部叢刊三編景宋本《御覽》作"駙馬共",四庫本《御覽》作"巫馬期",蓋後人習聞巫馬期而改。

② 《論語·微子》"怨乎不以",孔安國曰:"以,用也。"

③ 《御覽》、《天中記》、《喻林》卷八〇、《蜀典》卷三、《淵鑑類函》卷四八二"荆"下皆無"王"字。郭良翰《續問奇類林》卷一〇節引作:"駙馬共見擔鳩者,盡買之而注之江。"

【一二九】公輸般爲蒙天之階,階成,將以攻宋。墨子聞之,赴於楚,行十日十夜而至於郢,見般,曰:"聞子爲階,將以攻宋,宋何罪之有? 無罪而攻之,不可謂仁,胡不已也?"公輸般曰:"不可,吾既以言之王矣。"墨子曰:"胡不見我於王?"公輸般曰:"諾。"墨子見楚王,曰:"今有人於此,舍其文軒,鄰有敝輿,而欲竊之;舍其錦綉,鄰有短褐,而欲竊之;舍其梁肉,鄰有糟糠,而欲竊之。此爲何若人?"王曰:"此爲竊疾耳。"一作"必竊疾矣"。墨子曰:"荆之地,方五千里;宋之地,方五百里。此猶文軒之與敝輿也。荆有云夢,犀兕、麋鹿盈溢,江漢之魚鱉、黿鼉爲天下饒,宋所謂無雉兔、鮒魚者也,猶梁肉之與糟糠也;荆有長松、文梓、楩柟、豫章,宋無長木,此猶錦綉之與短褐也。臣以王之攻宋也,爲與此同類。"王曰:"善哉,請無攻宋。"《類聚》八十八。《御覽》三百廿七、四百六十二、九百五十三,又三百卅六引《墨子》,下注云:"《尸子》又載:般爲蒙天之階,階成,將以攻宋。墨子請獻十金,般曰:'吾義固不殺人。'墨子再拜。"《墨子·公輸盤》篇載此事較詳,"盤"即"般"也,《宋策》文與此略同。《諸子彙函》錄入《尸子》,並襲用鮑彪注,題其篇曰"止楚師",孫本亦誤收之。①

【疏證】

① 孫詒讓《墨子閒詁》有詳釋,可參,今不贅説。

以上兩條皆論人心之善,故汪氏置於一處。

【一三〇】齊有田果者,命狗曰富,命子爲樂。將欲祭也,狗入室,果呼之曰:"富出!"巫曰:"不祥也!"家果大禍,長子死,哭曰:"樂乎!"而不似悲也。《御覽》七百卅五。《類聚》卅八及《御覽》九百五並作:"齊有貧者,命其狗爲富,命其子爲樂。方將祭,狗入於室,叱之曰:'富出!'祝曰:'不祥!'家果有禍,長子死,哭之曰:'樂乎!'而不自悲也。"劉子《新論·鄙名》篇全采此文,亦云:"昔有貧人。"《漢書·古今人表》中下有"田果",其鄙不應至此,當別是一人。①

【疏證】

①《天中記》卷四〇、卷四二、卷五四,《廣博物志》卷四七,《喻林》卷一六,《春秋戰國異辭》卷一二,《繹史》卷一一六。"似悲",《類聚》作"自悲",義不通。"自"當爲"㠯"之訛,"㠯"即"以",借作"似"。此段論名實。

【一三一】宋人有公斂皮者,適市反,呼曰:"公斂皮!"屠者遽收其皮。《御覽》八百廿八。①

【疏證】

① 又見《淵鑑類函》卷三五八。《周禮·天官·掌皮》:"掌秋斂皮,冬斂革,春獻之。"蓋公家之取,其價低於市價,故屠者不欲賣。《漢書·古今人表》有"公房皮",梁玉繩云《人表考》卷三:"或曰《御覽》八百廿八引《尸子》有宋公斂皮,疑是此人,'房'字僞。"恐誤。此寓言也,爲事而造名,不能以爲實。此段亦論名實。

【一三二】夷逸者，夷詭諸之裔。或勸其仕，曰："吾譬則牛也，寧服軛以耕於野，不忍被綉入廟而爲牲。"《廣博物志》四十七。任本"其"作"之"。按，《莊子·列禦寇》篇云："或聘於莊子，莊子應其使曰：'子見夫犧牛乎？衣以文綉，食以芻菽。及其牽而入於太廟，雖欲爲孤犢，其可得乎。'"事與此同。①

【疏證】

① 此恐非《尸子》文。夷逸見於《論語·微子》："逸民：伯夷、叔齊、虞仲、夷逸、朱張、柳下惠、少連。……謂：'虞仲、夷逸，隱居放言，身中清，廢中權。'"《史記·孔子世家》集解引馬融説："清，純絜也。遭世亂，自廢棄以免患，合於權也。"《漢書·地理志下》顏師古注："夷逸，言竄於蠻夷而遁逸也。"云遭亂世，又云竄於蠻夷，其形又與虞仲類，則或爲殷末人。夷詭諸見於《左傳·莊公十六年》："晋武公伐夷，執夷詭諸。"注云："夷詭諸，周大夫。"此其一證。且既云竄於蠻夷，猶太伯之奔吴，箕子之奔朝鮮，所仕何國？此其二證。董斯章時《尸子》已佚，必不能見其文。此其三證。《通志》卷二六："夷氏，妘姓，春秋夷詭諸之裔。杜預云：'在城陽莊武縣所治夷安縣是其地，子孫以國爲氏。'又逸民夷逸，齊大夫夷仲年之後，邾大夫夷射姑，皆以字爲氏。"是以夷逸别出一支。此其四證。此恐後世淺薄者效《莊子》而成文。然明陳士元《論語類考》卷八引薛應旂説："夷氏，逸名，夷詭諸之裔也。族人夷仲年爲齊大夫，夷射姑爲邾大夫，獨逸隱居不仕，或勸之。逸曰：'吾譬則牛也，寧服軛以耕於野，豈忍被綉入廟而爲犧乎？'"是早有此説。

【一三三】楚狂接輿耕於方城。《水經注》卅一、《御覽》四十三。①

【疏證】

① 又見《繹史》卷八三。《御覽》引自《郡國志》。後世引此文者若《困學紀聞》卷四三、《楚寶》卷七用《水經注》，若《説略》卷二、《兗州四部稿》卷一六三用《御覽》，皆非自出。《水經注》云："《冢墓記》曰：'南陽葉

邑方城西有黄城山,是長沮、桀溺耦耕之所。有東流水,則子路問津處。'《尸子》曰:'楚狂接輿耕於方城。'蓋於此也。"此方城指方城山,在今河南葉縣至方城縣之間。

【一三四】隱者西鄉曹。鄧名世《古今姓氏書辨證》四、《通志·氏族略》三、《後紀》十注。①

【疏證】

①《古今姓氏書辨證》引《風俗通義》:"西鄉,宋大夫西鄉錯之後。"西鄉錯、西鄉曹事迹皆未聞。

以上三條皆與"隱"相關,故汪氏置於一處。"西鄉"爲姓,又啓下兩條。

【一三五】曼丘氏。《元和姓纂》九。①

【疏證】

① 桂馥《説文解字義證》云:"《史記·齊世家》:'伐衛取毌丘。'《索隱》云:'毌音貫,衛之邑也。今作毋丘,字殘缺耳。'案,《漢書》有'曼丘氏',顔注:'曼丘、毋丘本一姓。'馥謂'曼'、'毌'聲近,'毋'、'毌'形似。"

【一三六】北門子。《姓纂》十、《通志·氏族略》三。①

【疏證】

① 此條與上條皆自《尸子》書中摘出,必有其事傅會,非只言其三字也。

【一三七】孔子曰:"詘寸而信尺,小枉而大直,吾爲之也。"《御覽》八百卅。孫本"爲之"作"弗爲",誤。《文子·上義》篇:"老子曰:'屈寸而伸尺,小枉而大直,聖人爲之。'又曰:'屈者,所以求伸也;枉者,所以求直也。屈寸伸尺,小枉大直,君子爲之。'"《淮南子·氾論訓》云:"詘寸而伸尺,聖人爲之;小枉而大直,君子行之。"《泰族訓》云:"夫聖人之屈者,以求伸也;枉者,以求直也。故雖出邪辟之道,行幽昧之塗,將欲以直大道,成大功。"《孟子・滕文公》篇陳代引《志》曰:"枉尺而直尋,宜若可爲也。"《説苑・説叢》云:"直而不能枉,不可與大任。"①

【疏證】

① 又見《駢志》卷二〇。《鹽鐵論・論儒》:"小枉大直,君子爲之。"《文心雕龍・附會》:"詘寸以信尺,枉尺以直尋。"《論語・子張》篇云:"大德不逾閑,小德出入可也。"人非聖賢,雖有小疵,能不違於大德,亦可得而行也。自孟子以"苟有小曲則害於大直",而非"枉尺直尋"之説,後世多遵之。故孫本作"弗爲"者,乃以意改之。

【一三八】聖人權福則取重,權禍則取輕。《文選・運命論》注、《五等論》注。《國語》:"范文子曰:'擇福莫若重,擇禍莫若輕。'"①

【疏證】

①《喻林》卷四一引《文選》同。《墨子・大取》:"於所體之中而權輕重之謂權。"凡利於人者,則厚行之;凡不利於人者,則力避之。

【一三九】君子量才而受爵,量功而受禄。《文選・求自試表》注。①

【疏證】

①《荀子・儒效》:"譎德而定次,量能而授官,使賢不肖皆得其位,能不能皆得其官……君子之所長也。"《君道》:"譎德而定次,量能而授官,皆使人載其事,而各得其所宜。"《淮南子・人間訓》:"計功而受賞,不爲苟得;量力而受官,不貪爵禄。"《漢書・董仲舒傳》:"量材而授官,録德而定位。"《潛夫論・實貢》:"各以所宜,量材授任。"《劉子・均任》:"君子量才而授任,量任而授爵,則君無虛授,臣無虛任。"

【一四〇】能官者必稱事。《文選・王元長〈曲水詩序〉》注。①

【疏證】

① 既量才而受爵,則任爵者必有其才,必稱其事。此與上條所言排

比而來,故汪氏置於一處。

【一四一】守道固窮,則輕王公。《文選·謝靈運〈登石門詩〉》注。《荀子·修身》篇云:"志意修,則驕富貴矣;道義重,則輕王公矣。"①

【疏證】

① 《抱朴子外篇·貴賢》:"道德備則輕王公也。"後世多用《荀子》文,《隋書·儒林傳》:"處環堵以驕富貴,安陋巷而輕王公。"《古今事文類聚別集》卷二九引《文中子》:"志氣修,驕富貴;道義重,輕王公。"條一一三:"夫貧窮,太行之獶也;疏賤者,義之雕虎也。而吾日遇之,亦足以試矣。"日與貧窮、疏賤鬥而能勝者,即此所謂守道固窮。《明堂》篇:"士亦矜其德行,美其道術以輕上,此仁者之所非也。""輕上"與"輕王公"不同,"輕上"者,自誇其德行而譏其在位者無德也;"輕王公"者,自守其德行而不惑於祿位也。

【一四二】卑牆來盜。榮辱由中出,敬侮由外生。《意林》。①

【疏證】

① 又見《喻林》卷五、《佩文韻府》卷二二之十二。《繹史》卷一一五"外"誤作"中"。牆卑在我,來盜在人,然以牆卑而來盜也;榮辱在我,敬侮在人,然以榮辱而生敬侮也。故君子慎修其身,潤之以德,廣之以仁,則人恒敬之。

【一四三】言美則響美,言惡則響惡;身長則影長,身短則影短。名者,響也;行者,影也。是故慎而言,將有和之;慎而行,將有隨之。《類聚》十九,《御覽》三百九十、四百卅。《列子·説符》篇載《關尹子》,語與此同。①

【疏證】

① 又見《淵鑑類函》卷二六六。此處"慎而行"承上"行者"而來,"慎而言"承上"名者"而來,則"名"當是"言"字之誤。清佚存叢書本《臣軌·

慎密》引《列子》自"影短"下作:"言者,所以召響也;身者,所以致影也。是故慎而言,將有和之;慎而身,將有隨之。"亦作"言",正其證。《韓非子·外儲説右上》:"申子曰:'慎而言也,人且知(當作"和")女;慎而行也,人且隨女。'"作申不害語。

【一四四】夫龍門,魚之難也;太行,牛之難也;① 以德報怨,人之難也。② 《類聚》七。《御覽》四十,又八百九十九,末句作"行之難者也"。③

【疏證】

① 太行,山之險惡者。《易林·訟之剥》:"負牛上山,力劣行難。"山即指太行。《戰國策·楚策四》:"君亦聞驥乎?夫驥之齒至矣,服鹽車而上太行,蹄申膝折,尾湛胕潰,漉汁灑地,白汗交流,中阪遷延,負轅不能上。"《鹽鐵論·訟賢》:"騏驥之輓鹽車,垂頭於太行。"太行,馬之難上者,此以牛喻,義近。

② 《論語·憲問》:"或曰:'以德報怨何如?'子曰:'何以報德?以直報怨,以德報德。'"此處倡導以德報怨,與孔子語不同。

③ 又見《詳注昌黎先生文集》卷三六,《埤雅·釋魚》,《耳談類增》卷三九,《喻林》卷一七,《毛詩陸疏廣要》卷下之下,《詩傳名物集覽》卷六,《繹史》卷一一五,《山海經廣注》卷三,《淵鑑類函》卷二八、卷四四二。

自條一三七至此條皆論人之德,故汪氏置於一處。

【一四五】厚積不登,高臺不處,高室多陽,大室多陰,故皆不居。《御覽》一百七十四。《吕氏春秋·重己》篇云:"室大則多陰,臺高則多陽。多陰則蹶,多陽則痿,此陰陽不適之患也。是故先王不處大室,不爲高臺。"《春秋繁露·循天之道》篇云:"高臺多陽,廣室多陰,遠天地之和也,故人弗爲。"①

【疏證】

① 陽,《四部叢刊三編》影宋本誤作"傷"。厚積、高臺皆謂高處,人

有顛墜之患,故不登不處。人處高室,陽氣熾烈,束縮經脈,生氣不足,易失其神,類於今之熱病也;人處大室,陰氣勃鬱,地氣含濕,浸骨浹髓,身體易僵,類於今之風濕也。

【一四六】天神曰靈,地神曰祇,人神曰鬼。鬼者,歸也,故古者謂死人爲歸人。《爾雅·釋訓》注、《五行大義》三。唐沙門湛然《止觀輔行傳·宏決》二之二"謂"作"名"。《列子·天瑞》篇云:"鬼,歸也,歸其真宅。"又云:"古者謂死人爲歸人。"①

【疏證】

① 又見宋釋法雲《翻譯名義集·鬼神》篇。《周禮·春官》:"大宗伯之職,掌建邦之天神、人鬼、地祇之禮,以佐王建保邦國。""神"即"靈"也。《尚書·泰誓》:"惟人萬物之靈。"《傳》:"靈,神也。"《尚書·微子》:"乃攘竊神祇之犧牷牲用。"《正義》:"天曰神,地曰祇。"《説文》:"祇,地祇,提出萬物者也。"《初學記》卷五引楊泉《物理論》:"(地)其身曰祇,亦曰媪。"《史記·周本紀》索隱:"《隨巢子》曰:'天鬼不顧亦不賓滅。'天鬼即天神也。"分言則是,散言則通。《説文》:"鬼,人所歸爲鬼。"《爾雅·釋訓》:"鬼之爲言歸也。"《説苑·反質》:"精神離形而各歸其真,故謂之鬼,鬼之爲言歸也。"《漢書·楊王孫傳》:"夫死者,終生之化,而物之歸者也。"

【一四七】老萊子曰:"人生於天地之間,寄也。寄者,固歸也。"《文選·魏文帝〈善哉行〉》、《陸士衡〈豫章行〉》、《古詩十九首》、《歸去來辭》注,又《陸士衡〈弔魏武帝文〉》注,"固"作"同",誤。①

【疏證】

①《繹史》卷八三。《國語·吴語》載越王對吴王語:"民生於地上,寓也。"韋注:"寓,寄也。"《文子·符言》:"老子曰:'生所假也,死所歸也。'"《淮南子·精神訓》:"生,寄也;死,歸也。"

【一四八】其生也存,其死也亡。《文選·盧子諒〈贈劉琨詩〉》、《陸士衡〈門有車馬客行〉》注。①

【疏證】

① 此句與上兩條義相類，或在一篇。王先謙《漢書補注》卷一〇引葉德輝說："《尸子》引老萊子曰：'人生天地之間，寄也。寄者，同歸也。古者謂死人爲歸人。其生也存，其死也亡。'"即連貫此三條而成。

【一四九】人生也，亦少矣；而歲往之，亦速矣。《文選·古詩十九首》注。①

【疏證】

① 此嘆人生歲短，時光易逝。《論語·子罕》："子在川上曰：'逝者如斯夫，不捨晝夜。'"鮑照《觀漏賦》："時不留乎激矢，生乃急於走丸。"《藝文類聚》卷六引李康《游山序》："蓋人生天地之間也，若流電之過戶牖，輕塵之棲弱草。"卷三四引魏丁廙妻《寡婦賦》："惟人生於世上，若馳驥之過櫪。"人生少則易亡，故汪氏置此，然所言未必同。

【一五〇】先王之祠禮也，①天子祭四極，②諸侯祭山川，大夫祭五祀，③士祭其親也。《御覽》五百廿六。《書鈔》八十八"親"作"廟"。《禮記·曲禮下》云："天子祭天地，祭四方，祭山川，祭五祀，歲遍；諸侯方祀，祭山川，祭五祀，歲遍；大夫祭五祀，歲遍；士祭其先。"鄭注云："此蓋殷時制也。"《白虎通·五禮》篇引《禮》曰："天子祭天地，諸侯祭山川，卿大夫祭五祀，士祭其祖。"④

【疏證】

① 《說文》："祠，春祭曰祠。"《春秋繁露·深察名號》："祭之散名，春曰祠，夏曰礿，秋曰嘗，冬曰烝。"此散言之，"祠禮"即祭祀之禮。

② "四極"即《禮記·曲禮下》"四方"，鄭注："祭四方，謂祭五官之神於四郊也。句芒在東，祝融、后土在南，蓐收在西，玄冥在北。"

③ 《禮記·曲禮下》"五祀"鄭注："五祀，戶、竈、中霤、門、行也。"李守奎《譯注》以爲五行之神，朱海雷《譯注》以爲五色之帝，此皆天子祭祀

之事,非士之所能行。

④《淵鑑類函》卷一六二用《書鈔》,"親"作"廟"。《禮記·王制》:"天子祭天地,諸侯祭社稷,大夫祭五祀。"《春秋繁露·王道》:"天子祭天地,諸侯祭社稷,諸山川不在封內不祭。"《史記·六國表》作:"《禮》曰:'天子祭天地,諸侯祭其域內名山大川。'"《說苑·反質》:"天子祭天地、五岳、四瀆,諸侯祭社稷,大夫祭五祀,士祭門戶,庶人祭其先祖。"《論衡·祭意》:"禮,王者祭天地,諸侯祭山川,卿大夫祭五祀,士、庶人祭其先。"

【一五一】鐘鼓之聲,怒而擊之則武,憂而擊之則悲,喜而擊之則樂,其意變,其聲亦變。意誠感之,達於金石,而況於人乎?《御覽》五百七十五。《書鈔》一百八引作《尹文子》,誤。《說苑·修文》篇以此爲孔子語,"意"作"志",末三句作:"其志誠,通乎金石,而況人乎?"①

【疏證】

① 又見《子史精華》卷一〇五,"況"下無"於"字。《說苑·修文》篇上有文字:"孔子曰:'無體之禮,敬也;無服之喪,憂也;無聲之樂,歡也;不言而信,不動而威,不施而仁,志也。'"本書《神明》篇:"是故不言而信,不怒而威,不施而仁。"文字相類,篇旨亦合,或在同篇。

【一五二】夫瑟二十五弦,①其僕人鼓之,則爲笑,賢者以其義鼓之,欲樂則樂,欲悲則悲。雖有暴君,爲之立變。《御覽》五百七十六。《書鈔》一百九"義"下有"而"字。《文獻通考》一百卅七引《樂書》,末句作"雖有暴,亦不爲之變"。《天中記》四十三同。②

【疏證】

①《史記·封禪書》:"泰帝使素女鼓五十弦瑟,悲,帝禁不止,故破其瑟爲二十五弦。"(又見《漢書·郊祀志上》)

②《喻林》卷三七、《淵鑑類函》卷一八九引同。《天中記》卷四二用《樂書》文。作"雖有暴君,爲之立變"者,言樂之感人入深,暴君亦隨其樂

而樂,隨其悲而悲。作"雖有暴,亦不爲之變"者,言樂之理,欲樂則樂,欲悲則悲,雖有暴君,不能變其理。二者皆通,未知孰是。

【一五三】繞梁之鳴,許史鼓之。① 非不樂也,墨子以爲傷義,故不聽也。《文選·七命》注,又《演連珠》注"故不"作"是弗"。②

【疏證】

① 傅玄《琴賦》序:"楚莊有鳴琴曰繞梁。"鼓,奏也。許史未聞,劉向《列仙傳》有"蕭史","許"、"蕭"聲轉,或爲一人歟?

② 又見《春秋戰國異辭》卷二六。《尚史》卷八六、《繹史》卷一〇三下皆用《演連珠》注。《六臣注文選》皆作"故不"。古之善鼓者,多以"師"名之,若師曠、師涓、師延之徒是也,此何以獨名"許史"?"繞梁"之説,見於《列子》,"繞梁之鳴"已是用典(傅玄説不可信),尸子何以用之?上兩條言樂之感人深,此轉而云"傷義";下云墨子雖非樂,亦能吹笙,皆贊樂之語,此獨非之,義亦不類。此爲黄初中所續者歟?

【一五四】商容觀舞,墨子吹笙。墨子非樂,而於樂有是也。《類聚》四十四、《書鈔》一百十。任本"有"作"猶"。《韓詩外傳》二云:"商容嘗執羽籥,馮於馬徒,欲以伐紂而不能,遂去,伏於太行。"《吕氏春秋·貴因》篇云:"墨子見荆王,錦衣吹笙,因也。"高誘注:"墨子好儉非樂,錦與笙非其所服也而爲之,因荆王之所欲也。"《淮南子·説山訓》云:"爲墨而朝吹竽。"高誘注:"墨道尚儉,不好樂。縣名朝歌,墨子不入。吹竽,非也。"①

【疏證】

① 又見《天中記》卷四三、《類雋》卷二四、《淵鑑類函》卷一九〇。此云"商容觀舞",則非自舞,汪氏引《韓詩外傳》"商容嘗執羽籥",是自舞也,二説不同。此與"墨子非樂"並説,似商容乃非舞者。《史記·殷本紀》索隱:"鄭玄云:'商家樂官,知禮容。'"商容爲樂官,則觀舞亦其職,未曉何以與墨子並舉。《劉子·隨時》:"墨子儉嗇而非樂者,往見荆王,衣

錦吹笙,非苟違性,隨時好也。"

自條一五一至此,皆與"樂"相關,故汪氏置於一處。

【一五五】膳,俞兒和之以薑、桂,爲人主上食。《莊子·駢拇》篇釋文引崔注。①

【疏證】

① 又見晏殊《類要》卷二八,誤作尹子語。《莊子·駢拇》:"屬其性於五味,雖通如俞兒,非吾所謂臧也。"《淮南子·氾論訓》:"奭兒、易牙,淄澠之水合者,嘗一哈水而甘苦知矣。"《抱朴子外篇》卷三:"雲夢之澤,孟諸之藪,魚肉之雖饒,而未可謂之爲煎熬之盛膳、俞狄之嘉味也。"又李守奎《譯注》"膳"下不句,蓋以"膳"爲姓,猶師曠、屠蒯、優旃之類,亦可通。

【一五六】鴻鵠在上,扞弓彀弩以待之,①若發若否,問二五,曰:"不知也。"非二五之難計也,欲鴻之心亂之也。《長短經·昏智》篇注。《類聚》七十四、《御覽》三百四十七並作"問二五,弗知","彀"作"韓"。《楊升庵外集》四十八"彀"作"彉",云與"彍"同字。彀,弓弩也。② 劉子《新論·專學》篇云:"奕秋,通國之善奕也。當奕之時,有吹笙過者,傾心聽之,將圍未圍之際,問以奕道,則不知也。非奕道暴深,情有暫暗,笙滑之也。隸首,天下之善算也。當算之時,有鳴鴻過者,彎弧擬之,將發未發之間,問以三五,則不知也。非三五難算,意有暴昧,鴻亂之也。"蓋俱本《尸子》。③

【疏證】

① "扞"不通,當作"扜",《吕氏春秋·壅塞》:"左右有言秦寇之至者,因扜弓而射之。"高注:"扜,引也。"《説文》作"弙",云:"滿弓有所鄉也。"

② "弓弩"上當脱一"張"字。《玉篇》:"彀,張弓弩。"

③ 《長短經》無"扞弓"二字,《類聚》第二"若"字作"善",四庫本《御

覽》"扞"誤作"杆"。《詞林錯海》卷一一"扞"作"杆","待"下無"以"字,"曰不"作"弗","難"上無"之"字,"計"作"記","亂之"作"切"。又見《喻林》卷五二、卷九二,《繹史》卷一一五,《淵鑑類函》卷三二四。

此當在《勸學》篇,與"鹿馳走無顧,六馬不能望其塵,所以及者,顧也"處於相近位置。"鹿馳走無顧"句,喻學之不專,此喻學之專,謂心之所專,於外物茫昧無知也。《荀子·解蔽》:"心不使焉,則白黑在前而目不見,雷鼓在側而耳不聞。"《淮南子·俶真訓》:"夫目察秋毫之末,耳不聞雷霆之聲;耳調玉石之聲,目不見太山之高。何則?小有所志而大有所忘也。"《論衡·書解》:"志有所存,顧不見泰山;思有所至,有身不暇徇也。"白黑,色之明者;雷鼓,音之響者;泰山,山之高者;身,人之重者,然而不知者,志有所偏也。《新語·懷慮》:"目以精明,耳以主聽,口以別味,鼻以聞芳,手以之持,足以之行,各受一性,不得兩兼,兼則心惑。"人心一而萬物遍,以一心求萬物,萬物皆不能得。"逐兔之犬,終朝尋兔,不失其迹,雖見麋鹿,不暇顧也"(《意林》引楊泉《物理論》)。麋鹿重於兔,而犬不顧者,恐顧之而兩不能得;二五簡於弋鴻,而云不知者,若知則失鴻鵠。學亦然也,專則能達,分則多失,故學不可不專也。

【一五七】文軒六駃題,① 無四寸之鍵,則車不行。小亡,則大者不成也。《類聚》七十一、《御覽》七百七十三、《文選·七啓》注。《淮南子·繆稱訓》云:"終年爲車,無三寸之鐋,不可以驅馳。"按,"鐋"當作"轄"。《人間訓》云:"車之所以能轉千里者,以其要在三寸之轄。"《說文》云:"轄,鍵也。鍵,鉉也,一曰車轄。"②

【疏證】

① 李守奎《譯注》"題"從下讀,云"車軸頂端",古無此釋。朱海雷《譯注》以爲騠,近是。《史記·鄒陽列傳》:"王按劍而怒,食以駃騠。"《集解》:"《漢書音義》曰:'駃騠,駿馬也,生七日而超其母。'"《索隱》:"《字林》云:'馬父贏子,北狄之良馬也。'"《正義》:"駃騠,音決蹄,北狄良馬也。"

②《文選注》無"六馱題無"四字,《喻林》卷一○○用之。《類聚》"題"作"是"。《事類賦》卷一六、《山堂肆考》卷一八○"馱"作"馭",無"題"字。《喻林》卷四四、《淵鑑類函》卷三八七"馱題"作"馱是"。盧柟《蠛蠓集》卷二無"題"字,"則車不行"作"而車膠者"。《繹史》卷一一五"馱題"作"馱是"。《論語·爲政》:"大車無輗,小車無軏,其何以行之哉?"《孔叢子·嘉言》:"載無轄之車,以臨千仞之谷,其不顛覆,亦難冀也。"《素履子·履平》:"車若虧之於轅轂,則轍迹難通。"喻類。

【一五八】水非石之鑽,繩非木之鋸。《御覽》七百六十三。《説苑·正諫》篇枚乘《上吳王書》云:"泰山之溜穿石。引繩久之,乃以挈木。水非石之鑽,繩非木之鋸也,而漸摩使之然。"①

【疏證】

①《劉子·崇學》:"水非石之鑽,繩非木之鋸,然而斷穿者,積漸之所成也。"《孔叢子》卷下《與子琳書》:"山霤至柔,石爲之穿;蝎蟲至弱,木爲之弊。夫霤非石之鑿,蝎非木之鑽,然而能以微脆之形陷堅剛之體,豈非積漸之致乎?"兩篇皆論學待積然後成,據此,此段似當在《勸學》篇。然枚乘《上吳王書》此句下接木蘖、熛火之喻,則此段似又當在《貴言》篇。

【一五九】利錐不如方鑿。《御覽》七百六十三。①

【疏證】

① 錐者,刺也;鑿者,掘也。物各有其用,此云"利錐不如方鑿"者,當有具體所用事。或與條一六九、一七二在一處。

【一六○】水試斷鵠雁,陸試斷牛馬,所以觀良劍也。《類聚》六十、《書鈔》一二二、《御覽》三四四。《韓非子·顯學》篇云:"夫觀鍛錫而察青黃,區冶不能以必劍。水擊鵠雁,陸斷駒馬,則臧獲不疑鈍利。"①

【疏證】

① 又見錢希言《劍筴》卷二、《喻林》卷六六、《繹史》卷一一五、《淵鑑

類函》卷二二三、《佩文韻府》卷九一之三。《戰國策・韓策一》:"鄧師、宛馮、龍淵、太阿,皆陸斷馬牛,水擊鵠雁。"《淮南子・修務訓》:"純鈎、魚腸……加之砥礪,摩其鋒鍔,則水斷龍舟,陸剸犀甲。"又云:"水斷龍舟,陸剸兕甲。"王褒《聖主得賢臣頌》:"巧冶鑄干將之樸,清水焠其鋒,越砥斂其咢,水斷蛟龍,陸剸犀革。"《劉子・思順》:"陸斷犀象,水截蛟龍。"《知人》:"陸斬玄犀,水斷蛟龍。"又《藝文類聚》卷九三引《東方朔傳》:"干將、莫耶,天下之利劍也,水斷鵠雁,陸斷馬牛,將以補履,曾不如一錢之錐;騏驥、騄耳,天下之良馬也,將以捕鼠於深宮,曾不如跛猫。"與下條一六九相承,或在一處。又汪氏引《韓非子》"鍛錫"之"鍛",底本原誤作"鍜"。

條一五七至此皆與"器"有關,故汪氏置於一處。良劍啓下。

【一六一】昆吾之劍,可以切玉。《列子・湯問》篇釋文。《山海經・中山經》:"昆吾之山,其上多赤銅。"郭注云:"此山出名銅,色赤如火,以之作刀,切玉如割泥也。周穆王時西戎獻之,《尸子》所謂昆吾之劍也。"又云:"汲郡冢中得銅劍一枚,長三尺五寸,乃今所名爲干將劍。"《藝文類聚》八十四引郭璞《赤銅贊》曰:"昆吾之山,名銅所在,切玉如泥,火炎其采,尸子所嘆,驗之汲宰。"①

【疏證】

① 又見《玉海》卷一五一,無"以"字。昆吾産良金,可鑄劍,參《勸學》篇注。

劍承上條,玉啓下條,故汪氏置此。

【一六二】玉者,色不如雪,澤不如雨,潤不如膏,光不如燭。取玉甚難,越三江五湖,至昆侖之山。千人往,百人反,百人往,十人至。中國覆十萬之師,解三千之圍。《意林》、《御覽》八百五。①

【疏證】

① 又見《緯略》卷八、《喻林》卷一一九、《繹史》卷一一五、《淵鑑類

函》卷三六三。武英殿本《御覽》"十人"作"千人",此云往者多而還者少,作"十人"是。此言采玉之艱,《中論·修本》:"采金攻玉之涉歷艱難。"明張時徹《芝園集外集》卷一三:"漢武帝謂鄭當時曰:'……夫玉者,色不如雪,澤不如雨,潤不如膏,光不如燭,而取之甚難。越三江,逾五湖,放乎昆侖之巔,千人往而百人返,百人往而十人返,比其至中國也,直之連城。覆十萬之師,而解三千之圍,則以至寶所在,不憚難求之耳。'"即因《尸子》而僞構,然可爲末句注脚。

【一六三】吉玉、大龜。《山海經》二注。①

【疏證】

①《山海經》注:"吉玉,玉加彩色者也。"此或乃云某地出吉玉、大龜。《尚書·禹貢》:"九江納錫大龜。"九江在今江西省北部。《韓非子·和氏》:"楚人和氏得玉璞楚山中。"楚山在今湖北省西北部。兩地古皆屬楚,此或即指楚地歟?

【一六四】玉淵之中,驪龍蟠焉,頷下有珠也。《一切經音義》廿。《莊子·列禦寇》篇云:"千金之珠,必在九重之淵,而驪龍頷下。"①

【疏證】

① 驪,黑也。《抱朴子内篇·袪惑》:"凡探明珠,不於合浦之淵,不得驪龍之夜光也。"左思《吳都賦》:"玩其磧礫而不窺玉淵者,未知驪龍之所蟠也。"

自條一六一至此皆與玉有關,故汪氏置於一處。

【一六五】程,中國謂之豹,越人謂之貘。《列子·天瑞》篇釋文。①

【疏證】

①《爾雅·釋獸》:"貘,白豹。"注引《字林》云:"似熊而白黄,出蜀

郡。"郝懿行《爾雅義疏》云:"貘、白、豹三字雙聲兼叠韻。"《莊子·至樂》:"青寧生程,程生馬。"陳景元《莊子音義》引此以證之,"程"下有"者"字,"貘"作"貊"。高亨《莊子今箋》:"《山海經·西山經》:'章莪之山有獸焉,其狀如赤豹,五尾一角,其音如擊石,其名如狰。'《廣韻》:'狰,獸名,似豹,一角五尾。'其獸似豹,其名曰狰。'狰'、'程'古音近,一名之變也。"王叔岷《莊子校詮》:"《夢溪筆談》三:'《莊子》云:"程生馬。"嘗觀《文字注》:"秦人謂豹曰程。"予至延州,人至今謂虎豹爲程,蓋言蟲也。方言如此,抑亦舊俗也。'《庶物異名疏》二九:'程,豹也。豹性廉,有所程度而食,故亦名程。'"

【一六六】距虛不擇地而走。《穆天子傳》一注。①

【疏證】

① 又見《玉芝堂談薈》卷三四、《格致鏡原》卷八九、《續通志》卷一八〇。《穆天子傳》云:"卬卬距虛走百里。"是善走之獸也。不擇地而走,謂其不受地形高下平緩之限。《爾雅·釋地》:"西方有比肩獸焉,與卬卬岠虛比,爲卬卬岠虛嚙甘草。即有難,卬卬岠虛負而走,其名謂之蟨。"又見《呂氏春秋·不廣》、《韓詩外傳》五、《說苑·復恩》,皆以爲一獸。蟨善尋甘草而不善走,卬卬岠虛善走而不識甘草,故二獸相爲輔助。然自漢末已有以卬卬岠虛爲兩獸者,《漢書·司馬相如傳》引張揖說:"蛩蛩,青獸,狀如馬。距虛,似驘而小。"是以卬卬、距虛爲馬屬。《潛夫論·實邊》:"蛩蛩、距虛,更相持仰,乃俱安存。"則又以卬卬、距虛其中之一代蟨也。《劉子·審名》云:"蛩蛩巨虛,其實一獸。因其詞煩,分而爲二。"其注云:"蛩蛩前足長,巨虛後足長,其獸出雁門山,見人即巨虛負蛩而走也。"殊未解劉子之意也。

【一六七】見驥一毛,不知其狀;見畫一色,不知其美。《意林》。①

【疏證】

①《喻林》卷八引《意林》同。《淮南子·說林訓》:"見虎一文,不知

其武；見驥一毛，不知善走。"又云："行一棋不足以見智，彈一弦不足以見悲。"所喻皆同。

【一六八】屠者割肉則知牛長少，弓人斵筋則知牛長少，①**雕人裁骨則知牛長少，**②**各有辨焉。**《意林》、《廣韻·十一模》、《御覽》八百廿八。毛晃《增修禮部韻略》引云："屠者割肉知牛之多少，則沽者亦知酒之多少也。"③

【疏證】

① 《周禮·考工記》："弓人爲弓，取六材必以其時。"注："取幹以冬，取角以秋，絲、漆以夏，筋、膠未聞。"斵，割也，弓人割獸筋以爲弓弦。

② 《周禮·考工記》有"雕人"，然下闕文字。據出土文物，古之雕刻有以玉、石、骨、陶爲之者。

③ 又見《喻林》卷一〇。《廣韻》無"則"字，《淵鑑類函》卷三五八同。《繹史》卷一一六"則"作"以"。《增修禮部韻略》之辭又見《洪武正韻·五姥》，又《五暮》部云："《尸子》屠沽。"《古今韻會舉要·虞部》："沽者，知酒之多少也。"《詩經世本古義》卷六、《叶韻彙輯》卷二〇引同。

【一六九】使牛捕鼠，不如貓狌之捷。①《御覽》九百十二。《莊子·逍遥游》篇云："子獨不見狸狌乎？卑身而伏，以候敖者，東西跳梁，不避高下，中於機辟，死於罔罟。今夫犛牛，其大若垂天之雲，此能爲大矣，而不能執鼠。"②

【疏證】

① 狌，即鼪。《爾雅·釋獸》注："江東呼鼬鼠爲鼪，能噉鼠。俗呼鼠狼。"即今之黃鼠狼。

② 《御覽》作尹子語，乃尸子之誤。《淵鑑類函》卷四三六、《駢字類編》卷二一四、黃漢《猫苑》卷下、王初桐《猫乘》卷四皆作尹文子語，則又因尹子而誤。此或與條一六〇在一處，見上疏。"捕鼠"之喻，古書習見，《莊子·刻意》："騏驥、驊騮一日而馳千里，捕鼠不如狸狌，言殊技也。"

《淮南子·原道訓》:"釋大道而任小數,無以異於使蟹捕鼠、蟾蜍捕蚤,不足以禁奸塞邪,亂乃逾滋。"又《法言·君子》:"仲尼之術,周而不泰,大而不小,用之猶牛鼠也。"皆言物各爲用,不可混一爲之。

【一七〇】大牛爲㸬,七尺;大羊爲羬,六尺;①大豕爲𧱓,五尺。②《爾雅·釋畜》注。疏云:"《尸子》説六畜云。"③

【疏證】

①《爾雅·釋畜》:"牛七尺爲㸬。羊六尺爲羬。"《山海經·西山經》:"(錢來之山)有獸焉,其狀如羊而馬尾,名曰羬羊。"郭注:"今大月氏國有大羊,如驢而馬尾。《爾雅》云:'羊六尺爲羬。'謂此羊也。"又云:"(英山)其獸多㸲牛、羬羊。"《玉篇·牛部》:"㸲,牛,肉重千斤,出華陰山。"《御覽》卷八九九:"杜預奏事曰:'臣前在南,聞於魏興,西北山有野牛、野羊,牛之大者二千斤,羊之大者千數百斤。'""㸲牛"或即"㸬牛"。

②《爾雅·釋畜》:"豕五尺爲𧱓。"注:"今漁陽呼豬大者爲𧱓。"

③ 次句引見《天中記》卷五四、《正字通》卷八、《山海經廣注》卷二、《詩傳名物集覽》卷三、《淵鑑類函》卷四三六。末句見《格致鏡原》卷八七、《淵鑑類函》卷四三六。《天中記》卷五四"𧱓"誤作"𧰼"。

【一七一】五尺大犬爲猶。《顏氏家訓·書證》篇、《爾雅·釋獸》釋文、《止觀輔行傳·宏決》四之四。《文選·養生論》注"猶"作"豫",誤。任本作"大犬五尺爲豫",蓋以意改。①

【疏證】

①《顏氏家訓》云:"《禮》云:'定猶豫,決嫌疑。'《離騷》曰:'心猶豫而狐疑。'先儒未有釋書。案,《尸子》曰:'五尺犬爲猶。'《説文》云:'隴西謂犬子爲猶。吾以爲人將犬行,犬好豫在人前,待人不得,又來迎候,如此往還,至於終日,斯乃豫之所以爲未定也。故稱猶豫。"作"豫"者,蓋以義近而訛。

【一七二】羊不任駕鹽車,①樣不可爲楣棟。②《御覽》九百二。③

【疏證】

① 善駕鹽車者,牛馬也。參條一四四。

② 樣,檁上木柱。楣,門上柱。棟,即大梁。

③ 又見《喻林》卷二三、《淵鑑類函》卷四三六。《新語·輔政》有"曾子駕羊",事不類。或喻物各有其用,與條一五九、一六九相類。

【一七三】戰如鬥雞,勝者先鳴。《御覽》九百十八。《春秋》襄公廿一年左氏傳:"州綽曰:'平陰之役,先二子鳴。'"杜預注云:"自比於雞,鬥勝而先鳴。"①

【疏證】

① 又見《杜詩詳注》卷一〇、卷二四、《讀杜心解》卷三、《天中記》卷五八、《喻林》卷一〇七、《御選唐詩》卷八七。《讀杜鏡銓》卷九"鬥"訛作"國"。

【一七四】揚州之雞,裸無毛。《御覽》九百十八。①

【疏證】

① 四庫本《御覽》作尹子語。又見《天地瑞祥志》卷十八,作"楊州之雞無毛,故爲裸也"。據此,蓋揚州呼雞曰裸,此所以解之。《爾雅·釋畜》:"未成雞,健。"郭璞注:"今江東呼雞少者曰健。""裸""健"雙聲,而"裸"又音"灌",《周禮·大行人》"裸圭"鄭玄注:"裸之言灌也。"則"裸"即"健"乎?

【一七五】雞司夜,狸執鼠,日燭人,此皆不令自全。《意林》,"令"一作"能"。《韓非子·揚權》篇云:"夫物者有所宜,材者有所施,各處其宜,故上下無爲。使雞司夜,令狸執鼠,皆用其能,上乃無事。"①

【疏證】

① 四庫本、聚珍本"令"皆作"全",孫氏輯本亦作"全",汪氏既未出校,恐汪本本作"全"字。《喻林》卷二九、《繹史》卷一一五皆作"能"。《淮

南子·泰族訓》：“夫物有以自然，而後人事有治也。……令雞司夜，令狗守門，因其然也。”由此觀之，此條之大旨，蓋言人君因勢利便，依才任賢，則國家可垂拱而治。

【一七六】卵生曰瑑，胎生曰乳。《文選·東征賦》注，李善云：“'瑑'與'梒'，古字通。”任本作“啄”。①

【疏證】

① 清常增《四書緯》“瑑”亦作“啄”，疑“啄”為本字，言卵生則啄食，胎生則乳食。

【一七七】地中有犬，名曰地狼。有人，名曰無傷。《搜神記》十二、《晋書·五行志》中。按《莊子·達生》篇：“水有罔象。”《釋文》云：“司馬本作'無傷'，云：'狀如小兒，赤黑色，赤爪，大耳，長臂。'一云：'水神名。'”①

【疏證】

① 此文後世多引，若《開元占經》卷一一九、《法苑珠林》卷一一，皆本《搜神記》、《晋書》，今不俱書。據汪氏引《釋文》，無傷乃水中類人者。敦煌卷子P.2682-8載《白澤圖》：“入淵而畏者，呼曰'罔像'。”亦即此也。《搜神記》卷一二又引《夏鼎志》：“掘地而得狗，名曰賈；掘地而得豚，名曰邪；掘地而得人，名曰聚。”云：“聚，無傷也。此物之自然，無謂鬼神而怪之。然則賈與地狼名異，其實一物也。”是地中人亦名無傷。妄怪之談，不能究其實。

自條一六四至此，皆與禽獸有關，故汪氏置於一處。

【一七八】木之精氣為必方。《類聚》八十八。《御覽》九百五十二“必”作“畢”，古字通。按，《淮南子·氾論訓》云：“木生畢方。”高誘注：“木之精也。狀如鳥，青色，赤腳，一足，不食五穀。”《廣雅·釋天》亦謂“木神謂之畢方”。而《山海經·西山經》云：“章峨之山有鳥焉，其狀如鶴，一足，赤文青質而白喙，名曰畢方。其鳴自叫也。見則其邑有訛火。”

《法苑珠林·審察》篇引《白澤圖》云:"火之精名曰必方,狀如鳥,一足,以其名呼之則去。"又云:"上有山林,下有川泉,地理之間生精,名曰必方,狀如鳥,長尾。"薛綜注《東京賦》云:"畢方,老父神,如鳥,一足,兩翼,常銜火在人家作怪災。"並與此異。①

【疏證】

①《類雋》卷二七、《格致鏡原》卷六四、孫星衍輯本引《類聚》皆作"畢",四庫本《類聚》作"畢",王念孫《廣雅疏證》卷九上引作"必",是清時《類聚》版本有作"必"者,有作"畢"者。《韓非子·十過》有"畢方",何犿注:"神名也。"亦是火神。

【一七九】大木之奇靈者爲若。《山海經》二注。按,此乃郭氏約《尸子》之語,非本文也。楊慎《山海經補注》"若"下有"木"字,衍。①

【疏證】

①《淮南子·墜形訓》:"若木在建木之西,末有十日,其華照下地。"《山海經·海外東經》:"湯谷上有扶桑,十日所浴,在黑齒北,居水中,有大木,九日居下枝,一日居上枝。"以扶桑爲地名,大木處於扶桑。

【一八〇】木食之人,多爲仁者,名爲若木。《山海經》注二。補注作"食若木者,多爲仁人"。按,《禮記·中庸》云:"天命之謂性。"鄭注:"木神則仁。"疏引皇氏云:"東方,春。春主施生,仁亦主施生。"《春秋繁露·五行相生》篇云:"東方者,木。農之本,司農,尚仁。"《漢書·律曆志》亦以仁屬木,木性仁,故木食之人亦爲仁者。①

【疏證】

① 此處語不通,疑有脱誤。上條"大木之奇靈者爲若"釋"若木"之"若",或在"名爲若木"下。

【一八一】春華秋英,其名曰桂。《初學記》三、《類聚》八十九。①

【疏證】

① 又見《淵鑑類函》卷一三、《癸巳存稿》卷一三。《類聚》無"其名"，《爾雅翼》卷一二、胡古愚《樹藝篇》卷三、《丹鉛總錄》卷二七、《通雅》卷四三、《淵鑑類函》卷四一六等皆用《類聚》。此桂當指丹桂，《南方草木狀》卷中云："桂有三種：葉如柏葉、皮赤者爲丹桂。"白居易《有木詩》："有木名丹桂，四時香馥馥。"

自條一七八至此皆論木，故汪氏置於一處。

【一八二】疧。《廣韻·十五海》："疧，病也。見《尸子》。"①

【疏證】

① 後世韻書若《五音集韻》、《古今通韻》引此皆本《廣韻》。孫星衍輯本並"病也"二字亦屬之《尸子》。按，原本《廣韻》六引《尸子》，五錄原文，此云"見《尸子》"，乃云"疧"字見《尸子》，"病也"非其文也。

【一八三】《春秋·隱公五年》："初獻六羽。"①《穀梁傳》云："初，始也。穀梁子曰：'舞夏，天子八佾，諸公六佾，諸侯四佾。②初獻六羽，始僭樂矣。'尸子曰：'舞夏，自天子至諸侯，皆用八佾。初獻六羽，始厲樂矣。③'"范甯《集解》云："言時諸侯僭侈，皆用八佾，魯於是能自減厲，而始用六。穀梁子言其始僭，尸子言其始降。"④

【疏證】

① 古舞有文舞、武舞，文舞執羽籥，武舞執干戚。羽，野雉之尾。

② 佾，列也。一説每佾人數同佾數，則八佾六十四人，六佾三十六人，四佾十六人。一説每佾八人，則八佾六十四人，六佾四十八人，四佾三十二人。《左傳·襄公十八年》鄭人賂晉侯"女樂二八"，《韓非子·十過》秦穆公贈戎王"女樂二八"，皆云"二八"，似當以每佾人數同佾數爲是。

③ 厲，減損。

④《公羊》亦持僭越之説。二説所以不同者,在於"夏"之解。《穀梁傳》范甯《集解》以"夏"爲"大",雉之尾大故言。而尸子以"夏"爲《大夏》,大禹之樂也。《禮記·祭統》:"昔者周公旦有勛勞於天下。周公既没,成王、康王追念周公之所以勛勞者,而欲尊魯,故賜之以重祭。外祭則郊、社是也,内祭則大嘗禘是也。夫大嘗禘,升歌《清廟》,下而管《象》,朱干玉戚以舞《大武》,八佾以舞《大夏》,此天子之樂也,康周公故以賜魯也。"《大夏》乃天子之樂,天子與其所賜者皆可舞之,不因勢位變其佾數,故尸子云"自天子至諸侯,皆用八佾"。

【一八四】《春秋·桓公九年》:"冬,曹伯使其世子射姑來朝。"《穀梁傳》云:"朝不言使,言使非正也。使世子抗諸侯之禮而來朝,曹伯失正矣。諸侯相見曰朝,以待人父之道待人之子,以内爲失正矣。内失正,曹伯失正,世子可以已矣,則是故命也。尸子曰:'夫已,多乎道?'"范甯《集解》云:"邵曰:'已,止也。止曹伯使朝之命,則曹伯不陷非禮之愆,世子無苟從之咎,魯無失正之譏。三者正則合道多矣。'"①

以上二篇節録則文義不明,故録其全文,載於卷末。

【疏證】

①《公羊傳》亦以爲譏嘲之語,惟《左傳》云:"冬,曹大子來朝。賓之以上卿,禮也。"以爲合於禮。

存　疑

【一】鄭人謂玉未理者爲璞。①《文選·演連珠》注。
按,此見《尹文子》。②
【疏證】
①《尹文子·大道下》:"鄭人謂玉未理者爲璞,周人謂鼠未腊者爲璞。周人懷璞謂鄭賈曰:'欲買璞乎?'鄭賈曰:'欲之。'出其璞視之,乃鼠也。因謝不取。"事又見《戰國策·秦策三》。《劉子·審名》:"周之玉璞,其實死鼠。"
②《藝文類聚》卷八三、九五,《古今事文類聚後集》卷四一皆云《尹文子》。《後漢書·應奉傳》注、《太平御覽》卷九一一、《古今事文類聚別集》卷二六引晏殊《類要》同,惟"理"作"琢"。《太平御覽》卷八〇五、《事類賦》卷九誤作"文子",《格致鏡原》卷八八從之。"理"、"琢"皆治玉之義,均通。《文選注》致誤之由或有二,一是"尹"、"尸"形近而訛。二是《尸子》亦論正名,參《分》篇及卷下條一三〇、一三一,與《尹文子·大道下》所論相類,因而誤之。

【二】深根固蒂。《類聚》八十八。
按,《類聚》有兩刻八十八卷,一本引《尸子》曰:"木之精氣曰必方,又曰深根固蒂。"一本此句別爲一條,稱"聲子曰",在謝承《後漢書》之後。按,《老子·德經》云:"有國之母,可以長久,是謂深根固蒂,長生久視之道。""聲子"蓋

"老子"之訛。"聲"俗作"声",與"老"字字形相近,又脱壞爲"尸"也。①

【疏證】

① 又見鄭若庸《類雋》卷二七。汪説近是,此考《類聚》注文體例便知。《類聚》引文下有注:"畢方,火鳥也。"注上條而在下條下。而《類聚》凡有"又曰"且注上條者,注文皆在"又曰"上,卷三引《淮南子》、卷八十引《漢書》即其證。

【三】晉國苦奢,文公以儉矯之,衣不重帛,食不兼肉。《書鈔》卅八。

按,此見《尹文子》,《書鈔》一百廿九、一百四十三並引作《尹文子》。①

【疏證】

① 此見《尹文子·大道上》。《淵鑑類函》卷一二八亦作尸子語,蓋本《書鈔》之誤。《墨子·兼愛中》:"昔者晉文公好士之惡衣,故文公之臣皆牂羊之裘,帶以韋,練帛之冠。"《兼愛下》、《公孟》、《淮南子·齊俗訓》並有之,文略異。

【四】黃帝時,公玉帶造合宮、明堂,見《尸子》。《元和姓纂》十、《通志·氏族略》四。

按,《史記·封禪書》云"上欲治明堂,奉高旁,未曉其制度,濟南人公玉帶上黃帝時《明堂圖》"云云。於是上令奉高作明堂汶上,如帶圖,帶即漢武帝時人也。而《雲笈七籤》一百載《真宗軒轅紀》云:"濟南人公玉帶上《黃帝明堂圖》。有複道,上有樓,從西南入,此樓之始也。帝依圖制之曰合宮,可以觀其行也。二語見《尸子》。乃立明堂之議,以觀於賢也。"本《管子》。斯爲巨謬矣。①

【疏證】

① 又見《事類備要續集》卷二四、章定《名賢氏族言行類稿》卷四九、《韻府群玉》卷一七。此或黃初中所補文字。

【五】穀梁淑，字元始，魯人，傳《春秋》十五卷。《姓纂》十。《氏族略》五"傳"上有"亦"字，"卷"作"篇"。

按，《穀梁傳》引《尸子》語，當在其後，《尸子》未必見《穀梁傳》也，且其文亦不類《尸子》。①

【疏證】

① 阮元《穀梁傳注疏校勘記叙》云："隱五年、桓六（應爲九）年並引《尸子》，説者謂即尸佼。佼爲秦相商鞅客，鞅被刑後，遂亡逃入蜀，而預爲徵引，必無是事。或《傳》中所言非尸佼也。"廖平《穀梁古義疏注》："尸子，先師也。《人表序》以爲在孟子後，或以爲佼，非也。"按，《穀梁傳》兩引《尸子》語，即卷下條一八三、一八四，又卷下條八六，亦類釋《春秋》之文（見上疏）。錢穆云："《穀梁》兩引其語，則亦治《春秋》，正名以治，爲法家師，如吳起之流矣。"并稱田子、徐偃王皆在尸佼後，"則所謂《尸子》二十篇者，在當時固已非出尸子自爲"。由此論之，《尸子》一書或有自爲者，或有後學補者，不可妄疑其非出《尸子》也。

【六】申徒狄，夏賢也。湯以天下讓，狄以不義，聞已，自投於河。《姓纂》三。

按，《通志·氏族略》引《風俗通》云："申徒氏，隨音改爲申屠氏。申徒狄，夏賢人也。湯以天下授之，恥以不義，聞已，自投於河。"《姓纂》蓋亦用《風俗通》。其云《尸子》者，即"屠氏"二字之駁文也。《荀子·不苟》篇云："負石而赴河，是行之難者也，而申徒狄能之。"《說苑·說叢》篇述《荀子》語作"申屠狄"。《莊子·外物》篇云："堯與許由天下，許由逃之；湯與務光,務光怒之。紀他聞之,帥弟子而踆於窾水,諸侯吊之。三年,申徒狄因以踣河。"是狄生於夏末,聞湯讓務光而死,非身讓天下也。《盜跖》篇則云:"申徒狄諫而不聽,負石自投於河,爲魚鱉所食。"《淮南子·説山訓》高誘注云:"申徒狄,殷末人也。不忍見紂亂,故自沈於淵。"《漢書·鄒陽傳》顔師古注引服虔注,亦云"殷之末世介士也"。《史記》索隱引韋昭説又云"六國時人"。《韓詩外傳》一稱:"申徒狄非其世,將自投於河,崔嘉聞而止之。狄引關龍逢、王子比干、子胥、泄冶以自況。"《新序·節士》篇同,則狄當爲周末時人。①

【疏證】

① 申徒狄其人,除汪氏引《荀子》、《莊子》外,《太平御覽》卷八〇二引《墨子》佚文:"周公見申徒狄曰:'賤人强氣則罰至。'申徒狄曰:'周之靈珪出於土,楚之明月出蚌蜃,五象出於漢澤,和氏之璧、夜光之珠、三棘六裏,此諸侯之良寶也。'"以之與周公同時。1957年,河南信陽所出竹簡,亦云:"周公壹然作色曰:'易,夫賤人格上,則刑戮至。'"整理者以爲"易"即"狄",二字古通。齊桓公大臣豎牙,《大戴禮記》作"狄牙",《史記·殷本紀》"簡狄",《索隱》:"'狄',舊本作'易'。"《説文》:"'遏',古文'逖'。"竹簡又有"易,夫賤人剛恃,而撲於刑者,有上賢人"文,與《墨子》"賤人强氣則罰至"類。《莊子·外物》載申徒狄爲殷初人,當非是。《莊子·大宗師》云:"若狐不偕、務光、伯夷、叔齊、箕子、胥余、紀他、申徒狄,是役人之役,適人之適,而不自適其適者也。"所載人物以時代排比。狐不偕,《集釋》:"古之賢人,又云堯時賢人,不受堯讓,投河而死。"是狐不偕約爲上古時人;務光,《讓王》載爲夏末商初人;伯夷、叔齊、箕子皆爲殷末周初人,《盜跖》亦將其置於伯夷之後,故胥余、紀他、申徒狄非爲殷初人。且《大宗師》謂其人"是役人之役,適人之適,而不自適其適者也",以其徒能愉悦衆人耳目,而不能順從己之性情,《盜跖》言其"離死輕名,不念本養壽命",乃持批判態度。而《外物》之喻,《集解》謂"其波蕩傷性,遂至於此",恐非本旨。此篇名爲《外物》,言不爲外物所累,求心之暢達耳,

其後得魚忘筌、得兔忘蹄之語，對許由等人不爲冤旒之役，得乎性情而不畏生死也，持贊揚態度。且觀諸内篇，莊子極爲推崇許由，《逍遥游》、《大宗師》皆揚之，此處不當復與申徒狄並列而貶毁之。故《外物》所載申徒狄之事不可信，意義相悖，蓋戰國末期淺習莊學者所爲。《淮南子·説山訓》高誘注："申徒狄，殷末人也。"《史記集解》引服虔説："申徒狄，殷之末世人也。"周公之時爲周初，此言殷末，蓋申徒狄由殷入周之人。

又申徒狄之形象，早期典籍似持批判態度。《莊子》所載，已見上解。《荀子》稱其"君子不貴者，非禮義之中也"，君子不以申徒狄爲是，以其投水而死不合於禮義。上引信陽竹簡何琳義解云："'壹'原篆從'月'，從'一'之古文，以'瞳'之異文。'瞳然'應讀'慨然'，激憤之貌。"（見其《信陽竹書與〈墨子〉佚文》，載《安徽大學學報》2001 第 1 期。）周公爲賢達之人，而憤激於申徒狄，是其形象並不光彩。《韓詩外傳》卷一："申徒狄非其世……抱石而沉於河。君子聞之曰：'廉矣！如仁歟？則吾未之見也。'"則贊揚與批判並存。至司馬遷著《鄒陽列傳》，云"不免於嫉妒之人"而舉申徒狄爲例，又稱其"不容於世"，則惟持贊揚之語。其後於申徒狄形象已完成轉變，王充《論衡·書虚》篇曰："屈原懷恨，自投湘江，湘水不爲濤；申徒狄蹈河而死，河水不爲濤。"王逸《九嘆·惜賢》："驅子僑之奔走兮，申徒狄之赴淵。若由夷之純美兮，介子推之隱山。"將其與屈原、王子喬、許由、伯夷、介子推並列，已無貶抑之義。尸佼早於莊、荀，《墨子》亦後學所爲，則尸佼之時似不能贊其賢。由此論之，此句固非尸佼所自作，或非後學增益，或本非《尸子》文，抑未可知。

【七】野鴨爲鳧，家鴨爲鶩，不能飛翔，如庶人守耕稼而已。《證類本草》十九《陳藏器本草》引、《埤雅》八。

按，《禮記·曲禮下》："庶人之摯匹。"孔疏云："匹，鶩也。野鴨曰鳧，家鴨曰鶩，鶩不能飛騰，如庶人但守耕稼而已。"故鄭注《宗伯》云："鶩，取其不飛遷。"《爾雅·釋鳥》云："舒鳧，鶩。"舍人及李巡云："鳧，野鴨名；鶩，家鴨名。"然則"鳧鶩"云云,乃孔沖遠之説也。①

【疏證】

① 又見宋任淵注陳師道《山口》詩。《喻林》卷五八、《升庵集》卷八一、《山海經廣注》卷二等所引當皆本《本草》、《埤雅》。《爾雅注疏》引漢李巡注:"野曰鳧,家曰鶩。"孔氏之説,未必己出,或捃摭舊文而成,未必不出《尸子》。

【八】海水三歲一周,流波相薄,故地動。①《事類賦·海賦》注。

按,《類聚》八、《御覽》卅六、《六帖》六並引作《莊子》,此《莊子》逸文也。又見《初學記》六,下句作"流相薄,即爲之地動"。②

【疏證】

① 薄者,迫也。海水三年一周,前波推後波,兩波相迫,故地動。

② 《御覽》六〇、陸佃《增修埤雅廣要》卷四、釋贊寧《東坡先生物類相感志》卷二亦皆作莊子語,汪説近是。

【九】楚人賣珠於鄭者,爲木蘭之櫝,薰以桂椒,綴以玫瑰,輯以翡翠。鄭人買其櫝而還其珠。此可謂善買櫝矣,未可謂善鬻珠也。《事類賦·珠賦》注。

按,此見《韓非子·外儲説左上》,"櫝"作"櫃","薰以桂椒"二句作"薰桂椒之櫝,綴以珠玉,飾以玫瑰"。《太平御覽》八百三引《韓子》正與此同。《御覽》此條與《尸子》"水圓折者有珠"相接,吳氏遂誤爲《尸子》。①

【疏證】

① 《類雋》卷二三作户子語,蓋本《事類賦》,"尸"又訛作"户"。《御覽》卷八〇三引"水圓折"下作"韓侯曰","韓侯"即"韓子",或涉下"隨侯"

之"侯"而誤,卷八〇六即作韓子語。蓋吳淑不知"韓侯"爲誤文,將下"隨侯之珠"、"楚人賣珠"兩條並視作《尸子》文。

【一〇】水有四德:沐浴群生,通流萬物,仁也;揚清激濁,蕩去滓穢,義也;柔而難犯,弱而難勝,勇也;導江疏河,惡盈流謙,知也。《事類賦·水賦》注。

按,《御覽》五十八引《顧子》曰"子與子華游東池,子華曰'水有四德'"云云,接《尸子》"凡水其方折者有玉"條後。吳氏所見本或有脫壞,故誤采之。任本次於"方折有玉"之下,蓋亦仍《御覽》誤本也。又見《御覽》六十七、《類聚》九。①

【疏證】

① 蔡夢弼注杜甫《題新津北橋樓得郊字》詩引亦作顧子語。其後若《山堂肆考》卷二二、《喻林》卷二、《圖書編》卷三〇、《類雋》卷六等皆作尸子語者,或本《事類賦》而誤,或所見版本有闕而誤。又"惡"字,《類聚》作"變"。以德行喻水者,《管子·水地》:"夫水淖弱以清,而好灑人之惡,仁也;視之黑而白,精也;量之不可使概,至滿而止,正也;唯無不流,至平而止,義也;人皆赴高,己獨赴下,卑也。"《韓詩外傳》卷三:"夫水者,緣理而行,不遺小間,似有智者;動而下之,似有禮者;蹈深不疑,似有勇者;障防而清,似知命者;歷險致遠,卒成不毀,似有德者。"《大戴禮記·勸學》:"夫水者,君子比德焉。遍與之而無私,似德;所及者生,所不及者死,似仁;其流行,庳下倨句,皆循其理,似義;其赴百仞之溪不疑,似勇;淺者流行,深淵不測,似智;弱約微通,似察;受惡不讓,似包蒙;不清以入,鮮潔以出,似善化;以注量必平,似正;盈不求概,似度;萬折必以東,似意。"

【一一】漁之爲事也,有釣、網、罟、筌、罛、罶、翼、罩、涔、罾、筍、槴、梁、罷、筭、籠、銛之類。①《事文類聚·前集》卅七。

按,《初學記》廿二云:"按《尸子》:'燧人之世,天下多水,故教人以漁。其後堯使人水處者漁，又舜漁於雷澤，蓋因修其法也。"原注：《文子》曰："堯使人水處者漁，山處者木。事宜其械，械宜其人。"《尚書大傳》曰："舜漁雷澤之中。""漁之爲事也"云云，"各以用之，得魚一也"。"其後"以下，皆徐氏類舉漁事，非《尸子》本文，孫本亦誤采其後三句。②

【疏證】

① 罟，網之別名。筌，竹製捕魚器。罛，網之大者。罾，竹製捕魚器，口小腹大。罺，一端爲網，以長杆續之，漁者見魚，疾捕之，今謂之抄網。罩，竹製捕魚籠。涔，聚柴橑於水中，魚藏於下，疾取之，乃得魚不得出者。罾，《漢書·陳勝傳》："置人所罾魚腹中。"顏注："罾，魚網也。形似仰傘蓋，四維而舉之。"笱，竹製捕魚器，《説文》："曲竹捕魚笱也。"橃，《龍龕廣鑑·木部》："橃，同橃。"《廣雅·釋器》："罟、罛，兔罟也。其罥謂之橃。"此云漁事，蓋懸於水中之網亦可謂之橃，猶今之掛網。梁，於河道分叉處，擇其流緩者，上下俱築小堤堵之，下開小口，以洩其水，以網覆之，以防魚逸，待水漸無則捕之，其上下小堤即謂之梁。罠，漁網，今謂之撒網、輪網。箄，竹製捕魚器，形如笊籬。籅，字從竹，當亦爲竹製捕魚器，形制未聞。銛，竹竿上覆以鐵頭，用以刺魚。

② 《記纂淵海》卷八四、《事類備要前集》卷五二、《格致鏡原》卷四八亦皆云尸子語。觀其下"各以用之，得魚一也"，若徐堅自語，似不當云。此與《廣澤》篇"十有餘名而實一"相類，或即《尸子》文。

【一二】禹理洪水，觀於河，見白面長人，魚身，出曰："吾河精也。"授禹《河圖》而還於淵中。《廣博物志》十四。

梁氏玉繩云："《水經注》五《河水》有此條，不云是《尸子》。"按，《水經注》本《尚書中候》，見《御覽》八十二。①

【疏證】

① 《藝文類聚》卷一一、《太平御覽》卷六一、卷八七二、《路史后紀》卷二二皆云出《尚書中候》，此文明爲讖緯家之説，未知董氏何以云出《尸

子》。《漢書·五行志上》引劉歆説："虙羲氏繼天而王,受《河圖》,則而畫之,八卦是也;禹治洪水,賜《洛書》,法而陳之,《洪範》是也。"《論衡·正説》篇引説《易》者："伏羲王,《河圖》從河水中出,《易》卦是也。禹之時得《洛書》,書從洛水中出,《洪範》九疇是也。"皆云禹受者乃《洛書》。

【一三】雁銜蘆而捍網,牛結陣以卻虎。《廣博物志》四十四。

按,《抱朴子·詰鮑》篇云："蜂蠆挾毒以衛身,智禽銜蘆以扦網,獾曲其穴以避徑至之鋒,水牛結陣以卻虎豹之暴。"《文選·鷦鷯賦》注引云："智禽銜蘆以避網,水牛結陣以卻虎。"《御覽》八百九十九引同此,蓋誤《抱朴子》爲《尸子》。《淮南子·修務訓》云："雁銜蘆而翔,以避矰弋。"①

【疏證】

① 諸書所引,無云出《尸子》者,汪説是。崔豹《古今注·鳥獸》："雁自河北渡江南,瘦瘠能高飛,不畏繒繳。江南沃饒,每至還河北,體肥不能高飛,恐爲虞人所獲,嘗銜長蘆,可數寸,以防繒繳。"

【一四】隱土。《升庵外集》三："東北咸州曰隱土。"注:"《尸子》作愚。"

按,"隱土"見《列子·天瑞》篇。①

【疏證】

①《列子·湯問》："投諸渤海之尾、隱土之北。"注引《淮南子》："東北得州曰隱土。"(《淮南子·墬形訓》"得州"作"薄州"。)

【一五】法螺蚌而閉户。《升庵外集》八。

按,《外集》又引《文子》:"法蠡蠮而閉户以證鋪首。"語與此同,然《文子》今本亦不載。①

【疏證】

① 王驥德《古本西廂記》卷五、《通雅》卷四七、清胡紹瑛《文選箋證》

注揚雄《甘泉賦》引亦云尸子語,蓋皆本楊慎説。《藝文類聚》卷七四引《風俗通義》:"門户鋪首。謹按《百家書》云:'公輸班之水見蠡曰:"見汝形。"蠡適出頭,般以足畫圖之。蠡引閉其户,終不可得開。般遂施之門户云。'人閉藏如是,固周密矣。"即此事所本。《埤雅》卷一一:"放蜘蛛而結網,法螺蚌而閉户。"未云出處,蓋古有此語。

【一六】楚人有鬻矛與盾者,譽之曰:"吾盾之堅,莫能陷也。"又譽其矛曰:"吾矛之利,於物無不陷也。"或曰:"以子之矛陷子之盾,何如?"其人弗能應也。《升庵外集》廿二。

按,此見《韓非子·難一》及《難勢》。

【一七】鴻飛天首,高遠難明。楚人以爲鳧,越人以爲乙,①鴻常一爾。《升庵外集》五十九。

按,九十七又引作張融語,見《南齊書·顧歡傳》。②

【疏證】

① 乙,通"鳦",燕子。

② 《南齊書》作:"鴻飛天首,積遠難亮。越人以爲鳧,楚人以爲乙,人自楚越,鴻常一耳。"《南史》同。"首",《弘明集》卷六作"道"。

【一八】禹有進善之鼓,備訊唉也。《升庵外集》六十四。

按,《管子·桓公問》云:"禹立諫鼓於朝,而備訊唉。"①

【疏證】

① 詳見卷下條三二疏。《鬻子·禹政》:"禹之治天下也,以五聲聽,門懸鐘鼓鐸磬而置鞀,以得四海之士。爲銘於簨虡曰:'教寡人以道者擊鼓,教寡人以義者擊鐘,教寡人以事者振鐸,語寡人以憂者擊磬,語寡人以獄訟者揮鞀。'此之謂五聲。"

以上五條,皆見《升庵集》,歸有光《諸子彙函》屢引楊慎解《尸子》語,則楊慎當甚熟於《尸子》,則此五條恐非楊氏誤記。明孫鑛《居業次編》卷三云:"《尸子》,聞世有其書而未之見。"又云:"《尸子》者,向余文敏公曾買得其全書,問其門下客,言已割裂入類書中,似可惜。然以此知今世尚有之,尚可購也。"明初或有僞本《尸子》傳世。然觀所引,"鴻常一"與"十有餘名而實一"類,"進善至鼓"與"誹謗之木"、"進善之旌"類,或割裂群書而取與之相類者爲之。

【一九】虞舜灰於常羊,①什器於壽丘,就時於負夏,②未嘗暫息。頓丘買貴,於是販於頓丘;③傳虛賣賤,於是債於傳虛。④以均救之。《繹史》十。

按,此見《路史後紀》十二,不云出《尸子》。⑤

【疏證】

①《墨子·尚賢下》:"昔者舜耕於歷山,陶於河瀕,漁於雷澤,灰於常陽。"孫詒讓《墨子閒詁》引洪頤煊:"'灰'當是'販'字之僞。"引俞樾説:"'灰'疑'反'字之誤。反者,'販'之假字。"按,《太平御覽》卷八三三引《公孫尼子》:"舜牧羊於潢陽,還,堯舉爲天子。"又卷八一引公孫弘説:"舜牧羊於黄河,遇堯,舉爲天子。"則"灰"或爲"牧"之形訛。常羊、常陽、潢陽同,黄河乃潢陽之誤。《山海經·海外西經》有"常羊之山",《宋書·符瑞志》:"有神龍感女登於常羊山,生炎帝。"即此處,其地則未聞。

②《史記·五帝本紀》:"舜耕歷山,漁雷澤,陶河濱,作什器於壽丘,就時於負夏。""壽丘"句《索隱》:"什器,什數也。蓋人家常用之器非一,故以什爲數,猶今云什物也。"《集解》:"皇甫謐曰:'在魯東門之北。'""負夏"句《索隱》:"就時,猶逐時,若言乘時射利也。《尚書大傳》曰:'販於頓丘,就時負夏。'孟子曰:'遷於負夏。'是也。"《集解》:"鄭玄曰:'負夏,衛地。'"

③《詩經·衛風·氓》:"送子涉淇,至於頓丘。"頓丘,衛地,在今河南浚縣。

④"傳"當作"傅",《帝王世紀》:"始遷於負夏,販於頓丘,債於傅

虚。"《路史》卷二七:"傅,大騩國,夏封之,在虞、虢之間,有傅虚、傅巖、傅説之祠。"地在今山西平陸縣東。

⑤ 考其致誤之由,蓋本《廣博物志》。《廣博物志》引文多有不注出處,且與上下條無關者。其卷一〇引此條未注出處,下條爲《仁意》篇"舜南面而治天下"事,後人乃誤以爲並出《尸子》。孫毂《古微書》卷三已云出《尸子》,非自《繹史》始也。

【二〇】蔡威公閉門而哭,三日泣盡,繼以血。其鄰窺牆問曰:"何故悲哭?"答曰:"吾國且亡。吾聞病之將死,不可爲良醫;國之將亡,不可爲計謀。吾數諫,吾君不用,是知將亡。"任本。

按,《御覽》四百八十八引此作《説苑》,與今《權謀》篇小異。四百五十引與今本同。①

【疏證】

① 欲考任本録此之由,需先明古書"尹子"、"尸子"易致誤也。四庫本《御覽》一書"尹子曰"凡十六處,以汪本校之,十二處爲"尸子"之誤。《四部叢刊三編》影宋本"尹子曰"凡七處,以汪本校之,四處爲"尸子"之誤。而四庫本《御覽》作"尹文子曰"者凡十七處,皆非《尸子》文(本十八處,"晉國苦奢"條誤作尹子,影宋本不誤)。以此論之,凡作"尹子曰"者,一脱"文"字,一爲"尸子曰"之誤。下卷條一七四《御覽》作尹子語,汪氏所見本作"尸子",故汪氏録之。下條《御覽》亦作尹子語,孫氏所見本作"尸子",故孫氏録之。《御覽》卷七三八引尹子曰:"與死者同病難爲良醫,與亡國同道不可爲謀。"與此條"病之將死,不可爲良醫;國之將亡,不可爲計謀"相似,蓋任氏所見本作尸子語,故録之,又據《説苑》補充完整。此恐即任本收此之由也。

【二一】兩智不能相救,兩貴不能相臨,兩辨不能相屈,力均勢敵故也。孫本引《御覽》。

按,《御覽》四百卅二引作《尹子》,乃《尹文子》佚文,見《意林》。①

【疏證】

① 致誤之由見上條疏。此見《尹文子·大道下》。《荀子·王制》:"夫兩貴之不能相事,兩賤之不能相使,是天數也。"《意林》引《申子》:"智均不相使,力均不相勝。"《意林》引《慎子》:"兩貴不相事,兩賤不相使。"義類。

【二二】殷紂爲肉圃。惠本、孫本引《御覽》。

按,《御覽》八百六十三引作《公孫尼子》,《初學記》廿六同。①

【疏證】

① 杜公瞻《編珠》卷三引亦作《公孫尼子》,"尼"與"尸"形近易訛,蓋惠氏、孫氏所見本有脱誤。"肉圃",又或作"肉林",書多見,不俱引。

【二三】《帝范·閱武》篇:"句踐軾蛙,①卒成帝業。"注云:"《尸子》作'式'。"

按,《尹文子》云:"越王勾踐謀報吴,欲人之勇,路逢怒蛙而軾之。"此《尸子》乃《尹子》之誤。《韓非子·內儲説上》"軾"作"式"。②

【疏證】

① 軾,車前橫木,憑之以示尊禮。

② 勾踐軾蛙事,又見《韓非子·外儲説上》、《吴越春秋·勾踐伐吴外傳》、《抱朴子外篇·廣譬》、《劉子·從化》。

佚文補説

【一】暴風爲頽、猋。①
【疏證】
①《玉燭寶典》卷一作者自注引《爾雅音義》:"《尸子》曰:'風爲頽、猋。'"《一切經音義》卷五一、六三、六九、九八作"暴風頽飈"。頽,《詩經·谷風》:"維風及頽。"《毛傳》:"頽,風之焚輪者也,風薄相扶而上。""焱"爲"猋"之訛,《爾雅·釋樂》:"扶搖謂之猋。"郭注:"暴風從下上。"聲緩則爲扶搖,聲急則爲猋。

【二】小人在上則忠詐不分,君子吞聲。①
【疏證】
① 見晏殊《類要》卷九,云出自庾信《哀江南賦》注,清吳兆宜《庾開府集箋注》用之。《易林·家人之履》:"君子失意,小人得志。"

【三】比干諫紂曰:"今日之危,無異登陽城而避險,卧砥柱而求安。"①
【疏證】
① 晏殊《類要》卷三二:"庾信《哀江南賦》曰:'登陽城而避險,卧砥柱而求安。'注:《尸子》云'比干諫紂曰:今日之危,無異登陽城而避險,卧砥柱而求安'。"《左傳·昭公四年》:"四岳、三塗、陽城、太室、荆山,九州之險也。"

【四】化合神者稱皇。①

【疏證】

① 見李昭玘《太學新增合璧聯珠聲律萬卷菁華前集》卷三四。《藝文類聚》卷一一引《帝王世紀》："化合神者稱皇，德合天地者稱帝，仁義合者稱王。"又《春秋繁露·三代改制質文》："德侔天地者稱皇帝。"《公羊傳·成公八年》何休注："德合元者稱皇。"《管子·兵法》："明一者皇，察道者帝，通德者王。"《白虎通義·號》："德合天地者稱帝，仁義合者稱王。"

【五】蜺，"挈貳"其別名。①

【疏證】

① 汪氏以爲即"蜺虹爲析翳"，當別列一條，詳卷下條五《疏證》。"蜺"云"挈貳"者，"挈"即"蜺"，古音同。古從"兒"、從"刧"之字通，《史記·天官書》："其蚤者類闕旗故。"司馬貞《索隱》："蚤，亦作'蜺'，音同。"《漢書·天文志》"虹蜺"注："如淳曰：'蜺讀曰齧，蝃蝀謂之虹。'"曰"貳"者，《埤雅》卷二〇："'貳'蓋言'二'，《淮南子》'天二氣則成虹'是也。"

【六】瑛，龍淵玉光也。①

【疏證】

①《玉篇·玉部》："瑛，《尸子》：'龍淵玉光也。'水精謂之玉瑛也。"此當下卷條一四"龍淵有玉英"之變文。

【七】丙穴在漢中沔陽縣北，有魚穴二所，常以三月取之。①

【疏證】

① 宋趙令畤《侯鯖録》卷一："左太沖《蜀都賦》云：'嘉魚出於丙穴。'注：'丙穴在漢中沔陽縣北，有魚穴二所，常以三八月取之。'"下注云："《文選注》引《尸子》無'八'字。"按，《文選注》只引《尸子》"龍淵有玉英"

五字，其下非《尸子》文。

【八】與死者同病難爲良醫，與亡國同道不可爲謀。①

【疏證】

① 見下條疏。《韓非子·孤憤》："與死人同病者，不可生也；與亡國同事者，不可存也。"《淮南子·説林訓》："與死者同病難爲良醫，與亡國同道難與爲謀。"《説苑·權謀》："病之將死也，不可爲良醫；國之將亡也，不可爲計謀。"桓譚《新論》："與死人同病者，不可爲醫；與亡國同政者，不可爲謀。"《潛夫論·思賢》："夫與死人同病者，不可生也；與亡國同行者，不可存也。"《劉子·上德》："與死同病者，難爲良醫；與亡國同道者，不可爲忠謀。"

【九】人將疾也，必先不甘魚肉之味。①

【疏證】

①《太平御覽》卷七三八引："尹子曰：'與死者同病難爲良醫，與亡國同道不可爲謀。'又曰：'人將疾也，必先不甘魚肉之味。'"此處"尹子"或爲"尸子"之誤，見存疑條二〇疏。《文子·微明》："人之將疾也，必先厭魚肉之味；國之將亡也，必先惡忠臣之語。"《越絕書·德序外傳紀》："人之將死，惡聞酒肉之味；邦之將亡，惡聞忠臣之氣。"《潛夫論·思賢》："何以知人且病也，以其不嗜食也；何以知國之將亂也，以其不嗜賢也。"《劉子·貴言》："夫人之將疾者，必不甘魚肉之味；身之將敗者，必不納忠諫之言。"《藝文類聚》卷二三引《晏子》："人之將疾，必先不甘粱肉之味；國之將亡，必先惡忠臣之語。"

【一〇】廟戰者帝，神化者王。廟戰者，法天道也；神化者，明四時也。①

【疏證】

① 見四庫本《太平御覽》卷三一三。《四部叢刊三編》影宋本作文子

語,是,此見《文子·自然》篇,《淮南子·兵略訓》亦有此語。

【一一】境内之傑不愛,而求邦外之士。①
【疏證】
① 見四庫本《記纂淵海》卷六一。此《韓非子》文,《亡徵》篇:"境内之傑不事,而求封外之士。""邦"乃"封"之訛。

【一二】謂夏必長而蒜麥枯,謂冬必凋而竹柏茂。日盛陽宜暑,夏天未必無凉日;極陰宜寒,隆冬未必無暫溫也。①
【疏證】
① 見《天中記》卷五、《御定月令輯要》卷二。按,《金樓子·志怪》篇云:"謂夏必長而蒜麥枯焉,謂冬必死而竹柏茂焉,謂始必終而天地無窮焉,謂生必死而龜蛇長存焉。"《抱朴子内篇·論仙》:"謂夏必長而薺麥枯焉,謂冬必凋而竹柏茂焉,謂始必終而天地無窮焉,謂生必死而龜鶴長存焉。盛夏宜暑,而夏天未必無凉日也;極陰宜寒,而嚴冬未必無暫溫也。"《御覽》卷二二、九五三、九七七引但云《抱朴子》。

【一三】禹南巡江中,見黃龍負舟,笑曰:"吾受命於天,竭力以勞萬民,生,性也;死,命也。"①
【疏證】
① 見《丹鉛摘録》卷六、一七。原文作:"《淮南子》:'禹南巡江中,見黃龍負舟,笑曰:"吾受命於天,竭力以勞萬民,生,寄也;死,歸也。"'《尸子》亦載此事,其末句'生,性也;死,命也',二書不同。蓋傳聞之誤,然各有理致,宜并觀之。"此或亦楊氏所見僞本之文,乃因卷下條一四七而妄改之。事又見《呂氏春秋·知分》、《論衡·異虚》、《吴越春秋·越王無餘列傳》、《宋書·符瑞志上》。

【一四】黃帝時,長庚輝,日五色,山金鳴,澤銅出。①

【疏證】

① 見《玉芝堂談薈》卷一。按,《路史後紀》七云少昊時:"長庚輝,日五色,山金鳴,澤銅溢,諸福之物必至。"下注:"尸子云:'日五色,至陽之精,象君德也。少昊金天氏,邑於窮桑,日五色,互照窮桑。'"此僅以《尸子》注"日五色",蓋徐應秋誤以爲上文并出《尸子》,而又誤改爲黃帝時事。

【一五】西河下龍門,其流駛竹箭。①

【疏證】

① 見明顏文選《駱丞集‧送郭少府探得憂字》注。此或亦楊氏所見僞本之文。按,此《慎子》佚文,見《文選‧西都賦》注:"《慎子》曰:'西河下龍門,其流敵於竹箭。'"《北堂書鈔》卷一五八"駛"作"駃",即"快"字。《太平御覽》卷六一、《事類賦》卷六、《百孔六帖》卷六皆作"駛",《玉篇》:"駛,疾也。"雖亦可通,然當從《書鈔》。

【一六】鬱攸之司,九變七化,皆火爲之紀。①

【疏證】

① 見明顏文選《駱丞集‧代女道士王靈妃贈道士李榮》注。此恐非《尸子》文。原文見《路史》卷五,注文引《尸子》"遂人察辰心而出火",蓋因此而誤以爲此句亦出《尸子》。《左傳‧哀公三年》"鬱攸從之"注:"鬱攸,火氣也。"

【一七】燕蟄於水。①

【疏證】

① 明張懋修《墨卿談乘》卷一三:"《列子》蛙化爲鶉,水族變羽也;《尸子》燕蟄於水,蓋化爲蚌,羽族變水也。"按,此見《酉陽雜俎》卷一六,原作:"或言燕蟄於水底。"自注:"水,一曰井(四庫本誤作"月")。"

【一八】赤馬黑色曰騽。①
【疏證】
① 見明曾益《温飛卿詩集箋注·春洲曲》注。此未知所據爲何。《説文》："騽，赤馬黑毛尾也。"

【一九】龍門四旁，有山莫能上。大魚薄集龍門，上則爲龍，不上輒曝腮水次，故曰曝腮。①
【疏證】
① 見雍正間編修《山西通志》卷二八。按，《御製詩集》四集卷五"《尸子》有'暴腮龍門'之説"。此最早見漢辛氏《三秦記》，《藝文類聚》卷九六引作："河津一名龍門，大魚集龍門下數千，不得上。上者爲龍，不上者魚，故云曝腮。"此句與"龍門，魚之難也"相類，或以《尸子》有此句而致誤。

【二〇】舜多羶行。①
【疏證】
① 見王世禎《古夫于亭雜録》卷五："尸子謂舜多羶行。"按，《莊子·徐無鬼》篇："羊肉不慕蟻，蟻慕羊肉，羊肉羶也。舜有羶行，百姓悦之，故三徙成都，至鄧之虚而十有萬家。堯聞舜之賢，舉之童土之地，曰冀得其來之澤。"蓋因《莊子》所載事與《尸子·明堂》篇及卷下條三五事相類，王世禎因誤屬《尸子》。又《素履子·履德》："昔舜有羶德而人歸之如蟻，羶不慕蟻而蟻慕羶，舜不慕民而民慕德。"義同。

【二一】魏之於百姓也，日食不賦鳩，民疫不賦口。①
【疏證】
① 董説《七國考》卷二："《文選箋》引《尸子》注云：'魏之於百姓也，日食不賦鳩，民疫不賦口。'"中華書局56年版斷作《尸子注》，未詳董氏所引爲《尸子》本文或注文。賦鳩未聞，《周禮·天官》言大宰以九賦斂財賄，其

八曰山澤之賦,孔疏云:"山澤之賦者,謂山澤之中財物,山澤之民以時入而取之。"鳩賦或即屬此。《漢書·食貨志》引董仲舒説秦用商鞅之法,"田租、口賦、鹽鐵之利二十倍於古"。口賦爲專向兒童徵收之人頭税。

【二二】郢王問於群臣曰:"吾國治乎?"①

【疏證】

① 見《七國考》卷五。此未詳所本。董氏爲明末人,其時《尸子》早已亡佚,必不能見其書。然上條乃轉自《文選箋》,其或由他書注文見之,亦未可知。姑存疑。

【二三】作淫聲異服、奇技奇器以疑衆。①

【疏證】

① 見《佩文韻府》卷三四之四。此見《禮記·王制》,《韻府》卷七之二、六〇之一、六三之九皆作《禮記》,作《尸子》誤也。

【二四】西極之山曰閶闔門,西南編駒之山曰白門,西北不周之山曰幽都門,南極之山曰署門,北極之山曰寒門。①

【疏證】

① 前三句見《駢字類編》卷一一五,第四句見一一七,第五句見一二〇。按,此篇乃《尸子》卷下條一二"八極之内有君長者"注文,見上疏。

【二五】泰山上有三峰:東曰日觀,雞鳴時見日出。西曰秦觀,可望長安,始皇登此西望,故名。又西曰越觀,可望會稽,一名月觀,以與日觀相對。①

【疏證】

① 見《佩文韻府》卷七四之三,《御製詩集》卷四、二四。見卷下條二〇疏。

【二六】神農曰天府。①
【疏證】
① 見《宮室考》卷下、《日講禮記解義》卷三五、《欽定禮記義疏》卷四四。見卷下條五六疏。

【二七】古有五王之相,乃謂之王,貴之也。①
【疏證】
① 見《説郛》卷五七上、《讀書紀數略》卷二二、《讀書脞錄》卷四。"乃謂之王,貴之也"或非《尸子》文,見卷下條八九疏。

【二八】沽者,知酒之多少也。①
【疏證】
① 見《古今韻會舉要》卷一二、《詩經世本古義》卷六、《洪武正韻·五姥》。見卷下條一六八疏。

【二九】玉在山而木潤。①
【疏證】
① 見宋釋贊寧《東坡先生物類相感志》卷十八。按,吾是書既刊,睹寇志強先生有二文輯佚《尸子》,一者曰《汪繼培輯本〈尸子〉補遺》,刊《古籍整理研究學刊》2016 年第 2 期;一者曰《汪繼培輯本〈尸子〉續補》,刊《唐山師範學院學報》2018 年第 1 期。《補遺》之文,是書有未輯者,此條至三二條是也;《續補》之文,則全未輯錄,三三條至四〇條是也。因掠其美,以爲補茸。

【三〇】玉韞石而山輝。①
【疏證】
① 見宋釋贊寧《東坡先生物類相感志》卷十八。

【三一】玉能潤於草木。①

【疏證】

① 見宋釋贊寧《東坡先生物類相感志》卷十八。按，以上三條原在一處，分別以"又曰""又"承之。"玉在山而木潤"者，《荀子·勸學》："玉在山而草木潤，淵生珠而崖不枯。""玉韞石而山輝"者，見《文選·陸機〈文賦〉》："石韞玉而山輝，水懷珠而川媚。"作"石韞玉"是，謂石中藏玉。"玉能潤於草木"者，此句疑非《尸子》文，上兩條以"又曰"承，此條則以"又"承，本不同，其一疑也。原文曰"又玉能潤於草木，何況人乎？一説人或卒有玉器隨葬，則其尸不朽，近有此驗，素不誣矣"云云，自此以下，似釋氏論説之文，其二疑也。疑此句實引"玉在山而木潤"之後，據此句以論之文，非《尸子》文也。又，《荀子》以"玉在山而草木潤"論學當積之，《尸子》此條，疑即出《勸學》篇。

【三二】釣者謂："以繭絲爲綸，荊條爲竿，綸不絶，竿不橈，因水勢而施舍之也。"①

【疏證】

① 見宋蔡夢弼《杜工部草堂詩箋》卷二〇。寇志強曰："《杜工部草堂詩箋》三引《尸子》，另兩條與它書所引《尸子》相合，亦見於汪輯本《尸子》，獨此條它書不載。"按，《列子·湯問》："詹何以獨繭絲爲綸，芒針爲鈎，荊篠爲竿，剖粒爲餌，引盈車之魚，於百仞之淵，汨流之中，綸不絶，鈎不伸，竿不橈。"注："夫飾芳餌，挂微鈎，下沈青泥，上乘驚波，因水勢而施舍。頡頏委縱，與之沈浮，及其施絶，故生而獲也。"此條文字即見於《列子》正文及注文。考《初學記》卷二二、《太平御覽》卷八三四引《列子》於"竿不橈"下並接"因水勢而施舍也"，與此文同，此《尸子》爲《列子》之誤歟？

【三三】或謂黃帝曰："吾能濟川而無流。"黃帝不信，於是爲舟以濟水。①

【疏證】

① 見原本《玉篇》卷十八。寇志強曰："《尸子》此語乃屬創造神話，涉及古代造舟的傳説。《尸子》一書中關於此方面之内容有多條，如'造曆者，羲和之子也。造冶者，蚩尤也。造車者，奚仲也。昆吾作陶'，此條也當爲此方面之内容。"按，《周易·繫辭下》："黄帝、堯、舜垂衣裳而天下治，蓋取諸《乾》《坤》，刳木爲舟，剡木爲楫，舟楫之利，以濟不通。"《漢書·地理志上》："昔在黄帝，作舟車以濟不通，旁行天下。"《事物紀原》引《拾遺記》："帝既斬蚩尤，乃創舟楫。"又或曰黄帝命大臣所作，《藝文類聚》卷七一引《世本》："共鼓、貨狄作舟。"注："共鼓、貨狄，黄帝二臣。"又"流"字似有誤，無流則水涸，足以濟川，黄帝無須作舟以濟之。曹植《贈白馬王彪》："伊洛廣且深，欲濟川無梁。"曹丕《雜詩》："願飛安得翼，欲濟河無梁。""流""梁"雙聲，或此之誤歟？

【三四】澤及人者，則真人歸之；澤及昆蟲，則聖人歸之。真人所歸，則國强之；聖人所歸，則合昌。①

【疏證】

① 見《英藏敦煌文獻（漢文佛經部分）》第3卷S.1441號《勵忠節鈔》"安國部"。寇志强曰："按照此句語法結構，'合'當爲'國'之誤，'昌'後脱'之'字。"按，《三略》卷下："澤及於民，則賢人歸之；澤及昆蟲，則聖人歸之。賢人所歸，則其國强；聖人所歸，則六合同。"依此論之，末句"合"疑脱"六"字。"之"可不補，"則國强之"、"則六合昌"皆四字爲句。《新語·明誡》："聖人之理，恩及昆蟲，澤及草木，乘天氣而生、隨寒暑而動者莫不延□□□□傾耳而聽化。"《淮南子·覽冥訓》："聖人在位，懷道而不言，澤及萬民。"

【三五】夫人君能善於貨者，藏於萬人之室；不善藏者，藏於府庫之内。①

【疏證】

① 見《英藏敦煌文獻（漢文佛經部分）》第3卷S.1441號《勵忠節鈔》

"政教部"。又見《敦煌遺書》P. 3715《類書草稿》,首句作"夫君王能善藏者"。按,王金保曰:"《魏書》卷六十八《甄琛傳》:'且善藏者藏於民,不善藏者藏於府,藏於民者民欣而君富,藏於府者國怨而民貧。'《管子》卷二十二《輕重九》:'王者藏於民,霸者藏於大夫,殘國亡家藏於篋。'"(王金保《敦煌遺書 P. 3715 "類書草稿"校注研究》,蘭州大學碩士論文,2013。下引王説,亦出此文,不俱標。)又《韓非子·十過》張孟談語趙襄子:"臣聞聖人之治,藏於臣,不藏於府庫。"此與民同利之意,《禮記·哀公問》孔子答哀公:"醜其衣服,卑其宮室,車不雕幾,器不刻鏤,食不貳味,以與民同利,昔之君子之行禮者如此。"

【三六】夫立政者有四焉:士則言相與言於人義,工則相與談於伎巧,商則相與談於財利,農則相與論其耕稼。夫言談論議者,無得越於斯焉。①

【疏證】

① 見《英藏敦煌文獻(漢文佛經部分)》第 3 卷 S. 1441 號《勵忠節鈔》"政教部"。"焉"字寇作闕文,從屈直敏《敦煌寫本類書〈勵忠節鈔〉研究》補。寇志強曰:"'商則相與談於財利'之'談'當爲'議','士則言相與'之'言'當爲衍文。"其説近是,後"言談論議"承前。又曰:"《尸子·勸學》篇云:'農夫比粟,商賈比財,烈士比義。是故監門、逆旅、農夫、陶人皆得與焉。'《勸學》篇此語與此佚文剛好相合。"屈氏亦疑首"言"字爲衍文,又改"人義"之"人"爲"仁",近是。屈直敏曰:《漢書》卷九十一《貨殖傳》:"管子云:'古之四民不得雜處,士相與言仁誼於閒宴,工相與議技巧於官府,商相與語財利於市井,農相與謀稼穡於田墅,朝夕從事,不見異物而遷焉。'"按,《勸學》篇之文言萬民皆有分職,不得相逾,此條與之相近,或即出《勸學》篇。

【三七】治國無有法法則亂,守法而數變則衰,有法而不行謂之不法。以力侵法者,百姓也;以死守法者,所司也;以道變法者,君長。①

【疏證】

① 見《法國國家圖書館藏敦煌西域文獻》第 34 册 P. 5033 號《勵忠節鈔》"刑法部"。寇志強曰:"'治國無有法'中有一個'法'當爲衍文,王三慶《敦煌類書》作'治國無法,有法則亂'誤,'君長'后當脱'也'字。"屈直敏曰:"'治國無其法則亂',原卷作'治國無有法法則亂',據文義及引書改。'數'字,引書作'不'。考《吕氏春秋·慎大覽·察今》作'治國無法則亂,守法而弗變則悖',是當作'不'字爲長。按:《藝文》卷五十四《刑法部·刑法》引《慎子》:'故治國無其法則亂,守法而不變則衰,有法而行私謂之不法。以力役法者,百姓也;以死守法者,有司也;以道變法者,君長也。'"按,屈氏據《慎子》所改爲上。又《商君書·開塞》:"今有主而無法,其害與無主同;有法而不勝其亂,與無法同也。""以力侵法"以下,《管子·任法》:"有生法,有守法,有法於法。夫生法者,君也;守法者,臣也;法於法者,民也。"《君臣下》:"君據法而出令,有司奉命而行事,百姓順上而成俗,著久以爲常。"

【三八】夫婦者,非骨肉之重,相愛則親,不相愛則疏。家有菜蔬,雖飢不餓;國有常法,雖危不亡。①

【疏證】

① 見《英藏敦煌文獻(漢文佛經部分)》第 2 卷 S. 1380 號《應機鈔》。寇志強曰:"《敦煌類書》認爲第二句非《尸子》之語,故將其單列,然據該寫卷慣例,兩種文獻引文之間一般都會空一格,以示區別,而這兩個語句之間没有空格,又後一句文字所表達的思想亦與《尸子》思想相合,故筆者以爲該句仍當爲《尸子》佚文。"按,寇説近是。《韓非子·飾邪》:"語曰:'家有常業,雖飢不餓;國有常法,雖危不亡。'夫舍常法而從私意,則臣飾其智能;臣下飾其智能,則法禁不立矣。"言人當依法而不當以私意行事,夫婦以相愛而相親、不相愛而相疏,行其私意者也。

【三九】無功之貴，不義之富，禍之基也。①

【疏證】

① 見《英藏敦煌文獻（漢文佛經部分）》第 2 卷 S. 1380 號《應機鈔》。寇志強曰："《尸子·勸學》篇云：'夫德義也者，視之弗見，聽之弗聞，天地以正，萬物以遍，無爵而貴，不禄而尊也。'此句亦強調'德義'的重要性。"按，《晏子春秋·内篇雜下·子尾疑晏子不受慶氏之邑晏子謂足欲則亡第十五》："先人有言曰：無功之賞，不義之富，禍之媒也。"《説苑·權謀》："無方之禮，無功之賞，禍之先也。"又《論語·述而》："不義而富且貴，於我如浮雲。"又按，據《晏子春秋》、《説苑》，"貴"或"賞"之形訛歟？

【四〇】堯一見民飢，則曰我飢。①

【疏證】

① 見《法國國家圖書館藏敦煌西域文獻》第 27 册 P. 3715 號《類書》。王金保曰："《説苑》卷一《君道》河間獻王曰：'堯存心於天下，加志於窮民。痛萬姓之罹罪，憂衆生之不遂也。有一民飢，則曰此我飢之也。'"按，《尚書·舜典》堯命契曰："黎民阻飢，汝后稷播時百穀。"《新書·修政語上》："帝堯曰：'吾存心於先古，加志於窮民，痛萬姓之罹憂，衆生之不遂也。故一民或飢，曰此我飢也；一民或寒，曰此我寒之也；一民有罪，曰此我陷之也。'"

附録

諸家論證

王應麟《漢藝文志考證》

《尸子》二十篇。《史記》"楚有尸子"注:"劉向《別錄》:'楚有尸子,疑謂其在蜀。'"今案《尸子書》,晋人也,名佼,秦相衛鞅客也。衛鞅商君,謀事畫計,立法理民,未嘗不與佼規也。商君被刑,佼恐并誅,乃亡逃入蜀,造二十篇書,凡六萬餘言。《後漢書注》:"尸佼作書二十篇,内十九篇陳道德仁義之紀,内一篇言九州險阻水泉所起。"吕强上疏引《尸子》曰:"君如杅,民如水,杅方則水方,杅圓則水圓。"《隋志》二十卷,其九篇亡,魏黄初中續。李淑《書目》存四卷。《館閣書目》止存二篇,合爲一卷。《爾雅疏》引《廣澤》、《仁意》、《綽子》篇。《宋書·禮志》引"禹治水爲喪法"。《古今人表注》"雒陶"已下,皆舜之友也。並見尸子。《穀梁傳》引《尸子》曰。舞夏,自天子至諸侯,皆用八佾,夫已多乎道。

孫星衍《尸子》輯本序

尸子著書於周末,凡二十篇,《藝文志》列之雜家,後亡九篇，魏黃初中續之，至南宋而全書散佚。章孝廉宗源剌取書傳，輯成此帙，寄予補訂爲兩卷，可以見古書粗略。《序》曰："漢人列《尸子》於雜家者，以其斥孔墨諸子囿學相非，皆奔於私，故爲書雖陳道德仁義之紀，九州險阻，水泉所起，卒謂之雜家。班固言：'雜家者流，蓋出於議官。兼儒、墨，合名、法，知國體之有此，見王道之無不貫，此其所長。'是也。然尸子爲商鞅謀畫，商君法家，行變古之政，亦以見尸子之學不盡純。夫儒家通天地人，法陰陽五行，守五帝三王之道，固已兼諸子所貴矣。道家清虛卑弱，得儒之智；法家信賞必罰，得儒之義；名家名正言順，得儒之禮；墨家貴儉兼愛，得儒之仁。儒者因諸子之長，權時可行，馭之以信，猶土王四季；五經配五常，謂之五學，猶五行更用事。《傳》曰：'致中和。'又曰：'中庸不可能。'學至儒家止矣，而尸子以爲孔子貴公，與諸子並論，不亦失言乎？第其書出周秦之間，雖全書已亡，遺文佚說，時足證左經傳。其引《爾雅》'天、帝、后、皇之屬十有餘名'可證叔孫通、梁文增補之詁。其《仁意》篇以'青陽'、'朱明'、'白藏'、'元英'爲玉燭之名，以'發生'、'長贏'、'方盛'、'安靜'爲風名，'四時和'下多'正光照'三字，'甘雨時降萬物以嘉'下多'高者不少下者不多'八字，義俱長於《爾雅》。蓋'玉燭'言四時日光，'永風'言四時祥風，'醴泉'言甘雨也。引舜云'從道吉凶，如影如響'，可證僞《尚書》以爲禹言之誤。引孔子曰'詘寸而信尺，小枉而大直，吾勿爲也'，可證孟子辯'枉尺直尋'之有本。云'八極之內，有君長之，東西二萬八千里，南北二萬六千里，故曰：天左舒而起牽牛，地右闢而起畢昴'，即《廣雅》所云'夏禹所治四海內地，東西二萬八千里，南北二萬六千里'，可證《山海經》云'天地之東西二萬八千里，南北二萬六千里'爲據禹所治之地而言。又爲有君長之處，若神農、唐帝所治不止此，及《詩含神霧》所載'天地東西二億三萬三千里，南北二億三萬一千五百里，天地相去億五萬里'，《甄曜度》所載'四海東西九十萬里，南北八十萬里'，合之《山海經》帝命豎亥、大章推步東西極之算，與此殊異者，不止據'有君長之處'言之也。云'海水三歲一周流，波相薄，故地動'，《開元占經·地占》引諸書說地名體之屬最備，獨缺此語，可增其義。云'馬有麒麟、駼駿'，可證郊天麟皮鼓見《孔融文集》。之非'麐鳳'之'麐'。云'春華秋英其名曰桂'，此'華'爲葉之榮華，可證王維詩'春山桂華'之語。《傳》云：'博學而識之，知之次也。'又云：'不賢者識其小者。'《尸子》雖雜家之學，既與經傳相發明，好古者何得而不見其書。比之鄭康成用緯注經，爲其度古說，且不背先王之法言，不猶愈於誦佛書、編稗官者乎？"

嘉慶四年太歲己未斗昏建亥之月，孫星衍撰。

任兆麟《尸子》輯本序並其孫跋

按，《尸子》，楚人尸佼撰。《史記》列傳："楚有尸子。"《漢·藝文志》："《尸子》二十篇。"注："名佼，魯人，商鞅師之。鞅死，佼入蜀。"云楚人者，魯後入屬於楚，故司馬氏遂爲楚人也。《隋書·經籍志》："《尸子》二十卷，其九篇亡，魏黃初中續。"是唐時已闕。宋尤袤遂初堂尚有傳本，元明以來絕無著錄，蓋全本久佚，世所見者，歐陽氏《藝文類聚》、虞氏《北堂書鈔》諸書所引而已。余家舊藏子書雜錄數種，內有《尸子》三篇，乃先世來青樓所遺本，既聞諸舊友余處士蕭客云紅豆惠先生向有手鈔本，後遍訪之，今得方□□□□處，亦止會萃諸書而爲之。乃取余家舊本所未見者録之，別附於後云。

乾隆五十有二年夏四月，震澤任兆麟文，田氏校畢并記。

三代載籍，其亡佚不盡繇秦燼也，劉《略》、班《藝》蓋班班可稽已。《尸子》二十篇，漢末始殘闕，經唐迄宋，寖以湮没無聞爾。元世余先有官浙東道副使諱仁發者，嘗建來青樓，庋藏甚富，今所遺有《尸子》三篇，誠秘册也。家叔心齊先生又得松崖惠氏鈔本，乃復博采群書，爲補遺一卷。然後是書之散見可徵者彙萃無詿漏。雖曰什存二三，而精語名言亦大略具此矣。因請鋟梓，以廣其傳。

乾隆戊申季夏，從子璋秉之氏拜手跋於遂古家塾。

陳澧《東塾讀書記》卷一二諸子書

自古帝王之法，至商鞅而貶。其言曰："苟可以強國，不法其故；苟可以利民，不循其禮。"《史記列傳》。"尸佼著書，非先王之法，不循孔氏之術。"劉向《孫卿子後序》。商鞅師之也。見《藝文志》。《尸子》書已佚，觀近人輯本，大約近於名家之說，如云："以實核名，百事皆成。"《分》篇。又云："明分則不蔽，正名則不虛。"《發蒙》。是也。蓋其悖謬之語盡佚矣，是則尸佼之幸也。

李慈銘讀孫星衍《尸子》輯本

閱平津館《尸子集本》。尸子名佼，與衛鞅爲友，其書之得失源流，孫氏序之極詳。此本共二卷，上卷自《勸學》至《君治》分十六篇，下卷散綴諸書所引文句。孫氏言初因章孝廉宗源輯成之帙，補訂爲二卷。後數年，莊進士述祖以惠氏棟輯本見詒，許民部當作兵部。宗彥又寄錄《群書治要》中所載《勸學》等十三篇，因屬洪明經頤煊重編云云，則其審慎可知。吾鄉汪蘇潭吏部亦有校本，刻入蕭山陳氏《湖海樓叢書》中，惜未得取以校勘也。

今略摘其要辭僻義，以資采樵。（略）

按，尸子所言，大抵明王道，尚仁義，甚尊孔子，稱及其門人。尸子生戰國初，獨能私淑洙泗，服膺聖教，蓋孔子之徒也。其書二十篇，已多散亡。今覽其存者，惟論孔子貴公，囿學弇私。及言周公反政，孔子非之，曰："周公其不聖乎？以天下讓，不爲兆人。"所論稍螫於道。然聖人以下，著書立教，不能無失，此廑廑小疵耳。且謂孔子貴公，其視荀子之罪子思、孟子，蓋皆出一時之激言，而非於聖賢之道固有所菲薄不屑者。特所發無制，不能語語折衷於至當，故不得爲大儒，而退擠於諸子百家列耳。惜哉！

同治甲子二月十六日。

姚振宗《三國藝文志》卷三

《續尸子》九篇。《隋書·經籍志》："《尸子》二十卷，目一卷，秦相衛鞅上客尸佼撰。其九篇亡，魏黃初中續。"孫星衍《尸子》輯本序曰："尸子著書於周末，凡二十篇。《藝文志》列之雜家，後亡九篇，魏黃初中續之，至南宋而全書散佚。"按，《尸子》二十篇，亡其九篇，則所存止十一篇。今見於《群書治要》所録者,尚十三篇,其必有魏人所續者在其中。

吕思勉《經子證題·尸子》

此書雖闕佚特甚,然確爲先秦古籍,殊爲可寶。按,《漢志》雜家:"《尸子》二十篇,名佼,魯人。秦相商鞅師之。鞅死,佼逃入蜀。"《史記·孟荀列傳》:"楚有尸子。"《集解》:"劉向《別録》曰:'楚有尸子,疑謂其在蜀。今按《尸子》書,晋人也,名佼,秦相商鞅客也。商君被刑,佼恐並誅,乃逃亡入蜀。自爲造此二十篇書,凡六萬餘言。'"《索隱》謂:"尸子名佼,晋人,事具《別録》。"按,裴駰、司馬貞及見《別録》及《尸子》全書,所知較詳,説當不誤。"晋"、"魯"形近,今《漢志》作魯人,蓋訛字也。其書二十篇,《隋》、《唐志》皆同,宋時遂殘闕。王應麟《漢志考證》、李淑《邯鄲書目》存四卷,《館閣書目》止存二篇,合爲一卷,其本又傳於後。清時所行,凡有三本:一爲震澤任氏本,一爲元和惠氏本,一爲陽湖孫氏本。汪繼培以三本參校,以《群書治要》所載爲上卷,諸書稱引與之同者,分注於下。其不載《治要》散見諸書者爲下卷,引用違錯及各本誤收者,别爲存疑附於後,實最善之本也。今所傳劉向校上《荀子》語,謂"尸子著書,非先王之法,不循孔氏之術",劉勰謂其"兼總雜術,術通而文鈍"。據今所輯存者,十之七八皆儒家言,劉向校序本僞物,不足信。此書蓋亦如《吕覽》,兼總各家而偏於儒,其文極樸茂,非劉勰所證耳。今雖闕佚已甚,然單詞碎義,足以取證經子者,實屬指不勝屈。今姑舉其最要者數條。如《分》篇:"天地生萬物,聖人裁之。裁物以制分,便事以立官。君臣、父子、上下、長幼、貴賤、親疏皆得其分曰治。愛得分曰仁,施得分曰義,慮得分曰智,動得分曰適,言得分曰信,皆得其分而後爲成人。明王之治民也,事少而功立,身逸而國治,言寡而令行。事少而功多,守要也;身逸而國治,用賢也;言寡而令行,正名也。君人者,苟能正名,愚智盡情,執一以靜,令名自正,令事自定,賞罰隨名,民莫不敬。"《發蒙》篇:"天下之可治,分成也;是非之可辨,名定也。無過其實,罪也;弗及,愚也。是故情盡而不僞,質素而無巧。""故陳繩則木之枉者有罪,措準則地之險者有罪,審名分則群臣之不審者有罪。""是故曰:'審一之經,百事乃成;審一之紀,百事乃理。'名實判爲兩,合爲一。是非隨名實,賞罰隨是非。是則有賞,非則有罰,人君之所獨斷也。明君之立也正,其貌莊,其心虛,其視不躁,其聽不淫,審分應辭以立於廷,則隱匿疏遠,雖有非焉,必不多矣。明君不用長耳目,不行間諜,不強聞見,形至而觀,聲至而聽,事至而應。近者不過,則遠者治矣;明者不失,則微者敬矣。"實足以通儒、道、名、法四家之郵。又如《分》篇:"夫弩機,損若黍則不鉤,益若□則不發。言者,百事之機也。聖王正言於朝,而四方治矣。"實《易·繫辭傳》"言行者君子之樞機"一節絕好注脚。又如《仁意》篇:"治水潦者,禹也;播五種者,后稷也;聽獄折衷者,皋陶也。舜無爲也,而天下以爲父母,愛天下莫甚焉。"亦足與《論語》"無爲而治者其舜也歟"相補足。此外典制故實足資考證者尚多,不及備舉也。

劉咸炘《子疏·雜家弟十一·尸佼》

《別錄》曰:"尸佼,秦相衛鞅客也。衛鞅謀事畫計,立法理民，未嘗不與佼規也。"《漢志》注云："商鞅師之。"劉向《荀子序》曰："尸子著書，非先王之法，不循孔子之術。"《穀梁傳》兩引尸子，不知即是人否。今書十三篇，《勸學》、《貴言》、《四儀》、《明堂》、《分》、《發蒙》、《恕》、《治天下》、《仁意》、《廣澤》、疑當作"釋"。《綽子》、《處道》、《神明》。《七略》二十篇，入雜家。《後漢書》注云："十九篇陳道德仁義之紀，一篇言九州險阻，水泉所起。"今存十三篇，皆不完，義亦不屬，餘逸文尤多。孫星衍謂佼斥孔墨諸子囿學相非，皆夲於私，故謂之雜家。商君行變古之政，亦覺其學不純。陳澧謂其説大氐近於名家，亦以商鞅爲佼罪。汪繼培曰："其書原本，先民時有竊取，後出諸子又或餐挹其中，傳相蹈襲。"今按其書，汪説信是。《分》與《發蒙》二篇屢言正名，實止道家之説，未如慎、商諸人之主法，且於用賢之道極詳。《恕》篇、《處道》篇、《神明》篇皆言正己，是儒道二家所同主，與主法不主人者殊。又言刑不得已。《處道》、《治天下》二篇言無私，《仁意》篇言仁，尤與商鞅異，而謂與鞅謀畫，豈所言非所行耶？其書旨多合於儒，又屢稱堯舜，引孔子語，與劉子政之言不合，《隋志》稱"九篇亡，黄初中續"，豈今醇語皆後人所續，而子政所指今已亡耶？其他佚文多釋名物，詞賦家多用之，諸子書未見有此，殆黄初中所續耳。

雜家之言，今可見者莫古於是書與《呂氏春秋》，呂書能取諸家而衷於儒，是書多與之同。《分》篇舉守要、用賢、正名三義，《發蒙》即合三説之標幟，而呂氏《審分》一節多用其文。守要本身，儒道所同；正名，道家之末；用賢，儒家之要，呂氏之書即以是爲貫索。《七略》稱雜家"兼儒墨，合名法"，觀於尸、呂之書，而後知雜家之所以爲雜，二書同旨，殆非偶然。

佼既入蜀,不韋後亦遷蜀,二人殆有淵原耶?

梁啓超《漢書藝文志諸子略考釋·尸子》

《尸子》二十篇,名佼,魯人,秦相商君師之,鞅死,佼逃入蜀。《隋》、《唐志》皆二十卷,宋時已殘,後遂全佚。王應麟曰:"李淑《書目》存四卷,《館閣書目》止存二篇,合爲一卷。"但此二本今皆不傳。清嘉慶間汪繼培輯爲二卷,上卷據《群書治要》所錄,有篇名,下卷則散見各書者。震澤任氏、元和惠氏、陽湖孫氏先後有輯本,汪本最善。劉向言:"《尸子》書,凡六萬餘言。"《史記·孟荀列傳》集解引《別錄》。又云:"尸子著書,非先王之法,不循孔氏之術。"《荀子叙錄》。劉勰謂其:"兼總雜術,術通而文鈍。"《文心雕龍·諸子》篇。李賢云:"《尸子》二十篇,十九篇陳道德仁義之紀,一篇言九州險阻,水泉所起。"《後漢書·宦者傳》注。此皆唐以前人曾見原書者所記述及批評。今所存佚文,多中正和平,頗類儒家言,彦和所謂"兼總雜術"則有之,子政所謂"不循孔氏"則未之見。使佼而果爲商鞅師,則其道術於鞅太不類矣。《隋志》云:"其九篇亡,魏黄初中續。"蓋原書在東漢已佚其大部分,而魏晉間人依托補撰,勰所見本未必即爲向所見本,而《群書治要》及他書所徵引則皆魏黄初以後本也。但其中存先秦佚說甚多,固自可寶。

尸子始見《史記·孟荀列傳》,謂爲楚人,今注爲"魯人,名佼,爲商君師"云云,不知何據。《穀梁傳·隱五年》引"尸子曰",則其人似儒家經師也。且今所存佚文,亦無一語與商韓一派相近者,班說恐未可信。

錢穆《先秦諸子繫年·尸佼考》

《漢志》雜家《尸子》二十篇，班注："名佼，魯人，秦相商君師之。鞅死，佼逃入蜀。"《史記·孟荀列傳》："楚有尸子、長盧。"《集解》云："劉向《別録》，楚有尸子，疑謂其在蜀。今按《尸子》書，晉人也，名佼，秦相衞鞅客也。鞅謀事畫計，立法理民，未嘗不與佼規也。商君被刑，佼恐並誅，乃亡逃入蜀。自爲造此二十篇書，凡六萬餘言，卒因葬蜀。"宋翔鳳以爲"晉"乃"魯"之誤。今按，劉向云"疑謂其在蜀"，知非魯人故稱楚矣。則尸子實晉人。其時晉已不國，而魏沿晉稱，尸佼殆爲魏人耶？《穀梁》兩引其語，隱五年，桓九年。則亦治《春秋》，正名以治，爲法家師，如吳起之流矣。阮元《穀梁傳注疏校勘記序》謂："佼爲秦相商鞅客，鞅被刑後，遂逃亡入蜀。而預爲徵引，必無其事。或傳中所言，非尸佼也。"阮氏疑《穀梁》成書定在尸佼亡逃入蜀之前，故有預爲徵引之辨。今知尸佼既爲先秦學人稱說，而《穀梁》成書未必甚早，則阮疑殊亦無據。然近人輯《尸子》書，絕不見其爲晉人與鞅謀事及亡逃入蜀之事。又《後漢書》注："佼作書二十篇，內十九篇陳道德仁義之紀，內一篇言九州險阻，水泉所起。"與劉向所謂"尸子非先王之法，不循孔氏之術"見《荀子叙録》。而爲商君師者不類，蓋亦各言其一端。如《漢志》儒家有《李克》，法家有《李子》，而劉氏亦以李悝與尸佼並列，皆稱爲非先王之法，不循孔子之術也。《爾雅疏》引《尸子·廣澤》云："皇子貴衷，田子貴均，其學之相非，數世而不已。"田子貴均乃田駢，爲齊稷下先生，在尸子後。《山海經注》、《史記集解》諸書引《尸子》，稱述徐偃王，亦後尸子。則所謂《尸子》二十篇者，在當時固已非出尸子自爲。今則亡逸已多，並不足以見尸子爲學之大綱也。今姑據同時學風以爲推測,則尸子之學,固當與李悝、吳起、商鞅爲一脈耳。

《續修四庫全書提要》

《尸子》二卷。附存疑(清湖海樓刻本、五松書屋刻本、湖南刻本)。

漢尸佼撰,清汪繼培輯。佼,魯人,秦相商君師之。鞅死,佼逃入蜀。繼培,蕭山人。按,《漢書·藝文志》雜家《尸子》二十篇,劉向《別錄》云:"佼逃入蜀,自爲造此二十篇書,凡六萬餘言。"《後漢書》注云:"內十九篇陳道德仁義之紀,一篇言九州險阻,水泉所起。"王應麟《漢書·藝文志》考證云:"李淑《書目》存四卷,《館閣原誤作"閣"。書目》止存二卷,合爲一卷。"其本皆不傳。清代輯佚之風起,輯是書者,繼培之前,有孫星衍、章宗源、任大椿、惠棟諸人。然其時《群書治要》未出,故未能盡善。繼培則以《治要》爲據,又以各本皆掇摭佚文,傅會舊目,或聯綴群書,虛造名目,皆不足據。因就所攬綴,表識出處,糾拾遺謬,是正文字。復用惠、孫之書,以相比較,而釐訂之。以《群書治要》所載爲上卷,計有《勸學》、《貴言》、《四儀》、《明堂》、《分》、《發蒙》、《恕》、《治天下》、《仁意》、《廣澤》、《綽子》、《處道》、《神明》十三篇,諸書稱引與之同者,分注於下。其不載《治要》而散見諸書者爲下卷,凡一百八十餘條,不能定其篇名。至其引用違錯,及各本誤收者,別爲存疑,附於後。按,劉向序《荀子》謂尸子著書"非先王之法,不循孔氏之術",劉勰又謂其"兼總雜術,術通而文鈍"。鄭杲《春秋說》云:"商鞅一用秦而秦以得志,卒兼六國。故自鞅後，天下談治術者，多遵之，刑名法術之言遍天下，大抵踵鞅術者。而此四字，實出《尸子》。尸子不專言刑名法術，大抵出於春秋，而雜以異端；不專學孔子，而自以爲能兼諸子。又或知及之仁，不能守之，故一轉而爲鞅、斯、申、韓。"云云，其説較可徵信。今原書散佚，未究大恉。繼培所録，較之原書，十失八九，然諸家徵説，率皆采擷精華，剪落枝葉，單詞剩誼，轉可寶愛。